人性的優點
如何戰勝憂慮，開創人生
HOW TO STOP WORRYING
AND START LIVING

戴爾·卡耐基 著

陶矇 譯

山頂文化

譯本序
從生存到生活

　　《人性的優點》又名《如何戰勝憂慮，開創人生》，是戴爾・卡耐基繼代表作《人性的弱點》之後最膾炙人口的作品之一，與前作一脈相承。《人性的弱點》旨在探討如何洞察人性的弱點並影響他人，而《人性的優點》則着重於討論如何克服自身弱點，擺脫憂慮並開創人生。人是社會性動物，現代人在嘈雜的社會中為自身扮演的多重角色與社會期望所困，幾乎每個人都有過與憂慮抗爭的經歷，憂慮成為每個文明社會在發展過程中揮之不去的伴生品。早在 20 世紀 40 年代的美國，卡耐基就已經以其超越時代的前瞻性洞見了這一點，並提出了切實可行的應對方法。在當下的中國，戴爾・卡耐基的這本著作有着更現實的指導意義。

　　近三十年來，中國經濟的飛速發展造成了對價值觀的巨大衝擊。時代的巨變導致心理的巨變，人們的心理與情緒跟不上社會與經濟的變化，從而導致心態失衡，心理呈現斷崖式落差。焦慮、抑鬱、精神官能症等詞彙從陌生甚至被排斥的專業概念成為盡人皆知的常識，不過是近十年間的改變。而這種焦慮與壓抑尤以完整經歷了這三十年變革的一代人多見。由於切身體會過飢餓、貧窮、動盪與匱乏，根植在記憶中的恐懼感促使這一代人本能地處於「求生存」的應激模式中，內心時刻充滿不必要的焦慮。

　　卡耐基從鄉下農場裡長大的少年成長為美國國民性暢銷書作

家，深刻地懂得比智商及院校教育更重要的是情商以及情緒管理的能力。人生如潮汐，高低起伏本是自然節奏。沒有低谷，高峰也就無從談起；既然有喜悅微笑的時刻，就必然有痛苦落淚的時刻。憂慮與快樂是人生這枚硬幣的兩面。無論處於哪個年齡階段，無論處於何種階層，每個人都面對着各自的煩惱，即使億萬富翁也無法做到無憂無愁。而人與人的區別就在於，有人被憂慮擊垮，成為情緒的奴隸；有人學會化壓力為動力，不為情緒左右。負面情緒的存在是一種警示，提醒我們放慢腳步，將窺視他人生活的目光收回，聚焦於自己，聚焦於當下，積極尋求解決方案，給自己的心靈創造多一點兒自由。而心理健康如同身體健康一樣，需要不斷地重視、呵護以及積極鍛煉。

在本書中，卡耐基反覆強調，只有學會擺脫憂慮，才能真正開創生活。生存與生活只有一字之差，卻有天壤之別。前者為現實奴役，而後者則將主動權牢牢掌握在自己手中。人生或許就是學習從前者走向後者的一場修行。在那些不得不咬着牙往前走的日子裡，不妨觀察你的憂慮，接納它，引導它，把它視為成長的機會。

翻譯這本書的過程中，恰逢自己人生中最重要的一個階段。初為人母，面對生活方式與家庭關係的改變，難免有時驚惶，有時焦慮。而翻譯每一章的過程，都是直面自己內心的一次成長。與這本書同行的六個月間，我學到了關於人生的三十堂課，以及化解憂慮的三十種方法。希望我的孩子能夠在人生的旅途中學會面對情緒，處理情緒，也希望這本書能夠讓讀書的你找回掌控生活的能力，重拾戰鬥的勇氣。在學習與憂慮共處的過程中，終有一天你會發現，憂慮已經不知不覺地讓你變得更加強大。

陶曚

目錄

CHAPTER 01

關於憂慮的基本事實
FUNDAMENTAL FACTS
YOU SHOULD KNOW ABOUT WORRY

CHAPTER 02

分析憂慮的基本技巧
BASIC TECHNIQUES
IN ANALYSING WORRY

CHAPTER 03

打破憂慮的習慣
HOW TO BREAK THE WORRY HABIT
BEFORE IT BREAKS YOU

CHAPTER 04

心態平和的七個方法

SEVEN WAYS TO CULTIVATE A MENTAL ATTITUDE
that Will Bring You Peace and Happiness

CHAPTER 05

戰勝憂慮的黃金法則

THE GOLDEN RULE
for Conquering Worry

本書為美國西蒙 & 舒斯特公司
1948 年第一版全譯本

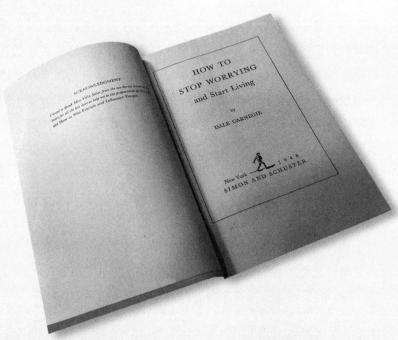

自序
成就此書的因緣

　　三十五年前，我是全紐約最不快樂的傢伙。當時我正以銷售卡車謀生。我不知道卡車的原理，更糟糕的是，我完全不想知道。我看不起自己的工作，也看不起自己的住所 —— 那個位於西 56 街，充滿蟑螂的廉價落腳點。清楚地記得某天早上，當我伸手去拿掛在牆上的乾淨領帶時，蟑螂四散而逃的景象。我鄙視那個不得不在便宜的髒館子裡勉強果腹的自己，這些餐館很可能同樣蟑螂遍地。

　　每晚，我頭疼欲裂地回到那個孤零零的小房間。沮喪、擔心、痛苦和不甘心讓我的頭痛愈演愈烈。我不甘心，是因為我在大學時候萌生的那些夢想此刻變成了每晚折磨我的噩夢。這就是生活嗎？這就是我曾經熱切盼望的偉大征程嗎？我的生活就這樣了嗎？做着一份自己看不起的工作，和蟑螂住在一起，吃不乾淨的食物，對未來不抱一絲希望……讀書的時候我日思夜想要寫的那些作品，我是多麼希望能有時間閱讀，有時間把它們寫出來啊！

　　我知道，如果放棄這份我輕視的工作，不會有甚麼損失，卻能夠獲得機會。我面對的問題不是怎麼掙大錢，而是怎麼活下去。簡而言之，我已經無路可退了。像千千萬萬剛步入社會的年輕人一樣，我正面對着人生的決定性時刻。於是我做了一個決定，而這個決定徹底改變了我的未來。它讓我在過去的三十五年過得愉快而充實，得到的回報遠遠超過了我看似最不切實際的想像。

　　我當時做的決定就是放棄我厭惡的那份工作。由於我已經在密蘇里州的沃倫斯堡州立師範學院學習了四年，做好了教書的準備，我計劃通過在夜校教授成人課程謀生。這樣，白天我就有時間閱讀、備課並寫作。我希望能夠實現「以寫作為生，為寫作而生」。

　　那麼在夜校我應該教授成年人甚麼內容呢？當我回顧自己在大學接受的教育時，我意識到無論在生活上還是工作中，在公眾演講方面接受的培訓和積累的經驗對我的幫助遠勝於任何其他課程的總和。為甚麼呢？因為它掃清了我的膽怯和自卑，給了我和人打交道的勇氣和信心。同時我的經歷證明，那些敢於站起來說出自己想法的人更具有領導才能。

　　我同時申請了哥倫比亞大學和紐約大學夜間進修課程的公眾演講教師一職，但是這兩所大學都認為沒有我的幫助他們就能過得很好。

　　當時我自然很沮喪，但現在我非常感謝他們拒絕了我。基督教青年會給了我一個授課的機會，我必須儘快做出成績，向他們證明自己。那是一個多麼大的挑戰啊！那些成年人來聽我的課並不是為了學分或者榮譽，他們來只有一個原因 —— 想要解決自己遇到的問題。他們希望在商務會議上能夠站起來講幾句話，而不是害怕得昏過去。銷售員希望在拜訪難纏的客戶時不用在街道上走來走去積攢勇氣。一方面，他們希望能夠沉着自信，在工作上取得成就，為家庭取得更多收入。另一方面，由於他們是階段性付學費，如果看不到成果就會立即退課。而我掙的不是固定薪水而是分紅，如果我還想有口飯吃，就必須腳踏實地地做出成績。

　　儘管當時覺得困難重重，但我現在意識到，那對我而言是一個價值連城的鍛煉機會。我必須激勵我的學生，幫助他們解決面對的

問題。我必須每堂課都讓他們受到鼓舞，讓他們想要再來上課。

　　這項挑戰讓人興奮，我非常熱愛這份工作。那些商界人士竟然如此迅速地培養出自信，並因此升職加薪，讓我大為驚訝。課程取得的成功遠遠超過我的想像。基督教青年會一開始連每晚五美元的薪水都不願意付給我，但不到三個學期，他們給我的分紅就超過了每晚三十美元。一開始，我只教授公眾演講課，但隨着時間一天天過去，我發現這些成年人還急需培養贏取友誼和影響他人的能力。由於找不到合適的人際關係教材，我就自己寫了一部。這本書的創作過程不同以往，它完全由學生的切身經驗發展而成。我將其命名為《人性的弱點》（如何贏取友誼並影響他人）。

　　由於這本書一開始純粹是為我自己的成人課程創作的教材，並且我之前寫的四本書都無人問津，我從未想過這本書能夠一炮而紅。我大概是在世的作家中對自己取得的成績最不敢相信的一位。

　　時光流逝，我發現當今人們面對的另一個重大問題就是憂慮。我的學生大多數是商界人士，包括企業高級管理人員、銷售員、工程師和會計師，各行各業都有，而他們的共同點是大部分人都有煩惱。課堂上也有女性，而無論是商界女性還是家庭主婦，也同樣面對着各種煩惱！顯然，我還需要找到一本關於如何戰勝憂慮的教材。我走訪了位於第五大道和第 41 街交匯處的公共圖書館。然而出乎我意料的是，全紐約最大的圖書館竟然只有區區二十二本關於「憂慮」的書。好笑的是，關於「蠕蟲」的書多達一百八十九本 —— 寫蟲子的書竟比寫煩惱的書多九倍！簡直讓人難以置信，對不對？鑒於憂慮是人們面臨的最大問題之一，你或許會想，每所高中和大學都應該專門開課講授「如何戰勝憂慮」。

　　然而，我卻從未聽説過全美有任何一所學校開設了這門課程。

難怪戴維‧西伯里在他的著作《如何自尋煩惱》一書中說：「我們漸漸長大成熟，但面對壓力，我們就像是讓書獃子跳芭蕾舞一樣絲毫沒有準備。」

結果如何呢？醫院的病患中有半數以上是由於緊張和情緒問題入院的。

我讀了紐約公共圖書館的書架上那二十二本關於憂慮的書，還買了所有我能找到的探討這一問題的著作，但是沒有一本適合作為成人課程教材。於是我下決心自己寫一本。

為了寫這本書，我七年前就開始準備了。我做了哪些準備呢？我讀了古往今來所有哲學家關於憂慮的論述，以及從孔子到邱吉爾的上百本傳記。我還採訪了各界傑出人物，包括拳擊手傑克‧登普西、奧馬爾‧布雷德利將軍、馬克‧克拉克將軍、福特汽車公司創始人亨利‧福特、第一夫人艾莉諾‧羅斯福和新聞工作者多蘿西‧迪克斯。但這僅僅是個開始而已。

我還做了比閱讀和採訪更重要的準備。我在一個研究如何戰勝憂慮的實驗室工作了五年 —— 而這個實驗室正設立在我們的成人教育課堂上。據我所知，這是世界上第一個也是唯一一個研究憂慮的實驗室。我們的做法是給學生設立停止煩惱的若干原則，要求他們把這些原則應用到生活中，在課堂上分享實踐結果。而其他人則彙報他們過去曾經使用過的技巧。

得益於這段經歷，關於「我是如何戰勝憂慮的」這個話題，我聽過的經驗分享比任何人都要多。此外，我還在北美一百七十座城市發起徵文，閱讀了許多關於戰勝憂慮的來信。因此，這本書並非出自脫離實際的象牙塔，也不是關於戰勝憂慮的學術說教。相反，我希望呈現給你的是一部緊湊並準確的報告，同你分享成千上萬人戰

勝憂慮的真實經歷。有一件事情是毫無疑問的：這本書是一本實用的著作，你完全可以將其付諸實踐。

　　我很高興能夠確定地說，這本書裡沒有任何事例是想像出來的或是模棱兩可的。除了極少數幾個故事，這本書中的每一個名字和住址都是真實的。它權威可信，有據可查，確鑿無疑。

　　法國哲學家瓦雷里曾經說過：「科學就是一系列成功的方法。」這也正是這本書的本質 —— 一系列成功並且經過時間考驗的讓生活遠離憂慮的方法。然而，我還想提醒你一句：你在這本書中找不到任何標新立異的內容，只能找到許多被人忽略的事實。關於這一點，我想說的是，其實你我都不需要任何新論調。我們已經聽說過太多人生道理，也讀過太多金科玉律。我們的問題不是無知，而是無動於衷。這本書旨在重述古老的真理並加以例證，敦促你做出改變。

　　我明白你閱讀本書並不是為了了解它的來龍去脈，而是尋找一部行動指南。好了，我們這就開始。如果你讀了這本書的前兩部分後，並不覺得自己獲得了戰勝憂慮、享受人生的力量和勇氣，那就把這本書扔進垃圾桶吧。這本書對你沒用。

戴爾・卡耐基

使用本書的
九個建議

①
培養戰勝憂慮的強烈慾望；

②
每一章讀兩遍再讀下一章；

③
閱讀過程中，不時地停下來問問自己，如何將每一條建議化為行動；

④
標出要點；

⑤
每個月溫習；

⑨ 在本書最後記錄下應用這些原則的心得。

⑧ 每週回顧自己是否進步，問問自己犯了哪些錯，有哪些提高，收穫了哪些經驗；

⑦ 把學習過程當作遊戲，每當朋友抓到你違反原則，就給他們一先令；

⑥ 抓住每次應用這些原則的機會，把本書當作解決日常問題的行動指南；

CHAPTER 01

關於憂慮的基本事實

FUNDAMENTAL FACTS YOU SHOULD KNOW ABOUT WORRY

SECTION 01
活在當下

1871 年春天，一位年輕人偶然拿起一本書，在書中讀到了二十一個單詞。這短短的二十一個單詞對他的未來產生了深遠影響。當時，這位年輕人是蒙特利爾綜合醫院的一名醫科學生，滿心憂慮的是期末考試成績，未來何去何從，如何學以致用，怎樣養活自己。

他就是威廉・奧斯勒爵士。1871 年春天，他讀到的那二十一個單詞出自湯馬士・卡萊里，這句話令他的一生擺脫了憂慮：**「重點不是聚焦於模糊的未來，而是着手於清晰的當下。」**

四十二年後，一個溫柔的春日夜晚，威廉・奧斯勒爵士來到鬱金香盛開的校園，為耶魯大學的學生做演講。他對這些耶魯大學的學生説，人們覺得他一定天賦異稟，才有能力在四所大學擔任教職，還著有一本暢銷書。但他強調事實並非如此，他説他的好友都知道他的資質「再平庸不過了」。

既然如此，他成功的秘訣是甚麼呢？他説他的成功要歸因於他首創的「活在當下的密室中」這個理論。這是甚麼意思呢？去耶魯演講的幾個月以前，威廉・奧斯勒爵士乘坐遠洋渡輪橫渡大西洋。他注意到，只要船長站在船橋上按下一個按鈕，渡輪的各個部件就會哐當哐當地分隔成密閉防水的獨立艙室。奧斯勒博士對學生們説道：「你們在座的每個人，都有比大型渡輪更精妙的結構，並且正走在更漫長的旅途中。為了確保旅途的安全，我強烈建議大家學會『活

在當下的密室中』，這是掌控自己這台『機器』最有效的手段。站到船橋上，確保隔水艙壁在正常運轉。按下按鈕，凝神傾聽，艙門把過去關在了門外 ── 那是已逝的昨日。按下另一個按鈕，凝神傾聽，金屬幕牆把未來隔斷開來 ── 那是未生的明天。於是你收穫了安全。為了今日的安全，把過去關在門外吧，讓已逝的過去埋葬自己，那是愚人走向死亡的塵灰之路。而明日的負擔與昨日的負擔疊加在一起，會讓背負二者的今日步履跟蹌。緊緊地把未來也關在門外吧，就像對待過去一樣。未來就是今天，沒有明天這回事。人類的救贖之日就是當下。如果終日對未來憂心忡忡，那麼能量消耗、精神苦悶和緊張憂慮將與我們如影隨形……關緊那船頭至船尾的厚厚防水壁，養成『活在當下的密室中』這個人生習慣吧。」

　　奧斯勒博士的意思是說我們不應該花精力為明天做準備嗎？不，完全不是。但是他在演講中提到，為明天做準備最好的方式，就是發揮全部的才智與熱情，專注完成今時今日的工作。這是我們唯一能夠為未來做的準備。

　　威廉・奧斯勒爵士建議耶魯的學生以基督教的這句禱告詞開始新的一天：「我們日用的飲食，請今日賜給我們。」

　　祈禱詞只祈求今日的飲食，並沒有抱怨昨天不新鮮的麵包，也沒有說：「主啊，近來麥田都沒有降雨，我們可能很快會遇到旱災，那我明年秋天吃甚麼呢？丟了工作可怎麼辦呢？主啊，我到時候上哪兒去找麵包吃呢？」

　　不，這句祈禱詞教導我們只祈求今日的飲食。一個人也只可能吃得下今日的飲食。

　　曾經，一位身無分文的哲人流浪到一片貧瘠多石的地區，那裡的人們生活拮据。一天，這位哲人站在小山上講話，人群聚攏在他

周圍。這番演説大概是時至今日被引述得最多的箴言了。它只有二十六個英文單詞,卻跨越了世紀,經久不息地在世人心中迴盪:**「不要為明天考慮,因為明天自有明天的憂慮,一天的難處一天當就夠了。」**

「不要為明天考慮」,許多人都把耶穌的這句箴言當作耳旁風。他們認為這是無法實現的完美境界,甚至視之為謬論。「我必須為明天考慮,」他們反駁説,「我必須買保險給我的家庭提供保障,我必須存錢防老,我必須為成功提前做規劃和準備。」

沒錯,你當然需要這樣做。實際上,耶穌的那句箴言是三百年前的譯文,當時詹姆士王欽定本《聖經》的語義和現今的語義有所不同。三百年前,「考慮」這個詞通常代表「憂慮」。《聖經》的現代譯本更準確地將耶穌的話表述為:「不要為明天憂慮。」

盡力為明天做周全的考慮,謹慎地思考、規劃、準備,但不要憂慮。

在第二次世界大戰期間,我們的軍事領導人預先為「明天」制定計劃,但是他們不能有任何疑慮。統領美國海軍的海軍司令歐尼斯特·金説:「我派出最好的弟兄,給他們配備最好的武器,並且下達了看起來最明智的命令。我能做的只有這麼多了。」

金司令接着説:「如果船已沉,我沒法讓它浮起來;如果船將沉,我也無能為力。與其把時間用來懊惱昨天的問題,我更願意把時間用來處理明天的問題。如果我的頭腦整天被這些憂慮佔據,那我也撑不了多久了。」

無論在戰時還是在和平時期,好心態和壞心態的最主要區別在於:好心態通常考量原因與結果,從而產生有邏輯並且有建設性的計劃;而壞心態通常導致緊張不安甚至精神崩潰。

　　我曾有幸採訪過亞瑟・蘇茲伯格，1935 年至 1961 年間，他是聲名赫赫的報刊《紐約時報》的發行人。蘇茲伯格先生告訴我，當第二次世界大戰的戰火燃遍整個歐洲的時候，他茫然無措，對未來憂心忡忡，幾乎無法入眠。他常常半夜從床上爬起來，拿出畫布和顏料，看着鏡中的自己，嘗試畫一幅自己的肖像。他完全不懂繪畫，但是他想通過畫畫把憂慮趕出腦海。蘇茲伯格先生說，當時他並沒有成功，直到他把一句讚美詩引為座右銘，才驅散憂慮，找回寧靜。這句話便是：「**走好眼前這一步已是最好的褒獎。**」

　　　　引領我吧，仁慈的光，

　　　　請你映亮我的腳旁。

　　　　我不求看清遠方，

　　　　走好眼前這一步已是最好的褒獎。

　　幾乎在同一時期，一個身在歐洲的年輕士兵學到了同樣的一課。他名叫泰德・本傑米諾，來自美國馬里蘭州巴爾的摩市。由於過於憂慮，他患上了前線戰士常見的嚴重的精神衰弱。泰德寫道：

—— CASE ——

　　1945 年 4 月，我整日焦慮不安，焦慮誘發劇烈疼痛，被醫生診斷為「間歇性結腸痙攣」。若不是戰爭在那年終於結束，我的身體肯定徹底垮了。

　　那時我整個人已經筋疲力盡了。當時我是墓地登記處的軍士，隸屬於第 94 步兵師。我的工作就是建立並且維護所有在戰爭中犧牲、失蹤和入院就醫的人員記錄，並要幫忙挖出雙方戰死士兵的屍體，把他們在戰場上草草掩埋。

我還得把他們的私人物品收集起來，確保這些私人物品被送還給他們的雙親或其他家屬。我知道這些物品對他們有多麼重要，因此終日憂心忡忡，很害怕出甚麼差錯，犯下讓自己無地自容的錯誤。我擔心自己熬不過去，害怕活不到把孩子抱在懷中的那一刻 —— 我兒子已經十六個月大了，而我還從未見過他。我太憂慮太疲憊了，那段時間瘦了 34 磅 [1]。我驚懼不安，幾乎要發瘋。我看着自己瘦骨嶙峋的雙手，一想到要拖着一副垮掉的病軀回家，就害怕極了。我精神崩潰，像孩子一樣啜泣，整個人怕得發抖，只要自己一個人獨處的時候，眼淚就止不住地流。突出部之役爆發後的那段時間，我哭得更頻繁，幾乎陷入絕望，覺得再也不可能恢復成正常人了。

最後我去了軍隊診療所。軍醫給我的建議完完全全地改變了我的生活。他給我做了徹底的體檢，然後判斷說我的問題是精神上的。他告訴我說：「泰德，我希望你把生活想像成沙漏。你知道沙漏中有成千上萬粒細沙，它們有條不紊地依次通過沙漏中間的狹窄瓶頸。除非損壞沙漏，否則誰都沒有辦法讓幾粒沙同時通過瓶頸。你和我，還有其他所有人，都像這個沙漏一樣。每天清晨開始一天的生活時，我們會覺得有許多事情要完成，但我們要讓這些事情像沙子通過沙漏那樣依次進行，否則必然會損害自己的身心平衡。」從那一刻起，軍醫的建議牢牢印在了我的心裡，我決定按他說的做。「一次一粒沙，一次一件事。」

1　　1 磅 ≈ 0.45 千克。

這個哲理拯救了我的身心，讓我安然度過戰爭，甚至一直受益至今。我現在在巴爾的摩一間商業信貸公司擔任庫存管理員。我發現在工作中我面臨着和戰時同樣的問題：如何在有限的時間內完成大量繁重的工作。我們公司是低庫存經營模式，不僅要處理新的表單、適應新庫存安排、更改地址，還要負責開設和關閉辦事處等。我並沒有焦慮不安，而是謹記那位軍醫告訴我的話：「一次一粒沙。一次一件事。」我反覆提醒自己，也因而更高效地完成了自己的任務。在戰場上幾乎擊垮我的那種紊亂情緒再也沒有影響到我的工作。

—— CASE ——

在當今這個時代，最駭人的問題是醫院中有至少一半病人是精神疾病患者。他們背負着沉重的過去和可怕的未來，在二者壓倒性的重負下瀕臨崩潰。如果他們留意過耶穌的箴言「不要為明天憂慮」，或是威廉・奧斯勒爵士的建議「活在當下的密室中」，他們中的大部分人原本可以愉快地走在街上，過上快樂而充滿意義的生活。

你我都站在過去與未來這兩個永恆的交匯點上。浩瀚的過去永遠存在，而未來也將永遠前進。我們不可能活在過去，也不可能活在永恆，一霎都不可能，因此任何嘗試都將損毀我們的體魄和心魂。就讓我們心滿意足地活在當下，活在我們唯一擁有的這個時刻吧。英國小説家羅拔・史蒂文森寫道：「無論負擔多重，如果只需背負一天，任何人都能做到。無論工作多難，如果只需努力一天，任何人都能做到。如果只活一天，任何人都能夠生活得甜美、耐心、純粹並且充滿愛意，直到太陽西沉。而這才是人生的真諦。」

是的，生活對我們的要求就這麼簡單。然而，住在密西根州薩吉諾市法院街 815 號的希爾茲女士卻一度陷入絕望，甚至差點兒自殺，直到她學會活在當下。希爾茲女士向我講述了她的經歷：

---- CASE ----

1937 年，我失去了丈夫。我情緒非常低落，並且身無分文。我寫信給我以前的老闆萊奧・羅奇先生，想回以前的公司上班。我之前從事圖書銷售工作，把書賣給鄉鎮學校。兩年前丈夫患病的時候我把車賣掉了，但是我想辦法東拼西湊了一點兒錢，貸款買了一輛二手車，開始重操舊業。

我原以為重新工作能緩解一些我的抑鬱，但獨自開車、獨自吃飯讓我孤獨得幾乎崩潰。有些地方沒甚麼銷量，雖然我的車貸不多，但依然很難攢夠錢還月供。

1938 年春天，我搬到密蘇里州凡爾賽市找銷路。那兒的學校很窮，路況很差，我又寂寞又灰心，一度想要結束生命。成功沒有一絲希望，我找不到活下去的理由，害怕每天早晨醒來面對生活。我害怕還不上車貸，害怕付不起房租，害怕買不起吃的，害怕健康每況愈下卻沒錢看醫生，害怕一切。唯有想到我死了姐姐會很傷心，何況我也沒錢付喪葬費，我才沒有自殺。

後來有一天，偶然讀到的一篇文章把我從絕望的沼澤中拖了出來，給了我活下去的勇氣。我一輩子都會感激文章中鼓舞了我的這句話：「對聰明人而言，每天都是新生。」我把這句話打印出來，貼在汽車的擋風玻璃上，開

車的時候時時刻刻都能看到它。我發現如果把目標定為只活一天，似乎並不是太困難。我學着忘記過去，也不去想明天。每天早晨我都告訴自己：「今天是你的新生。」

就這樣，我成功地克服了對孤獨和貧窮的恐懼。現在的我很快樂，也還算成功，對生活充滿愛與熱情。如今我知道，無論生活將帶給我甚麼，我都再也不會害怕了。只要把目標定為一天，我就不會再懼怕未來，因為「對聰明人而言，每天都是新生。」

─·─ CASE ─·─

猜猜下面這首詩是誰寫的？

他多快活，

獨自一人也快活。

擁有今天，

他內心充滿了安全感：

「明天，隨你怎樣，今天我已活出自我！」

這些詩句聽起來很現代對不對？但是古羅馬詩人賀拉斯寫下它們的時候，是在公元前 30 年。

我發現人性最大的悲劇，就是人人都習慣拖延。我們嚮往地平線另一端那座夢幻的玫瑰花園，卻不懂得欣賞今時今日我們窗外盛開的玫瑰。

我們為何如此愚蠢？愚蠢得堪稱可悲！

加拿大作家史蒂芬・李高克曾經感歎：「我們短暫的生命旅程是多麼奇怪啊！孩童說『等我長大的時候』，但那是甚麼時候呢？大孩

子說『等我成年的時候』，成年後卻又說『等我結婚的時候』。但結婚之後又如何呢？他的念頭又變成『等退休了吧』。然而退休那天回首過去，他卻感到一陣寒意 —— 人生悄然逝去，他竟不知不覺錯過了一切。我們總是太晚才懂得生活的意義在於當下，在於每一分每一秒如何度過。」

　　來自底特律的愛德華・依文斯太晚才懂得這個道理，差點兒因憂慮送了命。他自幼出身貧寒，第一份工作是賣報紙，後來在雜貨店當店員。因為一家七口的生計都靠他一人，他又在圖書館找了一份助理的工作。儘管薪水微薄，他卻不敢辭職，工作八年後才鼓足勇氣開創自己的事業。一開始他的生意勢如破竹，他靠借來的五十五美元起步，做到了年入兩萬美元。然而好景不長，他為朋友做了巨額擔保，不料朋友破產，給他的生意造成了致命打擊。

　　雪上加霜的是，沒過多久，他存有全部家產的銀行也宣告倒閉。他不僅分文不剩，還背上了一萬六千美元的債務，精神上完全無法接受這個現實。他對我說：

---·<·· CASE ··>·---

　　我吃不下東西，睡不着覺，焦慮得病倒了。有一天我在街上走着走着，突然就昏倒在人行道上。我動彈不得，被人抬到床上，身上還突然起了好多癤子。癤子侵入身體內部，我的身體一天比一天虛弱，就連躺着都痛苦不堪。終於，我的醫生宣佈我活不過兩週了。我震驚之餘，寫了遺囑，躺在床上等死。我知道再怎麼擔憂也無濟於事，就徹底放棄掙扎，放鬆地睡着了。在那之前，我已經連續好幾週沒有一口氣睡超過兩個小時了；而當塵世的煩惱即將

> 宣告結束的時候，我睡得像個嬰兒一樣。筋疲力盡的感覺漸漸消失，我的胃口又回來了，體重也增加了。
>
> 　幾週後，我竟然能拄着柺下地了。六週後，我重新回到工作崗位。以前我一年能掙兩萬美元，而現在我為一份週薪三十美元的工作感到心滿意足。我的新工作是銷售墊木，鐵路貨車運輸的時候需要把墊木放在輪子後面防滑。現在的我已經學會了「無需憂慮」這一課 —— 無需為過去發生的事情懊悔，也無需為未來尚未發生的事情擔憂。我把我的全部時間、精力和熱情集中在工作上。

　愛德華・依文斯晉升得很快，沒幾年就成了公司總裁。前幾年他的公司依文斯產品公司在紐約證券交易所上市了。1945 年他去世前，已經是全美國最優秀的商界領袖。如果你有機會飛越格陵蘭島，很有可能降落在以他名字命名的依文斯機場。

　這個故事的重點：如果愛德華・依文斯沒有覺察到憂慮是多麼愚蠢，如果他沒有學會「住在當下的密室中」，他就絕不會取得這樣激動人心的商業成就。

　公元前 500 年，希臘哲學家赫拉克利特告誡他的學生：「除了變化本身，萬事皆變化無常。」他還說：「人無法兩次踏入同一條河流。」河流瞬息萬變，踏入河流的人亦是如此，生活本身便是永無休止的變化過程。唯一能夠確定的只有當下。那麼為何要破壞「活在當下」的美好，非要為未來的難題焦頭爛額呢？無窮的變化和不確定性籠罩着未來，沒有任何人有能力預知。

　古羅馬人有一個詞形容這個道理 ——「及時行樂」，或「把握今天」。是的，把握今天，並活到極致吧！

　　這也是勞維爾・湯瑪斯的人生觀。最近我去他的農場過週末的時候，注意到他把舊約聖經《詩篇》第 118 篇中的這句箴言裱起來掛在播音室的牆上，以便時時看到：

　　這是耶和華所定的日子。

　　我們在其中，要高興歡喜。

　　英國作家約翰・羅斯金的書桌上有一塊普通的石頭，上面鐫刻着一個詞：「今天」。我雖然沒在書桌上放石頭，但是我在鏡子上貼了一首詩，每天早晨剃鬚的時候都能看到。威廉・奧斯勒爵士的書桌上也有這首詩，它是著名印度劇作家迦梨陀娑的名篇：

　　敬黎明

　　珍視今日啊！

　　因為它就是生活，生活的本質

　　在它短暫的過程中

　　包含着你存在於世的一切意義：

　　成長的狂喜

　　行動的榮耀

　　以及成就的異彩

　　昨日無非一場舊夢

　　明日只是縹緲幻影

　　好好活過今日吧

　　讓每個昨天成為幸福的美夢

讓每個明天成為希望的憧憬

所以，珍視啊，珍視今日！
這就是對黎明的致敬。

因此，關於憂慮，你應該知道的第一件事：如果你想讓煩惱遠離你的生活，就請學習威廉‧奧斯勒爵士的方法。

關上過去和未來的鐵門，活在「今天」這個艙室中。

不妨問問自己這幾個問題，並把答案寫下來：

①我是否習慣逃避現實，擔心未來？我是否總在幻想「地平線另一端那座夢幻的玫瑰花園」？

②我是否會為過去發生的事情懊惱，結果讓當下變得痛苦？

③早上起床的時候，我有沒有決心「把握當下」，把這二十四小時活到極致？

④我能不能「活在當下的密室中」，更充分地利用生活？

⑤我應當從甚麼時候開始改變？下個星期？明天？還是從今天開始？

解決煩惱的神奇法則

　　想知道怎樣又快又好地擺脫憂慮嗎？這個技巧即學即會，你在讀完全書之前就能立刻應用。

　　如果你的回答是肯定的，就請聽我細細道來。這個方法是才華橫溢的工程師威利斯・卡瑞爾發現的。他是空調產業的先驅人物，現在領導着世界知名的卡瑞爾公司，公司位於紐約州錫拉丘茲市。有一天，我和卡瑞爾先生在紐約工程師俱樂部共進午餐的時候，他親口告訴了我他應對煩惱的方法，而這個方法堪稱我聽過的最佳方法。卡瑞爾先生說：

⋯⋯CASE⋯⋯

　　年輕時，我在紐約州布法羅市工作，供職於布法羅鍛造公司。當時公司分配給我一項任務，派我去給匹茲堡平板玻璃公司安裝氣體淨化裝置。那家工廠位於密蘇里州克里斯特爾城，價值上百萬美元。淨化裝置的作用是去除燃氣中的雜質，防止燃燒時對設備造成損害。這項氣體淨化技術是新開發的，以前只試用過一次，而且試用時的條件不太一樣。因此我到克里斯特爾城開展工作時，遇到了之前沒預料到的難題 —— 設備雖然勉強能夠運行，性能卻無法達到我們承諾的水平。

　　我深受打擊，就像是被人當頭打了一棒，感覺五臟六

腑攪在了一起，焦慮得睡不着覺。

終於，我意識到憂心忡忡是根本無法解決問題的，於是我想出了一個化解憂慮的辦法。這個方法管用極了，到現在我已經使用了三十多年。

這個方法很簡單，適用於所有人。它包含三個步驟：

第一步：坦然面對問題，理性分析局面，找出萬一失敗的最壞結果。我總不至於因為設備失靈而蹲監獄或是被人槍殺，這一點是肯定的。當然，丟掉飯碗的可能性是有的，也有可能導致公司被迫拆除設備，損失投資的兩萬美元。

第二步：找出可能發生的最壞結果後，調整心態接受它。我告訴自己，這次失敗對我的職業生涯是一次重大打擊，甚至有可能讓我失去工作。但如果真到了這一步，我有能力另謀出路。至於公司方面，他們明白這項新技術仍處於測試階段，如果這次經驗教訓要花兩萬美元，公司也承受得起。他們可以把這項費用計入研究成本中，畢竟這確實是一次試驗。

一旦想出了可能出現的最壞情況並調整心態接受它，非常重要的改變發生了：我立刻如釋重負，感受到連日以來從未有過的平靜。

第三步：心平氣和地思考對策，把時間和精力用於改善我心理上已經接受了的那個最壞狀況。

我努力想辦法為公司降低損失。經過幾次測試之後，我發現只要我們再投入五千美元安裝輔助設備，問題就可以迎刃而解。果然，公司通過這個方法避免了兩萬美元的

損失，反而盈利一萬五千美元。

　　如果當時我一直心煩意亂，我大概永遠也想不出對策。憂慮最糟糕的一點在於它會摧毀我們的專注力。人們陷入憂慮的時候會不斷擔心這擔心那，心亂如麻，因而喪失決斷的能力。然而，一旦我們強迫自己面對最壞的結果，並且在心理上接受它的時候，那些胡思亂想就煙消雲散了，讓我們能夠集中精力解決問題。這件事雖然已經過去很多年了，但因為這個方法行之有效，我一直沿用至今。如今我的生活完全從憂慮中解放了。

—❖—CASE—❖—

　　為甚麼威利斯·卡瑞爾的神奇法則如此實用呢？從心理學的角度看，當憂慮蒙蔽了我們的雙眼，令我們在層層烏雲中跌跌撞撞地摸索的時候，這個方法能夠把我們從雲端拉回地面。它讓我們立足於現實，明確自己的位置。倘若我們無法看清自己的處境，又如何指望自己把事情考慮清楚呢？

　　應用心理學之父威廉·詹姆士教授在三十八年前離開了我們 [1]，如果他尚在人世，也一定會贊同卡瑞爾對待憂慮的方式。我怎麼知道的呢？因為他曾經對自己的學生說過：**「要學會接受現實……接受既成現實是走出災難的第一步。」** 林語堂在他廣為人知的作品《生活的藝術》中表達過同樣的觀點。這位中國的思想家這樣寫道：「一個人的心中有了那種接受惡劣遭遇的準備，才能夠獲得真平安。這從心理學的觀點看來，它是一種發泄身上潛力的程序。」

---

[1]　威廉·詹姆士（William James，1842 年—1910 年），被譽為美國心理學之父。本書初版於 1948 年。—— 編者

正是如此！從心理學的觀點看來，它是一種發泄身上潛力的程序。一旦我們接受了最壞情況，也就再沒有甚麼可失去的了，這意味着情況只會更好。威利斯・卡瑞爾就是這麼說的：「直面最壞的情況之後，我立刻如釋重負，感受到一種連日以來從未有過的平靜，並且重拾了思考的能力。」

聽起來合情合理，不是嗎？成千上萬的人在焦躁的喧囂中毀掉了自己的生活，就是因為他們拒絕接受最不利的境況，拒絕嘗試改善，拒絕從不幸中搶救財產。他們不試着重獲財富，卻不停地與已經發生的事情苦苦糾纏，結果成為抑鬱症的犧牲品。

你想了解一下其他人是怎樣應用卡瑞爾的神奇法則解決難題的嗎？好，下面是我班上一位紐約石油商人的經歷。

「我被敲詐了！」這位學員開口說道，「真讓人難以置信，我還以為這種事只會發生在電影裡，但是我居然真的被敲詐了！」事情是這樣的，他說道：

—— CASE ——

　　我是石油公司的管理者，我們公司有好幾輛油罐車和相應的司機。那個時候物價管理局有很嚴格的規定，我們交付給客戶的石油都有配額限制。個別司機給老主顧送貨的時候私留了一部分，倒賣給他們自己的客戶，但我當時並不知情。

　　有一天，一個自稱是政府稽查員的人來找我索要封口費，那時我才意識到我們公司有可能捲入了非法交易。他說手上有證據證明司機的行為，並且威脅說如果我不掏錢出點兒血，他就把證據移交地方檢察官。

　　我知道自己沒甚麼好擔心的，畢竟我個人沒有觸犯法律。但是我也清楚法律規定公司要對僱員的行為負責，另外，這起事件如果鬧上法庭，勢必會被報紙公之於眾，這樣的負面宣傳會毀了我的生意。我一直都以這家公司為傲 —— 它是我父親二十四年前一手創立的。

　　當時我急得病倒了，三天三夜吃不下飯，睡不着覺，像瘋了一樣坐立不安。我該掏這五千美元，還是任憑那傢伙為所欲為？不管哪個決定都讓我在噩夢中驚醒。

　　那個週日晚上，我隨手拿起卡耐基公眾演講課上發的那本《如何戰勝憂慮》的小冊子，並讀到了威利斯・卡瑞爾的故事。書上說「直面最壞結果」。於是我捫心自問：「如果我不掏錢，詐騙犯把證據交給地方檢察官，最壞的結果會是甚麼呢？」

　　答案是：毀了事業 —— 最壞也就這樣了。我不會坐牢，最有可能發生的就是公司毀於輿論。

　　於是我對自己說：「好吧，如果公司垮了，我只能在心理上接受，那麼接下來會怎樣呢？」

　　接下來麼，既然事業沒了，我大概得出去找份工作。這也不算太糟。我很懂石油，有幾家公司大概會樂意聘用我……這麼一想，我感覺好多了。緊繃了三天三夜的神經開始放鬆，情緒也漸漸開始平復。最讓我感到驚訝的是，我又能思考了。

　　頭腦清醒之後，我開始面對第三步 —— 改善最壞情況。當我開始思考對策的時候，事情展現出一個全新的角度 —— 如果我把情況告訴律師，他大概能找出一個我沒有

想到的解決方案。我知道這聽起來很蠢，我居然一直沒想到這個方法 —— 那是因為我之前完全沒有用頭腦思考，因為滿腦子都是憂慮。我當即決定明天一早就去見我的律師。接着我就上床睡覺了，那天晚上我睡得很沉。

事情最終是怎麼解決的呢？第二天早晨，律師建議我去見地方檢察官，把事實和盤托出。我照做了，而檢察官的反應出乎我的意料。他告訴我說類似的敲詐事件已經出現好幾個月了，而那個自稱是政府官員的人是警方在通緝的詐騙犯。我折磨了自己三天三夜，糾結應不應該把五千美元拱手送給那個職業騙子，而聽到這些話後終於鬆了一口氣。

這次經歷讓我學到了終身受用的一課。現在，每當面對讓我煩憂的問題時，我就用這個被我稱為「老威利斯·卡瑞爾法則」的方法來對付它。

◆·-·CASE·-·◆

就在威利斯·卡瑞爾正在密蘇里州的工廠裡為氣體淨化設備憂心忡忡的時候，內布拉斯加州的一個年輕人正在寫遺囑。他名叫厄爾·漢尼，患了嚴重的十二指腸潰瘍。三位醫生斷定漢尼先生已經無藥可救，其中包括一位很有名望的潰瘍專家。他們告誡他不要吃這不要吃那，不要擔心不要憂慮，甚至告訴他可以立遺囑了。

病痛迫使艾爾·漢尼放棄了體面又高薪的工作，現在他無事可做，無可期待，只等着死神降臨。於是他做了個決定：一個罕見而宏偉的決定。「既然我只有很短的時間可活了，」他說，「我就應當活到極致。我一直想在有生之年周遊世界。如果我真的要實現這個

願望，那麼現在就是動身的時候了。」於是他當即買了船票。

醫生被他的決定嚇壞了。「我們必須得警告您，」他們對漢尼先生說，「如果您真要旅行，結果就是葬身大海。」

「不，不會的，」漢尼先生說，「我答應過我的家人，死後下葬在布羅肯鮑市的家族墓地中。所以我會買副棺材帶着。」他真的買了棺材帶到船上，並和船舶公司事先談妥，倘若他不幸離世，就請船舶公司把他的遺體保存在冷艙中，直到客輪返鄉。詩人歐瑪爾‧哈亞姆詩中的精神鼓舞着他踏上了旅程：

> 啊，趁我們尚能揮霍，
>
> 淋漓盡致地活；
>
> 隨後塵歸塵，土歸土，我們在塵土之下長眠；
>
> 無酒，無歌，無詩人，永不復生！

不過，漢尼先生可沒有讓旅途「無酒」。「一路上，我喝高杯酒，品長雪茄，」漢尼先生在來信中這樣寫道，這封信此刻就在我面前：

> 我品嚐各種各樣的食物，包括那些號稱會讓我喪命的奇怪的土特產。我已經好多年沒有這樣盡情享受生活了！我們在海上遭遇了季風和颱風，對膽小的人而言有可能讓人送命，但我卻從這樣的冒險中得到了極大的樂趣。
>
> 我在船上做遊戲，唱歌，結交新朋友，半宿不睡覺。郵輪抵達中國和印度的時候，我意識到和東方的貧窮與飢餓相比，我以前在生意中遇到的種種煩惱簡直不值一提。我放下了一切無謂的憂慮，身心感覺良好。等我回到美國，我增重了 90 磅，幾乎忘了我患過胃潰瘍。我這輩子從來沒有感覺這麼好過。我當即賣掉

棺材，重返工作。從那之後我再也沒有生過病。

當時，艾爾・漢尼從沒聽説過卡瑞爾先生和他應對憂慮的方法。「但是我現在覺得，」漢尼先生最近告訴我説，「我當時下意識地用了一模一樣的法則。我説服自己接受了最壞的情況 —— 對當時的我來説，最壞的結果就是死亡。隨後我在這個前提下嘗試改善，盡力享受我生命中餘下的時間……」他接着説道：「如果我上船之後就一直憂慮，我無疑會躺在棺材裡回來。但是我徹底放鬆了身心，完全忘記了憂慮。心靈的安寧讓我獲得了新生的力量，也正是這種力量救了我的命。」（寫作本書時，艾爾・漢尼定居於麻薩諸塞州溫切斯特市韋奇米爾大街 52 號）

如果威利斯・卡瑞爾用這個神奇法則挽回了一筆價值兩萬美元的合同，如果一位紐約商人用這個神奇法則讓自己在敲詐案中倖免於難，如果艾爾・漢尼用這個神奇法則救了自己的性命，那麼這個法則會不會也能為你的煩惱找到答案，甚至令你的問題迎刃而解呢？

—— 原 *2* 則 ——

遇到令你擔心焦慮的問題，請按照下面三個步驟，運用威利斯・卡瑞爾的神奇法則。

1. 問問自己：「最壞的可能是甚麼？」
2. 萬一發生了最壞情況，做好接受它的心理準備；
3. 冷靜地着手改善最壞情況。

SECTION 03
憂慮的惡果

　　不懂得如何戰勝憂慮的企業家往往英年早逝。

—— 亞歷克西・卡雷爾博士

　　不久前的一個晚上，鄰居按響我家門鈴，提醒我和家人接種天花疫苗。他是紐約市幾千名志願者中的一名。人們驚恐地排隊幾個小時，等待接種。不僅醫院開設了疫苗接種站，連消防隊、警察局和工業廠房內都增設了站點。兩千多名醫護人員日夜奮戰，給人們接種疫苗。甚麼事情引發了這樣的騷動？原因是紐約市內有八人染上天花，其中兩人不幸身亡。在紐約市將近八百萬人口中，死亡數為二。

　　我在紐約已經住了三十七年，卻從未有人按響我家門鈴，提醒我警惕憂慮引起的情緒疾病 —— 而就在過去這三十七年間，情緒疾病的殺傷力比天花要嚴重上萬倍。也從來沒有任何來訪者警告我，全美國每十人當中就有一人經歷過精神崩潰，絕大部分是由焦慮和情感衝突誘發的。此刻我寫下這個章節，就是為了按響你的門鈴，提醒你這一點。

　　偉大的諾貝爾醫學獎獲得者亞歷克西・卡雷爾博士曾經說過：「不懂得如何戰勝憂慮的企業家往往英年早逝。」這一判斷同樣適用於家庭主婦、獸醫和磚瓦工。

　　幾年前，我在假期駕車橫越德克薩斯州和新墨西哥州，與我同

行的是聖達非鐵路公司的醫療主管戈伯醫生，他的頭銜全稱是海灣
地區科羅拉多聖達非醫院協會主任醫師。當我們聊到憂慮的危害
時，他說：「如果來看病的患者能夠擺脫恐懼和憂慮，那麼他們中有
百分之七十都能夠自癒。不過這並不代表他們的症狀是想像的。」
他說：「他們的病痛和牙痛一樣真實，有時甚至嚴重百倍。患者的症
狀包括神經性消化不良、胃潰瘍、心律不齊、失眠、頭痛，還有某
些類型的麻痺症。」

「這些病痛都是確實存在的，」戈伯醫生說，「我之所以這麼肯
定，是因為我自己就被胃潰瘍困擾了十二年。」

「恐懼引起憂慮，而憂慮讓人精神緊繃，進而影響胃部神經。確
切地說，憂慮會令胃液分泌紊亂，導致胃潰瘍。」

《神經性胃炎》一書的作者約瑟夫·蒙泰格醫生也表達過同樣的
看法。他說：「**胃潰瘍的成因不是人們吞食的食物，而是吞噬人們的
心事。**」

梅奧診所的阿瓦瑞茲醫生也說過：「潰瘍通常隨着情緒的起伏而
發作或平息。」

上述結論是通過嚴謹的研究得出的。梅奧診所一萬五千名胃病
患者的病例證實，每五名患者中就有四名的胃病並無生理誘因。精
神上的恐懼、憂慮、仇恨、自私，以及面對現實生活沒有調整自我
的能力，這些才是他們的胃病或胃潰瘍的主要誘因。胃潰瘍甚至可
致命。根據《生活》雜誌的報道，胃潰瘍在當代絕症中位列第十。

我最近和梅奧診所的哈羅德·海恩醫生有通信往來。在全美
工業界醫生協會的年會上，海恩醫生報告了他的研究成果。他對
一百七十六位平均年齡為四十四點三歲的企業家做了一項調查，發
現超過三分之一企業家患有心臟疾病、消化道潰瘍或高血壓，而這

三種疾病都是高強度生活特有的代價。想想看，竟然有多達三分之一的管理者正在以心臟病、潰瘍和高血壓折磨自己的身體，而他們的平均年齡還不到四十五歲！看看成功的代價有多高吧！這種以胃潰瘍和心臟病換來的成功，算得上真正的成功嗎？如果失去健康，得到全世界又有甚麼用？就算真的擁有整個世界，一個人每天也只能睡一張床，吃三頓飯。連開渠的工人都能做到這些，甚至可能比手握重權的企業家睡得更甜，吃得更香。我寧願在阿拉巴馬州當個彈班卓琴的佃農，也不願意成為四十五歲就開始折壽的鐵路大亨或煙草商人。

　　說到煙草，世界頭號煙草商最近在加拿大的森林中休養的時候倒地身亡，死因是心力衰竭。他積累了百萬家產，卻在六十一歲時就撒手人寰。所謂的「商業成功」大概是用數年生命交換而來的。依我看，這位家財萬貫的富豪還不如我父親的一半成功。我父親是密蘇里州的一位農民，他雖然一文不名，但享年八十九歲。

　　梅奧醫院的創始人梅奧兄弟說，醫院的住院病人有半數以上是神經問題患者。但是在高倍顯微鏡下觀察，這類患者的神經看起來就像拳王傑克・登普西一樣健康。他們的「神經問題」並非神經的生理性退變，而是無用、沮喪、焦慮、擔憂、恐懼、挫敗、絕望等負面情緒造成的。柏拉圖曾言：「醫生犯下的最大錯誤，是他們努力醫治身體，卻不嘗試醫治靈魂；然而靈與肉本為一體，又怎能分開對待！」

　　醫學發展了兩千三百年才認識到這一偉大的真理。近期，一門全新的學科 —— 身心醫學開始發展。這一學科致力於身體與心理的同步治療，也該是發展這一學科的時候了。如今醫學已經消滅了

大部分由細菌引起的可怕疾病，譬如天花、霍亂、黃熱病，以及其他將千萬人過早送進墳墓的瘟疫。然而對於憂慮、恐懼、仇恨、沮喪和絕望等由情緒而非細菌造成的身心創傷，醫學科學卻始終無能為力。這類情緒疾病造成的傷亡正以災難性的速度增加並蔓延。醫生認為，當今每二十名美國人當中，就有一名曾在某段時期患上精神疾病。第二次世界大戰期間，在應徵入伍的年輕男子當中，有六分之一因為精神方面的疾病或缺陷未能通過考核。精神病的成因是甚麼？沒人知道確切答案，但是恐懼和憂慮是大部分病例的主要誘因。在焦慮中煎熬的人們無法應對冷酷的現實世界，自行切斷了與周遭環境的一切聯繫，躲入自己構建的幻夢中，從而再無憂愁。

　　寫作這一章時，我書桌上有一本愛德華・波德斯基醫生的著作，書名為《戰勝憂慮，恢復健康》。這本書的一些章節名稱如下：

> 憂慮對心臟的影響
>
> 血壓因憂慮升高
>
> 憂慮可能引發風濕病
>
> 為了你的胃，少擔憂一些吧
>
> 憂慮如何引起感冒
>
> 憂慮與甲狀腺
>
> 憂慮的糖尿病患者

　　另一本在憂慮方面頗具啟發性的著作是卡爾・梅寧哲醫生的《與自己作對》。梅寧哲醫生也是致力於精神病學研究的梅奧兄弟中的一員。梅寧哲醫生在書中揭示了令人震驚的事實 —— 當人們任由消極情緒主宰生活時，就會毀了自己。如果你不想再同自己作對，就請讀一讀這本書，並把它分享給你的朋友們。這本書售價只有四

美元，但它將成為你一生最好的投資之一。

就連最堅強的人，也會因憂慮患病。在內戰將近結束的時候，格蘭特將軍意識到了這一點。故事是這樣的：當時，格蘭特將軍圍攻里士滿整整九個月。李將軍的部隊衣衫襤褸，彈盡糧絕，已經瀕臨覆滅。士兵開始整團整團地叛逃，剩餘的士兵則聚在帳篷裡一起祈禱。他們呼號，哭泣，眼前出現幻象。一切將要結束。李將軍的士兵縱火點燃里士滿的棉花和煙草倉庫，並且燒毀了兵工廠。黑暗的深夜裡，火光沖天而起，士兵趁亂棄城而逃。格蘭特全力追擊，三面包抄，不斷向聯盟軍開火。謝里丹的騎兵則一馬當先，切斷鐵路線，攔截供給車，從正面圍捕聯盟軍。

格蘭特當時因劇烈頭痛幾乎半盲，遠遠落在部隊後面，只好在一間農舍前停下了腳步。他在回憶錄中記述道：「我整晚用熱水和芥末浸泡雙足，把芥末藥膏敷在手腕和後頸上，祈盼早上能夠康復。」

第二天早晨，他果然痊癒了。不過治癒他的並不是芥末藥膏，而是騎兵快馬加鞭送來的李將軍的降書。

「當信使找到我的時候，」格蘭特寫道，「我正在忍受頭痛的折磨。但一看到信的內容，我的病就全好了。」

顯然，格蘭特的憂慮和緊張造成了身體不適。一旦他找回信心，因成功和勝利而情緒高漲，他就立即痊癒了。

七十年後，擔任羅斯福總統內閣財政部部長的小亨利・摩根索也發覺，憂慮令他產生眩暈。當總統下令在一天內購入四百四十萬蒲式耳小麥以提高小麥價格的時候，摩根索陷入極度憂慮，並在日記中記錄了這件事：「事情發生時，我真真切切地感到頭暈眼花。我回到家中，用過午餐之後昏睡了兩個小時。」

如果我想看看憂慮對人們產生的影響，我不用查資料或是問醫

生，只需在寫作的間歇抬頭向窗外看看。不出一個街區，就有鄰居因焦慮而精神崩潰，也有鄰居因擔憂誘發糖尿病 —— 每當股市下跌的時候，他的血糖就會上升。

法國著名哲學家蒙田曾被選為家鄉波爾多的市長。他對他的同胞們說：**「我願用我的雙手而不是五臟六腑處理你們的問題。」**

而我那位鄰居卻用血管處理股市問題，並差點兒為此送命。

憂慮有可能引發風濕和關節炎，甚至讓人因此坐上輪椅。在研究關節炎方面，康奈爾大學醫學院的羅素・塞西醫生是世界公認的權威。下面是他列出的四種最常見的關節炎誘因：

1. 婚姻觸礁；
2. 財務危機；
3. 孤獨及憂慮；
4. 長期不滿。

當然，關節炎及其成因複雜多樣，這四種情緒狀況不是導致關節炎的唯一原因，但的確是常見原因。舉例來說，在大蕭條時期，我的一位朋友遭遇經濟重創，煤氣公司切斷了他家的煤氣，銀行也提前終止了抵押房產的贖回權。於是他的妻子突然患上了關節炎，承受了極大痛苦。儘管她堅持服藥並且注重飲食，但還是直到他們的經濟狀況緩和下來，她的病情才真正有所好轉。

憂慮甚至會造成齲齒。威廉・麥高尼格醫生在美國牙科協會上演講時提道：「擔憂、恐懼、抱怨等負面情緒有可能打亂人體的鈣平衡，進而導致齲齒。」麥高尼格醫生講述了他的一位患者的經歷。這位患者的牙齒狀況一直良好，但當他妻子突然患病時，他擔心不已，在妻子住院的三週內產生了九個齲洞 —— 這些蛀牙正是憂慮導

致的。

　　你是否見過甲狀腺分泌異常活躍的人？我見過，並且我可以告訴你，他們的身體控制不住地顫抖，看起來就像是被甚麼事情嚇得半死——這基本就是甲狀腺分泌過剩的症狀。甲狀腺是調節內分泌的腺體，一旦失去平衡，人就會心跳加快，整個身體全速運轉，就像是所有出風口都大開着的熔爐。如果不通過手術或治療控制這種狀況，受害者可能會因衰竭而亡。

　　不久前，我陪一位身患甲狀腺疾病的朋友去費城求診。那位醫生是知名專家，三十八年來一直致力於治療甲狀腺方面的疾病。不妨猜猜看，他的候診室裡掛着怎樣的標語？為了讓所有患者都能注意到，他把這則標語寫在大木牌上，我等候時把這段話抄在了信封背後：

　　放鬆和休養

　　最能讓人放鬆的休養方式，是合理的信仰、睡眠、音樂與歡笑。

　　相信上帝，學會安睡，熱愛音樂，

　　看到生活有趣的那一面，健康與幸福就會屬於你。

　　見到我朋友後，他問的第一個問題是：「你有甚麼情緒困擾嗎？」他告誡我的朋友，如果他不戰勝憂慮，有可能引起心臟病、胃炎或糖尿病等其他併發症。「這些疾病是相互關聯的近親。」這位名醫說道。沒錯，它們是近親——全部都是憂慮引發的疾病！

　　我採訪荷里活明星梅樂‧奧白朗的時候，她告訴我說她從不擔憂，因為她知道憂慮會毀掉她在電影行業的本錢——她的美麗

容貌。她説：

―•―CASE―•―

　　一開始在電影圈闖蕩的時候，我很擔心，也很害怕。那時我剛從印度來到倫敦找工作，一個人都不認識。我見了一些製片人，但沒人願意僱用我，僅有的一點兒積蓄也快用光了。後來的兩週，我靠一點兒餅乾和水勉強充飢，整日憂心忡忡，還餓着肚子。我對自己說：「你這個傻瓜大概永遠也入不了電影的門。你連一點兒表演經驗都沒有，除了一張還算漂亮的臉蛋，還有甚麼資本呢？」

　　我走到鏡子前，望着鏡中的自己，突然發覺憂慮對我容貌的改變。我看着憂愁引起的皺紋和自己焦慮的表情，告訴自己說：「你必須立刻戰勝憂慮！你根本沒資格擔憂。你唯一能拿得出手的也就是外表了，而憂慮會毀了它！」

―•―CASE―•―

　　沒有任何事比憂慮更能讓女人迅速衰老，變得刻薄，甚至毀掉她的容貌。憂慮讓人們表情僵硬，下頜緊繃，臉上皺紋密佈；憂慮讓人們愁眉苦臉，頭髮花白，甚至造成頭髮脫落。憂慮影響氣色，可能誘發各種皮炎、丘疹甚至面疱。

　　心臟病是當今美國頭號殺手。第二次世界大戰期間，約有三十萬士兵戰死沙場，然而同一時期，被心臟病奪去生命的人數高達兩百萬，其中有半數是因憂慮和壓力誘發的心臟病。也正是因為心臟病，亞歷克西·卡雷爾醫生才得出本章開端的這一結論：「不懂得如何戰勝憂慮的企業家往往英年早逝。」

美國南部的黑人和中國人幾乎極少患上因憂慮引發的心臟疾病，因為他們總是淡然處世。而醫生由於生活節奏緊張，因心力衰竭死亡的人數是農民的二十倍。「上帝或許會寬恕我們的罪，」威廉・詹姆士說，「但我們的神經系統不會。」

一個幾乎令人難以置信的驚人事實：在美國，每年因自殺而亡的人數比因常見的五種傳染病喪生的人數還多。

為甚麼？答案通常是憂慮。

有一種殘忍折磨囚犯的的手段，是把囚犯的手腳綁起來，在他們頭頂放一個滴水的袋子。水日夜不停地滴答、滴答、滴答，一滴滴地落在囚犯頭上，最終這聲音聽起來就像一記記重錘，會把人逼瘋。

憂慮就像是不停滴答、滴答、滴答的水珠，而正是憂慮的滴答、滴答、滴答最終使人精神錯亂，甚至走向自殺。

當我還是密蘇里州鄉下的少年時，聽牧師描述後世的地獄之火把我嚇得半死。但是他從未提到人們現世的憂慮會導致如地獄之火一樣可怕的病痛。譬如說，如果你長期憂慮，很可能某天會患上折磨人的心絞痛。

這種病會讓你痛苦地叫嚷，呻吟聲使但丁筆下的地獄聽上去就像是玩具城歷險記。那時你會對自己說：「上帝啊上帝，如果我能好起來，我再也不會為任何事憂慮了！」（如果你覺得我是在誇大其詞，不妨去問問你的家庭醫生）

你熱愛生活嗎？你想健康長壽嗎？秘訣就是亞歷克西・卡雷爾醫生的另一句名言。他說：「**置身於現代化城市的喧囂之中，只有內心平靜的人們才能對神經疾病免疫。**」

置身於現代化城市的喧囂之中，你能做到保持內心的平靜嗎？

如果你是正常人，那麼答案一定是「可以」、「絕對可以」。大多數人都比自己想像的更堅強。我們擁有許多尚未開啟的內在力量。正如梭羅在他的不朽名著《瓦爾登湖》中所述：

> 我所知道的最激勵人心的事實，是人們有能力通過主觀的努力改善生活……如果一個人充滿信心地向着夢想前進，努力要過上他嚮往的生活，就會取得意想不到的成功。

毋庸置疑，本書的讀者一定像奧爾嘉·賈薇女士那樣深具意志力與潛力。賈薇住在愛達荷州科達倫。她發現，即使是在最悲慘的境況下，她都有能力趕走憂慮。我堅信，如果我們能夠把本書中討論的真理付諸實踐，你我也一樣可以做到。賈薇在來信中講述了她的故事：

---·-·- C A S E -·-·---

八年半以前，我被診斷為癌症，即將緩慢又痛苦地走向死亡。全美最好的醫學專家梅奧兄弟也確診我患有不治之症。我站在絕路上，眼看着人生的終點一步步逼近。我還很年輕，我不想死啊！走投無路中，我打電話給主治醫生醫生，大聲哭訴內心深處的絕望。他幾乎是不耐煩地訓斥我說：「怎麼了，奧爾嘉，你就一點兒鬥志都沒有嗎？沒錯，如果你再這樣哭下去你就會死。沒錯，最壞的情況發生在你身上了。那麼從現在開始正視現實吧！戰勝憂慮，想辦法做些甚麼！」從那一刻起，我在心裡狠狠立了誓，我的指甲嵌入肉裡，一陣寒意流過後脊。我不會再憂慮，我不會再哭泣！如果再有任何情緒想要控制我，我一

定要戰勝它！我要活下去！

　　在這類晚期病例上，醫生不能用鐳射線，通常是每天接受 10 分半鐘 X 射線治療，連續三十天。而我卻連續四十九天每天照 14 分半鐘 X 射線。儘管我日漸衰弱，瘦骨嶙峋，雙腳像灌了鉛一樣，但我再也沒有憂慮，再也沒有流淚。我微笑着面對這一切。即使笑不出來，也強迫自己微笑面對。

　　我當然沒有傻到以為只要笑就能治癒癌症，但是我確實相信積極的心態能夠幫助身體抵抗疾病。最終，癌症奇跡般地治癒了。這幾年，我的健康狀況前所未有地好。這多虧了醫生激勵我的那些話：「正視現實，戰勝憂慮，想辦法做些甚麼！」

·*·CASE·*·

　　我想再度以開篇亞歷克西・卡雷爾醫生的話語結束本章：「不知道如何戰勝憂慮的企業家往往英年早逝。」

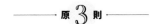

——— 原 3 則 ———

　　我想把這一章開篇的這句話印刻在每位讀者的心裡：「不懂得如何戰勝憂慮的企業家往往英年早逝。」

　　卡雷爾醫生的這句話，是否正是說給你聽的呢？很有可能。

原則 1

若想避免憂慮，請學習威廉・奧斯勒爵士的方法，活在「今天」這個艙室中。不要為明天煩惱，只要把當下活到淋漓盡致

原則 2

被憂慮逼到牆角的時候，請按照下面三個步驟，運用威利斯・卡瑞爾的神奇法則。

①問問自己：「最壞的可能是甚麼？」
②萬一發生了最壞情況，做好接受它的心理準備。
③冷靜地着手改進最壞情況。

原則 3

提醒自己，為了煩惱付出健康的代價是不划算的。「不知道如何戰勝憂慮的企業家往往英年早逝。」

分析憂慮的基本技巧

BASIC TECHNIQUES IN ANALYSING WORRY

SECTION 04
如何分析並解決煩惱

六位忠臣伴我左右（我所知道的一切皆源自他們），他們的名字是：甚麼、為何、何時、如何、何地及何人。

—— 魯迪亞德・吉布林

在第二章中，我們介紹了卡瑞爾的神奇法則。它能化解世上的一切憂慮嗎？當然不能。那該如何應對不同的憂慮呢？答案就是我們應當學會分析問題的三個基本步驟。這三個步驟是：

1. 了解情況；
2. 分析情況；
3. 做出決策，並依照決策採取行動。

很簡明扼要吧？當然，這是亞里士多德使用並傳授給我們的方法。若想解決眼前的煩惱，不讓這些問題像地獄一樣日夜折磨我們，那麼我們也應當學會使用這一方法。

讓我們先來看看第一個原則：了解情況。為甚麼了解情況這麼重要？因為如果連發生了甚麼都摸不着頭腦，就不可能明智地解決問題。不了解事實，我們就只能困惑地原地打轉。這是我的理論嗎？不，這是夏拔・霍克斯先生的見解。他曾經在哥倫比亞大學哥倫比亞學院擔任了二十二年院長，幫助二十萬名學生解決了他們的困擾。他告訴我「困惑是憂慮的主要成因」。他是這樣說的：「世

界上有一半的煩惱，都是源於人們尚未充分了解問題就試圖做出決定。舉例來說，如果我下週二下午三點要面對某個問題，下週二到來之前我不會嘗試做任何決策，而是會集中精力了解一切與這個問題相關的事實。我不會憂慮，不會被問題綁架，更不會睡不好覺。我只是盡力去了解情況。等週二到來的時候，如果我對事實了如指掌，那麼問題的答案自會浮現。」

我問霍克斯院長，這是否意味着他已經徹底戰勝了憂慮。「是的，」他說，「我想我可以公正地說，現在我的生活中幾乎完全沒有憂慮。」他又接着補充道：「我發現，如果人們把時間用於弄清客觀事實，那麼憂慮將在知識之光的照射下煙消雲散。」

請讓我再次強調這句金玉良言：「**如果人們把時間用於弄清客觀事實，那麼憂慮將在知識之光的照射下煙消雲散。**」

可是我們大部分人是怎麼做的呢？湯馬士・愛迪生曾經嚴肅地指出：「為了逃避思考的辛苦，人類總是訴之於權宜之計。」一提到弄清事實，我們就像獵犬一樣沿着我們預設的主觀立場追尋，而忽略其他客觀事實。我們只要那些與我們的行為相符的事實 —— 那些順應我們的心意，為我們的偏見辯護的事實！

誠如安德烈・莫盧瓦所言：「一切與我們個人的慾望相符的事都像是真理，而一切相悖的事都讓我們暴跳如雷。」

難怪找出問題的答案這麼困難！如果我們堅持認為 2+2=5，那麼在這樣的前提下，又怎麼可能解得出小學二年級的數學題？然而世界上卻有這麼多人堅稱 2+2=5，甚至 2+2=500，因此讓自己和別人的生活都不好過。

那應該怎樣做呢？我們必須避免思考被情感左右，並且像霍克斯院長說的那樣，確保以客觀公正的態度了解事實。

　　當我們陷入憂慮時，這並不容易做到。憂慮的時候，我們的情緒佔了上風。不過我發現有兩個方法能夠幫助自己暫時跳出問題，更加客觀地看清事實。

　　第一，追尋事實時，我會假裝自己正在為其他人收集信息，而不是為我自己。這樣做能夠幫助我以冷靜公正的視角判斷事實，擺脫情緒的干擾。

　　第二，搜集問題相關信息時，我有時會假裝自己是反方辯護律師。換句話說，我試着找出所有與我自己的想法相反的事實，也就是那些與我的願望相悖或是我不想面對的事實。然後我把問題的正反兩個方面都寫下來，通常真理就在兩個極端中間。

　　我想要說明的是，無論你我，還是愛因斯坦或美國最高法院，面對問題都不夠聰明，無法在不了解事實的情況下做出明智的決策。湯馬士・愛迪生深知這一點。他離世時身後留下了兩千五百個筆記本，裡面記滿了與他面對的問題相關的事實。

　　因此，解決問題的第一個原則就是了解事實。讓我們效仿霍克斯院長，在沒有客觀公正地了解事實之前，先不要着手解決問題。

　　然而，如果只了解情況而不做分析和解讀，即使掌握了全世界的事實，對我們也毫無幫助。

　　我付出了很大代價才得到這個教訓 —— 把事實寫下來更容易分析。把問題闡述清楚，並將相關事實寫在紙上，這個過程本身就有助於得出結論。正如查爾斯・柯特林所言：「充分闡述問題，問題就解決了一半。」

　　中國人有句話叫「百聞不如一見」，那麼就讓我們一起看看一個人是如何把上述方法轉化為具體行動的。

　　這個故事的主人公名叫蓋倫・李奇菲爾德。我認識他好些年

了，他是遠東地區最成功的美國商人之一。 1942 年，日本人入侵
上海時，李奇菲爾德正在中國。有一天，他和另一位客人到我家做
客的時候，他向我們講述了這段往事：

── CASE ──

　　日本偷襲珍珠港後不久，又湧入上海。當時我是亞洲
人壽保險公司駐上海的經理，日本人派來一個「軍隊清算
人」── 實際上他是個侵略者 ── 並命令我協助他清算公
司資產。當時我別無選擇。我可以合作，也可以不合作，
但不合作無疑等同於送死。

　　我不得不按命令行事，不過把清單交給那個日本軍官
的時候，我故意漏報了一筆價值七十五萬美元的保險費，
因為這筆錢屬於我們的香港公司，與上海公司的資產無
關。但是我仍然很擔心，如果被日本人發現我做的手腳，
我就有大麻煩了。果然，他們很快發現了。

　　被他們發現漏報資產的時候我不在公司，但會計主管
在場。他告訴我那個日本軍官勃然大怒，跺着腳大罵我
是小偷和叛徒。我違抗了日軍 ── 我也知道這意味着甚
麼 ── 我會被扔進橋廈的！

　　橋廈是日本蓋世太保的酷刑室。我以前有好幾個朋友
寧願自殺也不願意被關進那個監獄，還有朋友經受了十天
拷問和折磨之後死在那裡了。現在輪到我被送進橋廈了！

　　我該怎麼辦？週日下午一得知這個消息，我就膽戰心
驚。如果我沒有掌握解決問題的技巧，我大概已經被嚇死
了。多年來我有個習慣，每當我陷入憂慮的時候，總會用

打字機打出兩個問題和它們的答案：

　　1. 我在擔心甚麼？

　　2. 我能做些甚麼？

　　我以前不習慣把問題寫下來，但是幾年前我意識到，把問題和答案寫下來的過程能夠幫助自己理清思路。因此，那個週日下午，我回到位於上海基督教青年會的住所，拿出打字機，開始敲字：「一、我在擔心甚麼？我擔心明天一早會被扔進橋廈大牢。」接着，我又打出第二個問題：「我能做些甚麼？」我花了幾個小時思考，寫下了我可以採取的四個行動，以及每個方案的潛在後果：

　　1. 我可以向那個日本軍官解釋緣由。但他說過「不許說英語」。如果我通過翻譯向他解釋，很可能會再次激怒他。而激怒他就意味着送死，以他的殘暴，很可能不聽我說就直接把我扔進監獄。

　　2. 我可以試着逃跑。但這不可能，他們一直監視我的行蹤。我進出基督教青年會的時候都要登記，如果我逃跑，很可能會被抓住槍斃。

　　3. 我可以躲在房間裡，不回公司。但如果這樣，日本軍官可能會產生懷疑，派兵把我關進監獄，不給我任何解釋機會。

　　4. 我可以週一早上照常上班。這樣一來，有可能日本軍官太忙，沒空糾纏我的事情。就算他想起來了，也有可能已經冷靜下來，不來找我麻煩。如果真是這樣，那我就安全了。就算他真來找我，我也尚有解釋的機會。這樣一想，照常去辦公室並且裝作甚麼事情都沒有發生，會讓我

獲得兩個脫險的機會。

我一考慮清楚，就立即決定採取第四個方案，週一一早像平時一樣去公司。做出決策後，我立刻釋然了許多。

第二天早晨，我走進辦公室的時候，日本軍官正叼着煙坐在那兒。他照例對我怒目而視，但甚麼都沒説。六週之後 —— 謝天謝地 —— 他被調回東京，我也鬆了一口氣。

那個週日下午，我坐下來寫出所有可能的方案及後果，進而冷靜地得出結論，就這樣救了自己一命。如果我當時沒有這樣做，很可能會自亂陣腳，猶豫不決，在一時衝動下做傻事。如果不是徹底思考問題並做出決定，我很可能整個週日下午都心亂如麻，整晚睡不着覺。如果是那樣，我週一早晨去公司的時候就會看起來很疲倦很焦慮，單單這一點就很可能引起日本軍官的懷疑，刺激他採取行動。

經驗一次次證明果斷做出決策的巨大價值。如果人們找不到確定的目標，無法從令人惱火的死循環中走出來，就很容易精神崩潰，走入人間煉獄。我發現，一旦自己做出明確的決定，50% 的憂慮會煙消雲散；一旦我開始執行計劃，另外 40% 也會消失不見。因此，我通過下述四個步驟擺脱了 90% 的憂慮：

1. 清晰地寫出我在擔心的事情；

2. 寫出我能做些甚麼；

3. 決定應當怎麼做；

4. 立即按照決策執行。

　　蓋倫‧李奇菲爾德現在是斯塔爾—派克與弗里曼有限公司的遠東地區總裁,負責大型保險及金融權益。事實上,正如我之前所言,他已成為亞洲最成功的美國商人之一。他向我坦陳,他的成功很大程度上要歸功於這一分析並且正視憂慮的方法。

　　他的方法為甚麼值得推崇呢?因為它有效、具體,直指問題核心。此外,其中第三個步驟是整個方法的重中之重:做些甚麼。

　　除非最終付諸行動,否則任何分析都是浪費精力。

　　心理學之父威廉‧詹姆士曾經説過:「**一旦做出決定並且把執行提上日程,就把其他職責拋到一邊,也不要在意結果。**」威廉‧詹姆士所説的「在意」也就是「擔心」。他的意思是,一旦你基於事實做出了謹慎的決定,就立即採取行動,不要再左思右想。不要停下腳步,躊躇不定;不要在自我懷疑中迷失自己;不要不停地回頭看。

　　韋特‧菲利普斯是奧克拉荷馬州最著名的石油商人。我曾經問過他如何執行決策,他回答説:「我發現如果對問題的思考超過一定限度,就會引發困惑和憂慮。到某個時間點,再多調查和思考反而變得有害。到那個時候,我們必須決定、行動,並且永不回頭。」

　　不妨試着運用蓋倫‧李奇菲爾德的方法,按照下述步驟,解決你眼下的某件煩心事。

　　問題一:我在擔心甚麼?

　　問題二:我能做些甚麼?

　　問題三:我將採取哪些步驟?

　　問題四:甚麼時候開始付諸實踐?

SECTION 05
如何將生意上的煩惱減少一半

如果你是商界人士，看到這個標題可能會暗想：「這標題起得可真荒唐，我做生意做了十九年，懂得不比任何人少。居然有人想指點我如何把生意上的煩惱減少一半，簡直太可笑了！」

這種想法並沒有錯。如果我幾年前看到這樣的標題，一定也會有相同的感想。這種標題口氣太大，而承諾總是廉價的。

開誠佈公地說，我可能的確沒有能力幫助你減少 50% 的商業煩惱 —— 歸根結底，除了你自己，沒人能代替你做到這一點。我能做到的，是把其他人的經驗分享給你，剩下的就看你自己了。

你大概還記得，在本書的第 41 頁，我引用了亞歷克西·卡雷爾醫生的名言：「不懂得如何戰勝憂慮的企業家往往英年早逝。」

既然憂慮有如此嚴重的後果，那麼假如我能幫你減少哪怕 10% 的煩惱，你是不是也會很高興？如果是這樣，那就太好了。接下來我想同你分享一位企業家的經歷。他不僅減少了 50% 的憂慮，還減少了 75% 開會討論的時間。

這個故事可不是來自「隔壁某某」或「我在俄亥俄州認識的某個人」這類無據可查的含糊故事。這個故事的主角是一個真實人物 —— 萊昂·希姆金，他是全美最佳出版公司西蒙與舒斯特的合夥人兼總經理，公司位於紐約市洛克菲勒中心。

下面就是萊昂·希姆金講述的親身經歷：

···CASE···

十五年來，我幾乎每天都要把一半時間花在開會討論問題上——我們究竟應該這樣做、那樣做，還是甚麼都不做？會議室裡氣氛緊張，人們或是如坐針氈，或是在房間裡踱來踱去，爭論不休，來回兜圈子。每天晚上我都精疲力竭。我覺得我這輩子都會在這樣無休止的重複中度過。我已經這樣做了十五年，而從未想到過更好的做事方法。如果之前有人告訴我能夠在這些令人焦慮的會議上節約四分之三的時間，進而消除四分之三的精神壓力，我一定會認為他是個激進又盲目樂觀的空想家。然而我自己卻找出了能實現這一點的方法。到現在，這個方法我已經用了八年。它為我的效率、健康和幸福創造了奇跡。

聽起來很像是戲法——但就像所有戲法一樣，一旦你知道它的手法，就會覺得再簡單不過了。訣竅是這樣的：首先，我立刻停用了十五年來的會議程序。原本的程序是這樣的，遇到問題的同事會向我彙報全部細節，然後問我該怎麼做。而現在我規定所有來找我討論問題的人都必須先提交書面報告，回答這四個問題：

1. 問題是甚麼？（過去我們總習慣開會討論，往往焦慮地討論了一兩個小時都還不清楚真正的問題是甚麼。我們唇槍舌劍地爭論遇到的麻煩，卻懶得把具體問題寫下來。）

2. 問題的成因是甚麼？（回顧我的職業生涯，我很驚訝自己竟然浪費了那麼多時間開會，卻沒有試着弄清問題的根基。）

3. 有哪些可能的解決方法？（過去開會的時候，一有人提出解決辦法，就會有其他人跳出來反駁，以至於火藥味越來越濃，最終離題萬里。而會議結束後也沒人把討論中提到的方法寫下來。）

4. 你建議採用何種方法？（以前同事來找我開會的時候，往往已經焦慮了好幾個小時，卻還原地兜圈子。他們從來沒有認真思考過可能的解決方式，更不會寫出「我建議採取這樣的措施」。）

現在，我的同事很少再帶着問題來找我。為甚麼？因為他們發現要想回答這四個問題，他們必須先深入了解事實，並且認真思考他們的問題。一旦這樣做了，他們會發現在四分之三的情況下，他們完全不用再來諮詢我。答案會自行浮現，就像烤好的麵包片從麵包機裡彈出來一樣。就算需要磋商，會議也只會花費之前三分之一的時間，因為討論會有條不紊地依照邏輯進行，進而導向合理的結論。

CASE

現在的西蒙與舒斯特出版公司內，很少有人再把時間浪費在憂慮與爭論上了，大家都學會了在自己的位置上，按照正確的方法解決問題。

我的朋友弗蘭克・貝特格是美國保險行業的精英人才。他說他用類似的方法減少了工作煩惱，還讓收入翻了一番。

弗蘭克・貝特格這樣說：

—-·-— C A S E —-·-—

幾年前我剛開始做保險這一行的時候，對工作充滿了激情。但後來發生了一些事，讓我灰心喪氣，開始看不起我的工作，甚至想過放棄。如果不是那個週六早晨，我突然想到坐下來寫出我憂慮的根源，我想我可能真的就放棄了。

那天早晨，我先問自己：「到底是甚麼問題？」我當時面臨的問題是，雖然拜訪了大量客戶，卻沒有得到足夠回報。我很善於挖掘潛在客戶，但無法成功做成業務。客戶總會說：「我再考慮考慮，貝特格先生，改天再來吧。」一次次後續拜訪浪費的時間讓我覺得很沮喪。

我又問我自己：「有甚麼可行的解決方案嗎？」要找到這個問題的答案，我必須先研究目前的狀況。我拿出記錄簿，開始研究過去一年的數據。從白紙黑字的記錄上，我吃驚地發現，70% 的銷售是我在初次拜訪客戶的時候達成的，另有 23% 的業務是第二次拜訪時談成的。多次拜訪之後達成的交易僅有 7%，但正是這些業務讓我狼狽不堪，佔據了我大量時間。換句話說，我浪費了一半工作時間在這區區 7% 的業務上！

問題的答案是甚麼呢？顯而易見，我應當立刻取消所有二度以上的拜訪計劃，把省下來的時間用於開發新客戶。結果令人難以置信，在很短的時間內，我創造的業績將近翻了一番。

—-·-— C A S E —-·-—

　　正如我先前提到的，弗蘭克・貝特格現在是全美首屈一指的人壽保險銷售員。如今他在費城的富達共同基金工作，每年制定的企業策略價值百萬美元。而他曾一度想要放棄這份工作。在他正要向挫折繳械投降的時候，分析問題的方法成為他成功之路上的助推器。

　　當你在工作上遇到煩惱的時候，不妨試着問問自己下述幾個問題，看看這些問題能否幫助你減少一半煩惱。

　　1. 問題是甚麼？

　　2. 問題的成因是甚麼？

　　3. 有哪些措施有可能解決這個問題？

　　4. 你建議採取何種措施？

小結
CONCLUSION

原則 1

了解事實。請記住，哥倫比亞大學的霍克斯院長曾經說過：「世界上有一半的煩惱，都是源於人們尚未充分了解問題就試圖做出決定。」

原則 2

認真評估事實，謹慎做出決策。

原則 3

一旦做出決策，就立即行動吧！專注執行決策，不要為結果擔憂。

原則 4

當你或同事遇到煩惱的時候，不妨把問題寫下來，然後問自己下述問題：

①問題是甚麼？
②問題的成因是甚麼？
③有哪些措施有可能解決這個問題？
④你建議採取何種措施？

CHAPTER 03

打破憂慮的習慣

HOW TO BREAK THE WORRY HABIT BEFORE IT BREAKS YOU

SECTION 06
把憂慮趕出腦海

　　我永遠忘不了幾年前的那個夜晚，學生馬利安・道格拉斯在我的成人教育課堂上講述的親身經歷（應本人要求，此處為化名）。他告訴我們，他的家庭接連承受了兩次滅頂之災。他先是失去了他深愛的五歲女兒，這讓他和妻子陷入深深的悲慟。十個月後，上帝賜予了他們第二個小女孩，但她只在世界上活了五天。

　　兩次喪親之痛令人難以承受。這位父親對我們說：

CASE

　　我無法接受現實，吃不下飯，睡不着覺，精神無法放鬆。我的內心在顫抖，失去了對人生的信心。我不得不去醫院看醫生，一位醫生給我開了安眠藥，而另一位建議我出去走走。

　　這兩種方法我都試了，但絲毫沒有奏效。我感覺身體就像是被老虎鉗緊緊鉗住，鉗子越收越緊。這種悲痛的的無力感，只有與我有類似經歷的人才能感同身受。

　　但是感謝上帝，我還有一個孩子，一個四歲的兒子。他給了我問題的答案。那天下午，我正沉浸在悲痛中不能自已，他問我：「爸爸，你可以給我造一艘船嗎？」我哪有心情給他做船。事實上，我沒有心情做任何事。但我兒子是個很執着的小傢伙，我只得答應了他。

造那艘玩具船花了我三個小時。完工的那一刻我突然意識到這三個小時竟是我數月以來第一次感到平靜的時刻！

這個發現令我從低迷中驚醒，也讓我幾個月以來第一次找回了思考的能力。我意識到當人們專注於需要計劃和思考的事情時，就顧不上再去憂慮了。以我為例，造玩具船這件事把憂慮從我的腦海中趕走了。於是我決定讓自己忙起來。

第二天晚上，我一個房間一個房間地仔細檢查，列出一系列需要做的工作。有好些物件需要修補，包括書架、台階、防風窗、百葉窗、門把手、鎖、漏水的龍頭等。說來吃驚，我在兩週內列出了兩百四十二項需要維護的物件。

過去的兩年間，我完成了列表上的大部分工作。此外，我還在生活中排滿了富有激勵性的活動。每週我都去紐約參加兩次成人教育課程。我還積極參與家鄉的社會活動，現在我是教育委員會的主席。我參加各類會議，幫忙為紅十字會和其他活動募資。如今我的生活非常忙碌，沒有時間憂慮。

─◦◦─ C A S E ─◦◦─

「沒有時間憂慮」，溫斯頓・邱吉爾也說過同樣的話。戰爭白熱化的時候，他每天要工作十八個小時。人們問他，肩負的巨大的責任是否讓他感到憂慮，他這樣回答：「我太忙了，沒有時間憂慮！」

查爾斯・柯特林當初發明汽車電子啟動器的時候也曾陷入困

境。柯特林先生曾是通用汽車的副總裁，主管世界知名的通用汽車研究公司，不久前剛剛退休。但在剛起步的時候，他窮得只能把牲畜用的乾草棚當作實驗室，一家人的衣食用度全靠妻子教鋼琴掙來的一千五百美元。後來，他不得不用人壽保險做抵押，借了五百美元。我問他的妻子是否擔心。「當然擔心啊，」她回答說，「那時候我愁得整晚睡不着覺。但是柯特林先生一點兒也不擔心。他工作得太投入，顧不上憂慮。」

偉大的科學家巴士德曾提到他「在圖書館和實驗室中找到了寧靜」。為甚麼在這些地方可以找到寧靜？因為在這些地方工作的人們通常沉浸於手上的工作，無暇顧及自我。研究員極少有精神崩潰的時候，他們可沒時間做這麼奢侈的事情。

為甚麼「保持忙碌」這樣的簡單行為能夠趕走焦慮？因為它符合心理學揭示的一個基本規律：無論多聰明的人，都無法同時思考多件事。你不相信嗎？那就讓我們一起來做個實驗吧。

請靠着椅背，閉上雙眼，試着同時想像自由女神像和你明天要做的事情。（請繼續，試試看）你有沒有發現，你可以輪流想其中一件事，卻無法同時想這兩件事？這一現象在情緒上同樣成立。我們不可能一邊熱情洋溢地做一件令人興奮的事，一邊因憂慮而感到沮喪，二者無法同時發生，一種情緒會趕走另一種。而正是這個簡單的發現令隨軍心理醫生在戰爭期間創造了奇跡。

走下戰場的士兵們因為飽受戰爭刺激而被當作「精神病患者」的時候，軍隊醫生開出的藥方是「讓他們忙碌起來」。醫護人員為這些精神上受到打擊的男人醒着的每一秒都安排了活動，通常是釣魚、打獵、打球、高爾夫、攝影、園藝、跳舞等戶外活動，讓他們沒有時間再去回顧戰場上的可怕的經歷。

　　當代精神病學領域用「職業療法」這一術語來形容這種療法，並把「工作」當作一劑藥寫進處方。但這並不是新鮮事，古希臘的醫生在公元前 500 年就提倡這種方法了。

　　在本傑明‧富蘭克林時代，費城的公誼會教友也應用了同樣的方法。1774 年，一位拜訪教會療養院的遊客驚訝地看到，患有精神疾病的病人正忙着用亞麻紡紗。他以為這些不幸的可憐人被教會剝削了，教友解釋説他們發現輕體力活能夠令患者的病情有所好轉，並且幫助他們緊繃的神經放鬆下來。

　　心理學家公認，對於受到心理創傷的患者，保持工作忙碌是最好的麻醉劑。詩人亨利‧朗費羅在承受喪妻之痛的時候發現了這一點。那日，他年輕的妻子在熔化封蠟的時候，不小心引燃了衣服。聽到妻子的哭喊，朗費羅趕忙衝過去救她，但妻子最終不幸罹難。那慘烈的景象折磨着朗費羅，讓他幾乎崩潰。不幸中的萬幸，他還有三個年幼的孩子需要照顧。他懷着悲痛的心情擔起為人父母的責任，帶孩子們散步，給他們講故事，陪他們做遊戲，並在詩篇《孩子們的時光》中永遠地記錄下這段相依為命的生活。他還翻譯了但丁的《神曲》。忙碌的工作令他忘了悲傷，心靈重獲的安寧。正如詩人丁尼生在失去摯友亞瑟‧哈蘭時曾經説過的：「我在忙碌中忘記自我，才能避免在絕望中凋零。」

　　人們在埋頭工作的時候，基本都能做到「在忙碌中忘記自我」。然而工作之餘的時間才是最危險的。下班後的時光本應無憂無慮地享受幸福生活，卻反而常常遭到憂慮的襲擊。正是在這些閒暇的時刻，我們會疑慮自己的事業能否有所成就，生活是否已經成為一潭死水；我們會琢磨老闆今天説過的話究竟有何深意，或是忍不住想自己的禿頂還有沒有救。

　　人們閒下來的時候，思維接近於真空。學過物理學的人都懂得，「大自然厭惡真空」。生活中最接近真空的大概是白熾燈泡的內部，一旦燈泡碎裂，理論上的真空會立刻被自然中的空氣填滿。

　　大自然同樣急於填滿思想的真空。用甚麼呢？通常是用情緒。為甚麼？因為憂慮、恐懼、仇恨、猜忌、嫉妒等種種情緒由蠻荒叢林中的原始本能激發，這些情緒簡單粗暴，會將一切平和愉快的情感從我們心中驅逐出去。

　　哥倫比亞市教育學院的教育學教授詹姆士・穆爾把這一點詮釋得很清楚。他說：「憂慮襲來的時候往往並不是當你有事要做的時候，而是當一天的工作結束的時候。那時，你思慮萬千，極盡想像之能事，提出所有荒誕的可能性，誇大每一個細微錯誤。你的心緒就像空駛的汽車，在路上狂奔，威脅要把軸承耗盡，甚至把自己撕成碎片。**而治療憂慮的方法是讓自己全心投入建設性的工作。**」

　　要想發現這個真理並付諸實踐，不用非得是大學教授。戰爭期間，我結識了一位來自芝加哥的家庭主婦。她同樣認識到「治療憂慮的方法是讓自己全心投入建設性的工作」，並告訴了我她發現這一真理的過程。當時我正要從紐約回密蘇里州的農場，在餐車上邂逅了這位女士和她的丈夫（抱歉我沒有詢問他們的姓名 —— 為了供您驗證事例的真實性，我通常會在敍述時提供姓名和住址）。

　　這位女士告訴我，他們的兒子在珍珠港事件第二天加入了美軍。她日夜牽掛獨子，幾乎毀掉了自己的健康。兒子現在在哪裡？他是否安全？是否正在戰鬥？他會不會受傷？會不會死？我問她是如何走出憂慮的，她回答說：「我讓自己忙起來。」她告訴我，她先是辭退了家裡的傭人，自己操持所有家務，藉此讓自己保持忙碌。但這並沒有起太大作用。她說：「問題在於我做家務的時候幾乎是機械式的，完

全不用思考。所以我一邊做家務一邊還是很擔心兒子。當我整理床鋪、洗碗碟的時候，我突然意識到我需要一份不同的工作，讓我從早到晚都能沉浸其中。於是我去一個大型百貨公司應聘售貨員。」

「這份工作滿足了這一點，」她說，「我立刻忙得不可開交。顧客擠在我身邊詢問價格、尺碼和顏色。除了眼前的工作，我沒有一秒鐘時間思考任何事情。而晚上下班的時候，我腦海中唯一的一件事就是趕快解放痠痛的雙腳，好好休息一下。一用過晚餐，我倒頭便睡，再也沒有時間或精力去擔心了。」

這位女士的發現與約翰·考柏·波斯不謀而合。約翰·考柏·波斯在其著作《忘卻煩憂的藝術》中曾言：「當人類這種生物沉浸在自己的工作中，舒適的安全感、內心深處的平靜以及忘我的快樂共同撫慰着他們的神經。」

這是多麼大的恩賜啊！全球最著名的女性探險家奧莎·詹森最近和我分享了她擺脫憂慮與悲傷的經歷。你或許曾在她的著作《與冒險相伴終生》中讀到過她的故事。如果說有人稱得上與冒險相伴終生，那一定是她。十六歲那年，她嫁給了馬丁·詹森，並由此從堪薩斯州的人行道走入了婆羅洲的蠻荒叢林。二十五年來，這對夫婦攜手遊歷世界，深入亞洲和非洲拍攝野生動物，為這些即將消失的生靈留下影像。九年前，他們回到美國，帶着影片在全國展開巡迴演講。某天，他們從丹佛乘飛機前往海岸，不幸飛機撞到山峰，馬丁·詹森當場身亡。醫生判斷奧莎也將終生臥床，但是他們並不了解奧莎。短短三個月後，奧莎就坐着輪椅，重新回到了演講台前。那段時間，有上百名聽眾聆聽了她的演講。我問她為甚麼這樣做，她回答說：「這樣我就沒有時間再去悲痛或是憂慮。」

奧莎·詹森發現的這個真理，正是丁尼生在一個世紀前吟唱的

那句：「我在忙碌中忘記自我，才能避免在絕望中凋零。」

海軍上將白德曾經獨自在南極大陸生活了五個月。他棲身的簡陋小屋在冰雪覆蓋的冰蓋地帶上。這片冰蓋蘊藏着大自然最古老的秘密，在它下方的未知大陸，比美國和歐洲加起來還要廣袤。白德上將孤獨地在這樣的冰天雪地中生活了五個月。方圓幾百英里[1]內，除了他自己，沒有任何其他生物存在。天氣嚴寒刺骨，當凜冽的寒風吹過耳邊，他幾乎能看到自己的呵氣凝結成冰。在令人發狂的無盡黑暗中，他如何捱過了五個月？他在著作《孤身一人》中記載了那段日子。那時，白天像夜晚一樣黑暗，他只有忙個不停才能防止自己崩潰。

他說：「我養成了一個習慣，晚上熄滅燈火之前，要先安排好翌日的工作。我規定自己要花一小時完善逃生通道，半小時弄平雪堆，一小時整理燃料桶，一小時在儲存食品的洞穴中鑿書架，兩小時修理人力雪橇的破損……」

「這樣分配時間很有用，讓我感覺能夠掌控自己。」他還補充說，「如果沒有規劃，生活將失去意義；如果沒有意義，生活將以崩潰告終。」

請注意最後這句話：

「如果沒有規劃，生活將失去意義；如果沒有意義，生活將以崩潰告終。」

「憂慮的時候，請不要忘記把工作當作解憂良方。」這句話出自李察・卡伯特醫生，他曾經在哈佛大學任職臨床醫學教授，堪稱醫學界的權威。他在著作《人類以何為生》中寫道：「作為一名醫生，

---

[1]   1 英里 ≈ 1609 米。

我曾經見到過患者因懷疑、猶豫、躊躇和畏懼引發精神麻痹，我也親眼見證了工作如何治癒了這些患者，並為此由衷感到快樂……工作帶給我們的勇氣如同愛默生筆下的『自立』二字，閃耀着永恆的璀璨光輝。」

如果不讓自己忙碌起來，只是呆坐着憂慮，就會像達爾文所説的那樣「胡思亂想」。這種「胡思亂想」就像一群麻煩的小妖怪，讓我們變得空虛，摧毀我們的行動力和意志力。

我認識的一位紐約企業家同樣以工作來擊潰這些「胡思亂想」，忙到完全沒時間焦慮。他名叫特朗博・朗曼，在紐約華爾街 40 號工作。他曾是我開設的成人教育課上的一名學員。他在課上分享了自己戰勝憂慮的經歷，過程非常有趣，令人印象深刻。因此我邀請他課後同我共進晚餐。我們在用餐時討論他的經歷，一直聊到午夜。他告訴我的故事是這樣的：

------ CASE ------

十八年前，我因為憂慮整日失眠。當時我緊張易怒，患得患失，瀕臨精神崩潰。

我這麼焦慮是有原因的。當時我在皇冠水果製品公司擔任財務主管，公司位於紐約市百老匯大街 418 號。公司投資了五十萬美元生產一加侖裝的草莓罐頭，主要客戶是冰淇淋生產商，二十年來一直運營良好。

結果突然有一天，我們的銷售中止了。國家乳業、博登家等大型冰淇淋商開始擴大生產，為了節約時間和成本，他們決定改訂桶裝草莓。這樣一來，我們不僅有價值五十萬美元的漿果滯銷，未來一年還必須按既有合同購入

一百萬美元的草莓。我們已經欠了銀行三十五萬美元，不可能還清這些貸款或延長貸款期限。我不焦慮才怪呢！

我匆匆趕往位於加利福尼亞州沃森威爾市的工廠，希望能說服董事長，現在市場已經不一樣了，我們正面臨破產。但是董事長拒絕接受現實，反而指責紐約分部的銷售無能，才引來了這些麻煩。

經過數日的懇求，我終於說服他暫停生產罐裝草莓，在舊金山的生鮮市場出售新鮮草莓。這樣一來，問題幾乎得到了完美解決。按理說我沒甚麼好擔心的了，但我卻無法戰勝憂慮。憂慮是一種習慣，而我已經染上了這種惡習。

回紐約後，我開始擔心一切 —— 從意大利購入的漿果，從夏威夷購入的菠蘿等。我焦慮得睡不着覺，就像我先前說過的，幾乎要精神崩潰。

在絕望中，我開始調整生活方式，從而治癒了失眠，並且不再憂慮。我讓自己忙碌起來。我集中全部精力解決問題，忙得沒有時間再去擔心任何事。以前我一天工作七小時，而現在我一天要工作十五六個小時。每天早晨我八點就進公司了，一直工作到午夜才離開。我承擔了新的工作職責，每晚到家都筋疲力盡，一躺到床上就立刻睡着。

這種狀態我保持了三個月。三個月後，我改變了憂慮的習慣，重新調整到每天工作八小時左右的常規狀態。這段經歷已經是十八年前的事了，從那時起，失眠或焦慮就再也沒有困擾過我。

CASE

　　蕭伯納的見解再正確不過了。他用這句話概括了憂慮的本質：**「痛苦源自有時間琢磨自己是不是快樂。」** 所以別再琢磨了！摩拳擦掌，行動起來吧！讓自己的頭腦開始運轉，血液開始沸騰，很快，生活的飽脹激情將帶來身體的積極反應，把憂慮從你的心裡趕走。忙碌起來，並保持忙碌，這是世界上最便宜最有效的解藥。

　　若想打破憂慮的習慣，你需要：

　　保持忙碌。憂心忡忡的人們只有在忙碌中忘記自我，才能避免在絕望中凋零。

SECTION 07

別讓忙碌擊垮你

　　下面這個故事我一輩子都會記得。這是羅拔・莫爾向我講述的親身經歷，他住在新澤西州梅普爾伍德高地大街 14 號。他說：

――――・CASE・――――

　　1945 年 3 月，我在中南半島附近 276 英尺 [1] 深的水下，學到了人生中最大的教訓。當時，我隨其他八十七人登上了巴亞 S.S.318 潛艇。雷達偵測到一支小型日本艦隊正向我方逼近。破曉時分，我們潛入水下，準備發動攻擊。我通過潛望鏡看到對方共有一艘護航驅逐艦、一艘油輪和一艘佈雷艦。我們向驅逐艦發射了三枚魚雷，但魚雷的機件似乎出了甚麼毛病，三枚都沒有擊中。對方驅逐艦毫無覺察地繼續航行。我們正準備攻擊隊尾的佈雷艦，不料它突然調頭直接面向我們（當我方潛艇在水下 60 英尺的時候，一架日本飛機偵測到了我們，並用無線電把我們的位置報告給了佈雷艦）。為了避開對方的偵測，我方潛至 150 英尺深，用螺栓加固艙口，準備應對深水炸彈。為了確保潛艇不發出聲音，我們關掉了風扇、冷卻系統和電氣裝置。

　　三分鐘後，我們身陷地獄。六枚深水炸彈在潛艇周圍

――――

1　　1 英尺 ≈ 0.3 米。

爆炸，把我們推向 276 英尺的海洋深處。所有人都驚恐萬狀。在不到 1000 英尺深的位置遭遇攻擊相當危險，而在 500 英尺之內幾乎致命。而我們受到攻擊時位置只有 500 英尺的一半，就安全而言，相當於一個人站在沒膝深的水中遭到攻擊。日本佈雷艦持續發射深水炸彈，攻擊長達十五個小時之久。

如果深水炸彈在距潛艇 17 英尺之內的地方爆炸，衝擊力會把潛艇炸出一個洞。而當時大部分炸彈就在離我們 50 英尺之內的地方爆炸。我們奉命停止工作，靜靜地躺在鋪位上，保持鎮定。我嚇得幾乎無法呼吸。「死期到了」，我一遍遍地自言自語，「死期到了……死期到了……」由於風扇和冷卻裝置都已關閉，艙內的氣溫超過了 100 華氏度 [1]，但是恐懼讓我冷得發抖。我把外套和皮夾克都裹在身上，還是凍得打顫，牙齒咯咯作響，一陣陣冒冷汗。攻擊持續了十五個小時後，突然中斷了。佈雷艦的炸彈耗盡了。而這十五個小時就像一千五百萬年那樣漫長。過去的一幕幕在我面前閃過，我想起所有曾經犯過的錯，還有那些曾讓我煩憂的可笑的小事。入伍前，我是銀行職員。那時，我整天為工作時間太長、薪水太低、事業沒有發展前途而心煩意亂。我擔心買不起房，買不起新車，沒錢給妻子買好衣服。我恨那個嘮嘮叨叨、責罵下屬的上司，每晚下班回家我總是牢騷滿腹，和妻子為小事吵架。我還擔心以前的車禍在我額頭上留下的那道醜陋的傷疤。

1　　1 華氏度 ≈ −17.22 攝氏度。

這些憂慮在幾年前的我看來是天大的事情，而如今當深水炸彈就要把我送上天國的時候，這些憂慮又是多麼可笑！我當時暗暗對自己發誓，如果有機會再見到太陽與星辰，我將永遠不再憂慮。永不！永不！而我真的再也沒有憂慮過！在潛艇中度過那地獄般的十五個小時讓我學到的人生道理，比我在大學讀的四年書要有用得多。

---- CASE ----

　　我們能夠勇敢面對人生的重大挫折，卻任由這些讓人頭疼的小事把我們擊垮。森姆・皮普斯在他的《日記》一書中提到曾經目睹哈利・維尼爵士在倫敦被砍頭。哈利爵士被架上行刑台的時候竟然沒有為自己求饒，反而請求劊子手不要碰他脖子上那個疼痛難忍的瘤子！

　　白德上將在南極極夜的黑暗與嚴寒中同樣發現了這一點 —— 他的士兵遇大事沉着冷靜，卻為小事心煩意亂。他們忍受着危險、困苦和零下 80 攝氏度的寒冷，幾乎從不抱怨。「但是，」白德上將説，「我知道有隊員因為懷疑對方把工具放在了自己的地盤而絕交，還聽説弗萊徹主義者嚥下食物之前一定要嚴肅地咀嚼二十八下，逼得其他人在食堂裡躲着他才吃得下飯。」

　　「在極地的營房裡，再自律的人也會被這類小事逼瘋。」白德上將説道。

　　我想白德上將也會贊同，婚姻中的小事同樣會把人逼瘋。至少權威人士是這樣説的：「世界上有一半的心痛是瑣事引起的。」芝加哥的約瑟夫・塞巴赫法官曾經仲裁過四萬多起不幸的婚姻訴訟，他得出了這樣的結論：**「大部分婚姻的不幸都源自雞毛蒜皮的小事。」**

紐約郡的地方檢察官弗蘭克・霍根也曾說過：「刑事法庭中有半數的案件是由小事引起。比如在酒吧裡逞能、家庭口角、侮辱人的言辭、輕蔑的話語、粗魯的舉動 —— 就是這些小事引發了暴力和兇殺案件。導火索往往都是刺痛了自尊心，侮辱了虛榮心，很少有人受到甚麼重大冤屈。世界上有一半的心痛是瑣事引起的。」

羅斯福總統夫人艾莉諾・羅斯福剛結婚的時候，因為新來的廚師做飯有失水準，她便整日心煩意亂。「如果是現在遇到這樣的事情，」羅斯福夫人說，「我會聳聳肩，把這件事拋在腦後。」很好，這才是成年人應有的反應。就連獨斷專行的凱瑟琳大帝，看到廚師搞砸了一餐飯的時候也只是一笑置之。

有一次，我和夫人去芝加哥的朋友家共進晚餐。那位朋友切肉的時候似乎做錯了甚麼，我當時並沒有注意到；就算注意到了，我也完全不會在意。但是他妻子看到後，立刻當着我們的面發起火來。「約翰！」她嚷嚷着，「看看你在幹些甚麼！你就學不會招待客人嗎？！」

她又轉過身對我們抱怨：「他一天到晚犯錯，就不知道用點兒心！」或許他沒有用心切肉，但至少他用心和妻子共同生活了二十年。老實說，我寧肯在和諧的氛圍中潦草地吃幾個加芥末的熱狗，也不願意一邊聽她罵街一邊吃北京烤鴨和魚翅。

那晚過後不久，我和太太也在家設宴招待朋友。賓客到來之前，我太太發現有三塊餐巾和桌布不是一套的。

她後來告訴我：「我馬上跑去問廚師，才知道那三塊餐巾還在洗衣機裡。客人已經到門口了，來不及換了。我當時急得快哭了出來，滿腦子想的都是：『為甚麼我會讓這個愚蠢的錯誤毀掉整個晚上？』緊接着我意識到，那就不要讓它得逞。我走進客廳，下決心好好享

受這個夜晚。我也確實做到了。我寧願朋友們把我當作一個粗心大意的家庭主婦，也不願意他們把我當作一個神經兮兮的壞脾氣妻子。話說回來，據我所知，那個晚上根本沒人注意那些餐巾。」

有一句關於法律的名言是這樣說的：「法律對瑣事不以為意。」憂慮的人們若想得到心靈的安寧，也應該這樣做。

大部分情況下，如果不想被瑣事擾亂心情，就應當轉移關注點，建立一種全新的思維邏輯，用豁達的心態看待問題。我的朋友霍默‧克羅伊是一位作家，曾出版《他們應當看看巴黎》及其他多部著作。他很好地證明了如何做到這一點。當他在紐約的公寓中潛心寫作的時候，暖氣的噪音快要把他逼瘋。蒸汽嘶嘶作響，時不時還發出一聲巨響，霍默無法專心工作，氣得坐立不安。「後來有一天，我和幾位朋友去野營的時候，」霍默說，「我聽着樹枝燃燒時的聲音，突然覺得和我家暖氣的噪音其實差不多。那我為甚麼要喜歡前者而厭惡後者呢？回到家中，我告訴自己：「木柴在火焰中劈里啪啦的聲音讓人愉悅，暖氣的聲音也差不多。上床睡覺吧，別去管噪音甚麼的了。」結果我真的做到了。剛開始的幾天我還是很介意暖氣的聲音，但漸漸就忘乾淨了。其他一些瑣事也是同樣的道理。我們為這些討厭的小事心煩意亂，是因為我們誇大了這些事的重要性……」

英國政治家迪斯雷利曾言：**「生命如此短暫，不值得為瑣事計較。」** 法國作家安德烈‧莫盧瓦在《本週》雜誌上寫道：「這句話幫助我熬過了許多痛苦的階段。我們本應一笑置之，卻總是縱容自己被瑣事擾亂心緒……人生在世只有短短幾十年的光陰，我們卻把一去不復返的寶貴時間用於煩惱，計較那些一年後誰都想不起的瑣事。不要這樣！讓我們把生命用於有價值的行動和感受，投入偉大的想法、真摯的情感和長久的事業。因為生命如此短暫，不值得為

瑣事計較。」

就連魯德亞德・吉布林這樣大名鼎鼎的詩人都常常忘記「生命如此短暫，不值得為瑣事計較」。結果如何呢？他和妻弟的爭執鬧上法院，成了佛蒙特州歷史上最出名的一次訴訟。這場官司鬧得沸沸揚揚，以至於有人專門為此寫了一本書 ——《魯德亞德・吉布林在佛蒙特州同室操戈》。事情的經過是這樣的：吉布林娶了佛蒙特州女孩卡羅琳・巴萊斯蒂爾，他們在佛蒙特州的伯瑞特波羅共築愛巢，打算在那裡度過餘生。吉布林與妻子的弟弟比迪成了密友，兩人一起闖蕩，也一起玩樂。吉布林從比迪手中買了幾塊地，並約定比迪有權每個季度在地裡收割牧草。某日，比迪發現吉布林竟然在那片草地上劃出一塊區域建了花園，不禁勃然大怒，吉布林也不肯低頭，兩人之間一時劍拔弩張。

幾天後，吉布林騎自行車的時候，比迪突然駕着四輪馬車衝出來，害得吉布林狠狠跌了一跤。這位詩人曾經寫過這樣的詩句：「即使世人喪失理智，你也依舊要保持清醒。」然而他卻自己喪失了理智，發誓要把比迪送進監獄。接下來的審訊轟動了全城，大城市的記者都紛紛湧入這座小鎮。很快新聞就傳遍了全國，人們議論紛紛，吉布林夫婦被迫永遠離開了在美國的家。而這些憂慮和仇恨的源頭不過是一次微不足道的爭執而已 —— 就為了一捆乾草！

古希臘政治家伯里克利在兩千四百年前就曾說過：**「諸位，我們在瑣事上糾纏太久了！」**此言着實不虛！

愛默生・福斯迪博士曾經講過一個非常有趣的故事，關於一位「森林巨人」的戰鬥。在科羅拉多長峰的山脊上，有一棵死去的古樹。自然學家判斷它已經在那裡佇立了四百年之久。當哥倫布在聖薩爾瓦多登陸的時候，它還是一株幼苗；當新教徒在普利茅斯定居

的時候，它正在茁壯成長。漫長的一生中，它被雷電擊中過十四次，暴風驟雨無數次從它身邊咆哮而過。它頑強地挺過了這一切，不料小小一隊螞蟻的攻擊卻令它轟然倒塌。這些小蟲子從樹皮啃噬到樹幹，用微小卻從不間斷的攻擊一點點摧毀了古樹。四個世紀以來，這位正值盛年的「森林巨人」在雨雪風霜面前從未屈服，卻倒在了微不足道的蟲子面前。這些蟲子是多麼渺小啊，人用兩根手指就能輕易碾碎牠們。

我們不也像這棵大樹一樣嗎？我們同樣熬過了生命中的暴風驟雨，卻任由心靈被這些叫作「憂慮」的蟲子一點點地啃噬──而我們原本用兩根手指就能碾碎它們！

幾年前，我和查爾斯‧賽弗瑞還有其他幾個朋友去提頓國家公園旅行。賽弗瑞是懷俄明州的公路負責人。我們當時正要去參觀約翰‧洛克菲勒在公園裡的私人住宅，但是我搭的車轉錯彎，在公園裡迷了路。當時只有賽弗瑞有大門鑰匙，他在蚊蟲為患的炎熱森林中等了我們整整一個小時。那裡的蚊子多得足以讓聖人發瘋，但賽弗瑞卻安之若素。等我們的時候，他隨手折了個小樹枝做成哨子。等我們到那裡時，發現他並沒有煩躁地咒罵蚊子，而是若無其事地吹哨子玩。我留下了那個哨子，時時提醒我向這個懂得不為瑣事所擾的人學習。

在憂慮擊敗你之前，先擊敗它！秘訣就是：

不要為瑣事煩惱，一笑置之吧。請記住：「生命如此短暫，不值得為瑣事計較。」

SECTION 08

戰勝憂慮的定律

　　我的孩提時代是在密蘇里州的農場裡度過的。還記得有一天，我幫母親摘櫻桃的時候，突然哭了起來。母親問我：「戴爾，你哭甚麼呢？」我抽噎着說：「我好怕會被活埋呀⋯⋯」

　　那個年紀的我腦海中充滿了各式各樣的擔心。雷雨季節，我怕會被閃電劈中；困苦的日子裡，我怕會餓肚子；我還害怕死後下地獄。一個叫山姆・懷特的大孩子威脅要把我的大耳朵割下來，我嚇壞了；向女孩脫帽致意的時候，我怕會被她們笑話；我還擔心沒有姑娘願意嫁給我，不知道結婚後要和妻子說些甚麼才好。我想像着我們在鄉村教堂結婚，坐着車頂飾着穗子的四輪馬車回到農莊，一路上我要說些甚麼才不會冷場呢？說甚麼呢？說甚麼呢？犁地的時候，我琢磨着這些驚天動地的問題，想了一個小時又一個小時。

　　很多年過去了，我漸漸發現我擔心的這些事情有 99% 從未發生。比如說，我剛剛提到我曾經怕閃電怕得要死，但現在我知道，根據國家安全局的統計數據，每年因雷擊身亡的概率是三十五萬分之一。我對活埋的恐懼就更荒唐了，我估計一千萬人裡面被活埋的人連一個都沒有，而我竟然會怕得直哭。

　　據統計，每八人當中就有一人死於癌症。如果我非要為甚麼事情憂慮的話，擔心患癌大概比擔心雷電或是活埋合理一些。

　　當然，我剛剛提到的那些都是年少時期的憂愁。但是許多成年

人的憂慮幾乎像小孩一樣滑稽。如果我們能暫時把憂慮放在一旁，冷靜地想一想，有 90% 擔憂的事情發生的概率極低。

世界上最著名的保險公司 —— 倫敦勞萊保險公司利用人們的憂慮賺得盆滿缽滿，正是因為人們擔心的這些事情通常極少發生。勞萊保險公司賭的是讓人們憂心忡忡的災難永遠不會發生，不過他們不把這叫作打賭，而是稱之為「保險」。但它的本質就是基於平均概率下賭注。兩百年來，這間偉大的保險公司始終生意興隆，除非人性得以改變，否則五千年後它依舊會屹立不倒。它為鞋履、船舶和封口蠟作保，以防它們遇到災害，但實際上這些災害發生的概率遠沒有人們想像的那麼高。

仔細分析概率，我們就會發現一個驚人的事實。假設我未來的五年內必須走上前線，參與像蓋茨堡戰役那樣慘烈的戰爭，我肯定會被嚇壞。我會提前購買市面上所有人壽保險，起草遺囑，把所有未盡之事料理清楚。我會告訴自己：「我大概熬不過這場戰爭，所以剩下這幾年我應當好好珍惜。」但事實上，和平時期五十至五十五歲面臨的風險和在蓋茨堡戰役中面臨的風險概率是一樣的。也就是說，在和平盛世裡，五十至五十五歲年齡段的死亡率和參加蓋茨堡戰役的 3 萬名戰士的死亡率是一樣的。

我創作這本書的時候，曾在加拿大落基山弓湖湖畔的森林小屋裡住過一段時間。一年夏天，我在那裡遇到了來自舊金山的夏拔·塞林格夫婦。他們家住舊金山市太平洋大街 2298 號。塞林格夫人溫婉沉靜，讓人覺得她似乎永遠沒有煩惱。一天傍晚，我們在火焰熊熊的壁爐前閒坐，我問她有沒有被憂慮煩擾過。她説：

···*CASE*···

　　煩擾？我的生活幾乎被憂慮摧毀。我在自己親手製造的煉獄中煎熬了十一年，才終於學會如何戰勝憂慮。那十一年間，我脾氣暴躁，每天都處於巨大的精神壓力之中。每個禮拜，我會乘巴士從聖馬特奧市去舊金山市購物，但就連購物的時候我都憂心忡忡，擔心出門前會不會因忘記關電熨斗而失火，保姆會不會跑出去把孩子們丟在一旁不管，孩子們騎自行車的時候會不會被汽車撞倒……我擔心得直冒冷汗，買東西買到一半就連忙趕回家查看，確保一切安然無恙。也難怪我的第一次婚姻以悲劇告終。

　　我的第二任丈夫是律師。他思維縝密，冷靜又不多話，從來不為任何事情擔心。每當我焦慮不安的時候，他都會安慰我說：「放鬆些，讓我們冷靜地想一想，你擔心的是甚麼呢？這件事發生的概率有多大？」

　　有一次，我們開車從新墨西哥州到卡爾斯巴德洞窟的時候遇到暴風雨，一路泥濘不堪，寸步難行。我們的車子不斷打滑，不聽使喚。我覺得我們馬上就要翻到路邊的溝裡了。但是丈夫一直安慰我說：「我開得很慢，不會有事的。就算車子滑進溝裡，受傷的概率也不大。」他的冷靜和自信讓我平靜下來。

　　有一年夏天，我們去落基山脈的托昆谷旅行。夜晚，我們在海拔7000英尺的地方宿營，不料突遇風暴，狂風快要把我們的帳篷撕成碎片。帳篷被繫在木樁上，外側在狂風中抖個不停，發出尖利的聲響。我幾乎能看到帳篷被撕扯着捲上高空，又被狠狠扔下。我真是嚇壞了。但是我丈

夫一直安慰我說：「親愛的，我們的行程是按照布魯斯特的旅行指南規劃的，布魯斯特的人知道他們在幹甚麼。他們有六十年在這座山上宿營的經驗，這些帳篷也在這裡駐紮了許多個春夏秋冬。既然這麼多年來從來沒有帳篷被吹跑，那麼按照概率，它們今晚也不會垮掉的。就算帳篷被吹跑了，我們也可以在別的帳篷裡暫時避避風嘛。所以放鬆點兒……」我照他的話做了，那夜睡得很安穩。

幾年前，小兒麻痹症在我們居住的加利福尼亞州肆虐。要是在以前，我一定早就開始歇斯底里地恐慌了。但是丈夫安撫我鎮定下來。我們採取了所有能做的預防措施，讓孩子遠離人多的地方，不去學校和電影院。我們諮詢了健康委員會，得知在加州歷史上，即使是小兒麻痹症最猖獗的時候，整個加州也只有一千八百三十五名兒童患病。而通常這個數字只有兩三百。我們為這些患兒感到不幸，但是同時也覺得按概率來講，孩子被傳染的概率是很小的。

「根據概率，不會發生這樣的事。」這句話消除了我 90% 的憂慮，令我過去二十年的生活美妙平靜。這是以前的我難以想像的。

·:·CASE·:·

佐治·柯魯克將軍堪稱美國歷史上最偉大的印第安戰士。他曾經在自傳裡提到，印第安人「所有的苦惱與哀愁幾乎全部源自想像，而非現實」。

回首過去的這些年，我對柯魯克將軍的這句話深表贊同。吉姆·格蘭特的經歷同樣如此。

　　吉姆是吉姆・格蘭特貿易公司的老闆，公司位於紐約市富蘭克林街 204 號。每次進貨的時候，他大概會訂十至十五車佛州橙和葡萄柚。以前他常常會用這樣的想法折磨自己：如果貨車失事怎麼辦？我的水果會不會在鄉下滾落一地？過橋的時候橋會不會垮？雖然貨物已經投保，但他擔心如果不能如期發貨，他就有可能丟掉市場份額。憂慮使他患上了胃潰瘍，他去醫院看病，醫生說他身體沒有甚麼問題，只是有些思慮過甚。「這時我才突然醒悟，開始反問自己。」他說，「我對自己說：『我問問你，吉姆，過去這些年，你經手的水果有多少了？』答案是：『兩萬五千輛貨車的量。』接着我又問自己：『有幾輛車出過事兒？』答案是：『大概五輛吧。』於是我告訴自己：『兩萬五千輛中的五輛！你知道這意味着甚麼嗎？這意味着車子出事的概率只有五千分之一！那你還擔心甚麼呢？』

　　「我接着想：『那橋也有可能塌啊！』我就又問自己：『你有幾車貨物因為橋樑坍塌造成了損失？』答案是：『沒有！』於是我又對自己說：『為了這樣一座從來沒塌過的橋，為了五千分之一的失事概率，你竟然擔心到胃潰瘍，你是笨蛋嗎？』」

　　「這樣一想，」吉姆・格蘭特告訴我，「我覺得自己真是太傻了。我當即決定讓概率替我煩惱。從那以後，胃潰瘍再也沒有困擾過我！」

　　阿爾・史密斯擔任紐約市長的時候，面對政敵的攻擊，他總是會說：「讓我們查查記錄……讓我們查查記錄……」隨即給出事實數據。下一次再為可能發生的事情擔憂的時候，讓我們學學阿爾・史密斯的小竅門，查查記錄，看看我們的焦慮有多少根據。弗雷德・馬爾施泰特正是這樣做的。在紐約的成人教育課堂上，他同我們分享了自己的經歷：

―◦◦―CASE―◦◦―

　　1944 年 6 月初，我躺在奧馬哈海灘附近一個狹窄的掩壕裡。當時我正在第 999 通訊連服役，我們剛剛登陸諾曼第。掩壕就是在地上挖的一個長方形的洞，我躺在裡面左右看了看，自言自語說：「這看起來就像個墳墓。」當我躺下來試着睡覺的時候，感覺真像是在墳墓裡睡覺。我忍不住想：「也許這就是我的墳墓了。」午夜十一點，德國的轟炸機開始投射炸彈，我驚恐萬狀，前三個晚上嚇得完全睡不着。到了第四五天，我幾乎要精神崩潰了。我知道如果我再不想想辦法，肯定會瘋掉。於是我提醒自己，五天五夜過去了，可我還活着，部隊的兄弟們也都還活着。有兩位戰友受了傷，但不是被德國炸彈擊中，而是被我們自己的高射炮誤傷了。於是我決定採取實際行動趕走憂慮。

　　我在掩壕上面搭了一個厚木頂，以免被流彈傷到。我又想到我們部隊分散得很廣，只有擊中又深又窄的掩壕才會傷及性命，而這種概率還不到萬分之一。這樣琢磨了幾個晚上，我漸漸冷靜下來，再遇到空襲也照睡不誤。

―◦◦―CASE―◦◦―

　　美國海軍同樣用概率鼓舞士氣。一位退伍水兵告訴我，他們一開始被分配到油船上時，每個人都嚇壞了。他們認為如果這艘載滿高辛烷值汽油的油船被魚雷擊中的話，肯定會猛烈爆炸，把所有人都送上天國。

　　而美國海軍的看法不同。他們公佈了準確數據，表明每一百艘

被魚雷擊中的油船中，有六十艘仍然漂浮在水面上。而另外四十艘被擊沉的油輪中，只有五艘是在十分鐘之內沉沒的。這意味着士兵有充裕的時間逃生，傷亡人數極小。這些數據對士氣有影響嗎？「得知這個概率之後，我的緊張情緒一掃而光，」一位水兵說道，他叫克萊德・馬斯，家住明尼蘇達州聖保羅市核桃街 1969 號，「全體船員的情緒都好多了。根據概率，我們有很大機會逃生。」

在憂慮擊垮你之前，先擊垮憂慮吧！

讓我們查查數據，問問自己：我在擔心的這件事發生的概率究竟有多大？

SECTION 09
接受無法避免之事

　　孩提時代，我和小夥伴生活在密蘇里州西北部。我們常常去一個廢棄的舊木屋的閣樓上玩耍。一天，我從閣樓上爬下來的時候，先在窗台上歇了一會兒，然後直接跳了下去。當時我左手食指上戴了一枚戒指，往下跳的時候，戒指不小心鈎在釘子上，連帶扯斷了我的手指。

　　我嚇傻了，號哭不停，覺得我要死了。但是等手上的傷癒合之後，我就再沒有為這件事憂慮過哪怕一秒。擔心有甚麼用呢？我接受了無可避免的事實。如今我很少會想起左手只剩下四根手指這件事。

　　幾年前我遇到一位先生，他在紐約市中心的一棟大樓裡負責操控貨梯。我注意到他失去了左手腕部以下的部分。我問他這樣的傷痛會不會常常困擾他。他說：「噢，沒有，我幾乎都不會想起它。我又沒有結婚。唯一一次想到這件事是在有一次穿針的時候。」

　　在必要的時候，人類幾乎能夠迅速適應一切環境，調整心態並且適度遺忘，這一點實在讓人震驚。

　　我常常想起一行銘文，它鐫刻在荷蘭阿姆斯特丹一座 15 世紀的教堂遺址上。這行字是用弗萊芒語寫就的，含義是：「**事成定局，沒有其他可能。**」

　　在漫長的人生中，總會有些境況不盡如人意。事成定局，沒有其他可能。但我們仍然有選擇的權利。我們可以選擇接受現實，調

整自己適應無法改變的事，也可以選擇用抗拒毀掉自己的人生，甚至以崩潰為生命畫上句號。

威廉・詹姆士是我最欣賞的哲學家之一。他有一個睿智的忠告是這樣說的：**「心甘情願地接受吧，接受既成事實是走出不幸的第一步。」**

住在俄勒岡州波特蘭市 49 街東北 2840 號的伊麗莎白・康利歷經艱辛才懂得這一點。她最近給我寫信說：

─*─CASE─*─

　　就在舉國上下慶祝美軍在北非取得勝利的那一天，我收到陸軍作戰部的一封電報，說我最愛的侄子在戰鬥中失蹤了。過了一段時間，我又接到另一封電報，說他已經不在人世。悲傷淹沒了我。在那天之前，我一直覺得生活待我不薄，我有一份熱愛的工作，並且親自把這個侄子養大。在我眼中，他代表着年輕人身上的一切正直與美好，我的所有付出都得到了甜美的回報。但結果呢，我等來的卻是這封電報。我的整個世界都塌了，人生已經不再有任何意義。我怠慢了工作，疏遠了朋友，任由一切與我漸行漸遠。內心徒留痛苦與怨恨。為甚麼要把我可愛的侄子帶走？為甚麼一個這麼好的孩子會被人殺害？他原本應該擁有美好的生活！我無法接受事實。我被悲痛壓垮，決定放棄工作，遠離這片傷心地，躲在自己的眼淚和怨恨中度過餘生。

　　就在我收拾辦公桌，準備離職的時候，意外看到了一封被我遺忘的信。這封信是幾年前我母親去世的時候，侄子寫給我的。信上說：「當然，我們都會思念她，特別是你。

但是我知道你能挺過去的，你的人生觀會支撐你做到這一點。我永遠不會忘記你教給我的那些美妙哲理。無論我在哪裡，無論我們相隔多遠，我都會記得你教我要做個男子漢，笑對人生，不管發生甚麼，都勇敢接受。」

我把這封信讀了又讀，覺得他好像就在我身邊跟我說話。他好像在對我說：「為甚麼不按照你教我的那樣做呢？不管發生甚麼，都勇敢走下去。把悲傷藏在笑容背後，勇敢走下去！」

於是我收起痛苦與憤恨，重新開始工作。我一次又一次地告訴自己：「事已至此，無可改變。但是我可以像孩子希望的那樣，勇敢走下去。」我把全部精力投入到工作當中。我給戰士們寫信，給其他人的孩子們寫信。下班後我去參加成人教育課程，試着尋找新的樂趣，結識新朋友。我幾乎無法相信自己的變化：我不再悼念無可挽回的過去，每天都以愉快的心情迎接生活。侄子也一定希望我這樣做。我與生命達成了和解，接受了命運的安排。現在我的生活更加豐富，更加完整，這是我以前從未想像到的。

―・-CASE-・―

伊麗莎白・康利在俄勒岡的波特蘭學到了我們早晚都將要學到的一課 ―― 我們必須接受現實，與無可改變的事和解。「事成定局，沒有其他可能。」就連高高在上的君王也必須時時提醒自己這一點。佐治五世在位時曾把這句話裱起來，掛在白金漢宮書房的牆上：「請教我不哭喊着要月亮，也不為打翻的牛奶流泪。」叔本華也表達過同樣的想法：「在人生的旅途上，重要的是學會一定程度上的放棄。」

　　境遇本身並不能決定我們是否快樂，是我們對境遇的反應決定了我們的感受。耶穌曾言，天堂就在你的內心深處。而地獄也同樣如此。必要的時候，我們都有能力熬過災難，戰勝厄運。人們常以為自己做不到，但是我們都有驚人的內在力量。只要充分發揮潛力，它就會引導我們走出困境。我們比自己想像的更為強大。

　　美國小說家布思·塔金頓在世的時候常常說：「我可以接受生活加諸我的任何境況，失明除外。只有這件事我無法忍受。」但是當塔金頓年過六旬的時候，他發現自己開始看不見地毯的圖案，視野裡只有一片模糊的顏色。醫生給出了悲劇性的診斷：他的視力正在下降，一隻眼睛幾近失明，另一隻也很快就會一樣。他最害怕的事情真的發生了。

　　面對這個不幸中的不幸，塔金頓做何反應呢？他是否覺得「完蛋了！我的人生就此結束了」！不，他竟然從容地面對這一切，連他自己也感到意外。眼疾導致的飛斑困擾着他，這些斑點在他眼前浮動，遮擋了他的視線。但是他以幽默感應對，當最大的那個斑點從眼前飄過的時候，他會開玩笑地說：「瞧瞧！老爺子又來啦！這麼美妙的早晨，你要去哪兒啊？」

　　命運怎麼能擊敗這樣一個靈魂呢？當然無法擊敗。失明後，塔金頓說：「我意識到我能夠承受失明的痛苦，正如人能夠承受任何狀況。即使失去了五感，我也能夠依靠內心的力量活下去。人們是用心靈在看，是用心靈而活，只是自己可能尚未察覺。」

　　為了恢復視力，塔金頓一年至少要接受十二次手術，而且只能採取局部麻醉。他抱怨了嗎？他知道他必須勇敢面對，不能逃避，減少痛苦的唯一方式就是優雅地接受現實。他拒絕了醫院提供的單人間，和其他患者一起住在了普通病房，並試着鼓舞其他人。

當他躺在手術台上清醒地感受着醫生在眼睛上動手術的時候，他盡力提醒自己有多麼幸運。「多麼神奇啊，」他告訴自己，「現在的科學竟然發展到能在眼睛這麼精細的器官上做手術了！」

倘若一般人接受十二次手術，還要忍受失明的風險，一定已經精神崩潰了。但是塔金頓卻說：「我不願用任何快樂的經歷交換這段體驗。」這段經歷教會他接受現實，告訴他生活帶來的任何遭遇都不會超出他的承受力。這件事也讓他懂得了約翰・彌爾頓的名言：「悲慘的不是失明，而是沒有能力承受失明。」

新英格蘭著名女權主義者瑪格麗特・富勒曾經把下面這句話視為人生信條：「我接受整個宇宙。」蘇格蘭哲學家湯馬士・卡萊里聽聞此事，憤憤不平地譏諷道：「上帝啊，她最好能做到！」但她的確做到了。上帝啊，我們最好也能夠學會接受無法改變的事。

如果我們抱怨、反抗，心生怨恨，也無法改變既成事實，唯一會被改變的是我們自己。我知道這一點，是因為我親身體會過。我曾經在面對無可避免的事情時，拒絕接受現實。我愚蠢地抱怨、反抗，把夜晚變成失眠的煉獄，為自己招來了我不想要的一切。經過一整年的自我折磨，我不得不學會接受我明知道不可能改變的現實。

我早就應當喊出詩人惠特曼的名句：

啊，像草木與動物一樣，接受夜晚、風暴、飢餓、嘲笑、意外和拒絕吧！

我有十二年的放牧經驗，無論是牧場乾旱起火的時候，還是遭遇冰雹或嚴寒的時候，我從未看到過任何一頭奶牛因此怒氣衝衝，也沒有一頭奶牛因為公牛向別的小奶牛示好而表示抗議。無論夜晚、風暴還是飢餓，動物總是從容面對，所以它們從來不會遭遇精神崩潰或是胃潰瘍，也永遠不會發瘋。

　　我並不是在倡導向災難低頭，那樣就陷入了宿命論。只要有一絲機會能夠逆轉局勢，就應當抗爭到底！但當常識告訴我們事情已成定局，無法改變的時候，就請理智應對，不要再瞻前顧後。

　　哥倫比亞大學的霍克斯院長曾經告訴我，他的座右銘是《鵝媽媽》中的一句童謠：

　　問題或許有解藥，也有可能無良方；若有就請將它尋，若無就請忘掉它。

　　寫這本書的時候，我採訪了好幾位美國商界精英。他們的生活態度給我留下了深刻的印象。如果做不到與現實握手言和，令生活遠離憂慮，他們大概早就在壓力下崩潰了。我想舉幾個例子來說明：

　　全美連鎖百貨公司創始人彭尼告訴我：「即便我手上一個子兒都不剩，我也絕不會擔心甚麼，因為擔心毫無意義。我會盡力把份內事做到最好，至於結果，就取決於上帝的旨意了。」

　　亨利‧福特也跟我說過類似的話：「如果無法掌控事態，我就任由它們掌控自己。」

　　我還問過佳士拿集團總裁凱勒如何遠離憂慮。他說：「當我面對棘手的難題時，如果我能做些甚麼，我會全力以赴；如果無能為力，我就把它拋在腦後。我從不為未來擔憂，因為我知道世上沒有任何人能預測未來。影響未來的因素太多，沒人能夠解釋清楚，那還有甚麼可擔心的呢？」如果稱凱勒為哲學家，他大概會很難為情。他只是一個成功的商人，但是他的見解和 19 世紀前古羅馬哲學家埃皮克提圖如出一轍。埃皮克提圖對羅馬人民說：「幸福之路只有一條，那就是不要為超出我們意願及能力範圍的事情而擔憂。」

　　有「天賜名伶」之稱的莎拉‧貝恩哈特就是一位懂得接受現實的女士，她的人生軌跡是極佳的例證。五十年來，她一直活躍在世界舞

台上，是全球最受歡迎的女演員。然而她卻在七十一歲那一年破產了。禍不單行，巴黎的波齊教授告訴她，她的腿保不住了。她在橫跨大西洋的旅途中遭遇了暴風雨，不慎在甲板上摔倒，腿部受了重傷。靜脈炎導致她的傷腿萎縮，疼痛愈演愈烈，醫生斷定她必須接受截肢手術，但不敢把這個消息告訴這位脾氣暴躁的「天賜名伶」，覺得這個可怕的消息一定會讓她歇斯底里。可是他錯了。莎拉看着他，愣了一會兒，低聲説：「如果命定如此，就如此吧。」這是命運。

當她被推入手術室的時候，她的兒子站在一旁啜泣。她優雅地向兒子揮了揮手，輕快地説：「別走開，我馬上就回來。」去手術室的路上，她背誦了昔日演出時的一段台詞。有人問她是否想藉此鼓舞自己，她説：「不，我是想鼓舞醫護人員，他們一定壓力很大。」

身體恢復之後，莎拉‧貝恩哈特重新踏上了全球巡演之路，一演就是七年。她的表演一如既往地讓觀眾傾倒。

埃爾希‧麥克米西在《讀者文摘》的一篇文章中提道：「當我們不再與已發生的事情作對的時候，才有力量開創更豐富的人生。」

沒人有足夠的情感和精力，能夠一邊糾纏於無法改變的事情，一邊開創新的生活。非此即彼，只能二選一。面對人生無法避免的風暴，要麼順勢而為，要麼兩敗俱傷。

這是我在密蘇里的農場裡懂得的道理。我曾在農場裡種了許多樹。一開始，樹木長得很快。不料暴風雨襲來，雨雪層層裹住新發的枝芽，凝結成厚厚的冰。樹木並沒有溫順地向重壓低頭，而是驕傲地硬撐，最終被冰雪壓斷摧毀。它們沒有學會北方森林的智慧。我曾在加拿大北方森林旅行了數百英里，但從未見過雲杉或松樹的樹枝在雨雪中折斷。北方森林懂得彎下枝丫，與無法避免的事情和解。

柔術大師這樣教他們的學生：「當柔如柳，勿強如櫟。」

　　你知道汽車輪胎為甚麼能在崎嶇道路上不斷前行嗎？一開始，廠商想要製造能夠對抗道路衝擊的輪胎，但很快輪胎就被割成了碎片。於是他們研發了能夠吸收道路衝擊的輪胎。這種輪胎通過了考驗。在崎嶇的人生道路中，如果我們學會接受衝擊，就能夠走得更遠，旅途也會更加安穩。

　　面對人生的坎坷，如果我們以抗拒代替接受，會有甚麼後果呢？如果我們拒絕「柔如柳」，堅持「強如櫟」，結局又會如何呢？答案很簡單，我們內心會產生自我衝突，整日擔心不已，緊張兮兮，神經過敏。

　　如果我們一意孤行，拒絕接受嚴酷的真實世界，躲入我們自己創造的幻夢中，就會逐步陷入瘋狂。

　　戰爭期間，成千上萬驚恐不安的士兵面前只有兩條路：接受現實，或是在壓力下崩潰。讓我們來看看威廉・凱瑟魯西的例子吧。他住在紐約州格蘭岱爾市 76 街 7126 號。他在我的成人教育課上講述的故事獲了獎：

------- CASE -------

　　加入海岸巡防隊後不久，我被派到大西洋海岸線上的一處關卡，負責看管炸藥。想想看，我，一個餅乾銷售員，竟然成了炸藥監管員！只要一想到我站在上千噸炸藥上面，我這個賣餅乾的就嚇得魂不附體。我只接受了短短兩天培訓，而培訓中學到的知識讓我更害怕了。我永遠也不會忘記執行第一項任務的情形。在那個寒冷漆黑的夜晚，在新澤西霧濛濛的卡文角碼頭，我接到了上級的指令。

　　我被分配到船上的五號貨艙，和五個碼頭工人一起下

到貨艙裡工作。這些工人虎背熊腰，但他們對爆炸物一無所知。他們正在搬運的每顆炸彈都含有大量 TNT，足以把這艘舊船炸上天。鎖鏈把這些炸彈一點一點放下來的時候，我不停對自己說：「要是鏈條滑開或是斷了怎麼辦啊！我的天啊！」我嚇得抖個不停，嘴唇發乾，膝蓋發軟，心臟怦怦跳。但我又不能跑，那樣違反軍紀，不僅自己丟人現眼，父母也會因此蒙羞，我甚至可能被當成逃兵處死。我告訴自己不能跑，我得待在這兒。我看着這些工人粗心大意地搬運炸彈，覺得這艘船隨時可能爆炸。就這樣擔驚受怕了一個多小時之後，我開始試着找回理智。我和自己好好談了談。我說：「聽着，夥計，就算你被炸飛，又怎樣呢？至少死得乾淨利落，沒甚麼痛苦，總比得癌症強吧！別犯傻了，反正人早晚都要死的。不管怎樣你都得把這活兒幹完，否則就要被槍斃。那你還不如打起精神高高興興地工作呢！」

我這樣安慰了自己幾個小時，開始漸漸放鬆下來。最終，我說服自己接受不可避免的現狀，從而戰勝了憂慮與恐懼。

我永遠都不會忘記這件事。每當我為無法改變的事情擔心的時候，我就會聳聳肩，對自己說「別放在心上」。我發現這招很有用——雖然我只是一個小小的餅乾銷售員。

----CASE----

他的講述真是太精彩了！讓我們為這位賓納福號上的餅乾銷售

員歡呼喝彩吧！

　　歷史上最著名的死亡場景除了耶穌受難，還有蘇格拉底之死。柏拉圖《蘇格拉底之死》對這件事的記載是文學史上最優美、最感人的著述，即使是百萬年之後，人們依舊能夠從柏拉圖不朽的作品中了解那個時刻：蘇格拉底被心懷嫉妒的雅典人捏造莫須有的罪名，被送上法庭，定了死罪。監獄看守把毒藥遞給蘇格拉底的時候，友善地對他說：「試着承受必經之事吧。」蘇格拉底照做了。他在死亡面前的從容閃耀着聖潔的光輝。

　　「試着承受必經之事吧。」這句話誕生於公元前 399 年，而今這個焦慮又年邁的世界比以往更需要這句話：**「試着承受必經之事吧！」**

　　過去八年，我閱讀了所有和克服憂慮相關的書籍和報刊，並從中找到了最好的建議。你想知道這個建議是甚麼嗎？它只有短短幾十個字，但我們應當把它寫下來貼在浴室的鏡子上，這樣每次洗臉的時候，也能洗淨心中的煩憂。這就是美國聯合神學院的教授尼布爾博士寫的祈禱文：

> 願上帝賜予我安寧，接受無法改變之事；
> 賜予我勇氣，改變能夠改變之事；
> 並賜予我分辨二者的智慧。

在憂慮擊敗你之前，先擊敗它。

原 **4** 則

接受無法避免之事。

SECTION 10

為憂慮設置「止損線」

想知道怎麼從股市中賺錢嗎？成千上萬的人都想知道。如果我知道答案的話，這本書就要賣出天價了。不過我確實知道一些成功的操盤手使用的方法。下面這個故事是投資顧問查爾斯·羅拔茨親口告訴我的，他在紐約東 42 街 17 號工作。

—·—·—CASE—·—·—

我剛從德克薩斯州來紐約的時候，兜裡揣着朋友們託我代為投資的兩萬美元，當時我以為自己對股市了如指掌，結果賠得一乾二淨。雖然我也從交易中賺過幾筆，但最後全賠進去了。

如果賠的是自己的錢，我倒沒有這麼介意，但因為是朋友們的錢，我心裡難受極了。就算他們承擔得起，我自己也無法接受。投資失敗後，我實在沒臉見他們，但是令我驚訝的是，朋友們不僅看得很開，還非常樂觀。

我知道自己的投資策略一直沒有章法，很大程度上是在靠運氣和別人的看法下賭注。就像別人評價的那樣，我炒股全靠道聽途説。

我開始反思自己的錯誤，決心在重新投資之前，先弄明白股市究竟是怎麼回事。在尋找答案的過程中，我結識了投資人伯頓·卡斯爾斯。他因每年都能夠保持戰績

而在投資界享有盛名，我知道單靠碰運氣無法取得這樣的成就。

他圍繞我之前的交易方法問了幾個問題，然後傳授給我一個重要的交易原則。他說：「我每次交易下單都會設置止損線。比如我以每股五十美元的股價買進，那麼我會立刻設置一個四十五美元的止損線。也就是說如果每股虧損達到五美元的話，系統會自動賣出，把損失控制在五個點之內。」

「如果你買進的時機比較明智」，這位投資大師繼續說，「利潤通常會達到十個點、二十五個點，甚至五十個點。因此只要把損失控制在五個點內，就算有半數以上的概率看走眼，你還是能盈利。」

我當即採用了他的原則，並且沿用至今。這個方法為我和我的客戶避免了許多損失。

過了一段時間，我意識到止損的方法不僅可以用於股票投資，還可以應用於其他事情。我開始為遇到的一切煩心事設置止損線，結果產生了不可思議的作用。比如說，我和一個朋友會定期相約午餐，但他很少準時赴約，總是午餐時間過半才姍姍來遲。於是我告訴他，我準備用止損線的方法處理所有煩惱。我說：「親愛的比爾，在等你這件事上，我的止損線是十分鐘。如果你遲到十分鐘以上，我們的午餐就告吹，我也不會再等你了。」

·:·CASE·:·

我多希望自己幾年前就能有止損的意識啊！這樣我就可以為我

的焦躁、壞脾氣、辯解、懊悔，以及所有心理壓力統統畫上止損線。心煩意亂的時候，我為何不懂得告訴自己：「喂，戴爾‧卡耐基，面對這種局面，你發的牢騷已經夠多了，到此為止吧？」為何我那個時候不懂這個道理？

　　不過，至少我有一件事處理得不錯。當時的情況堪稱是我人生的決定性時刻——我眼睜睜地看着我對未來的夢想規劃和數年來的創作灰飛煙滅。事情是這樣的：三十歲的時候，我立志投身於小說創作，想成為第二個弗蘭克‧諾瑞斯、傑克‧倫敦或湯馬士‧哈代。我決定潛心寫作，因此在歐洲住了兩年。當時正值第一次世界大戰過後，歐洲毫無節制地發行紙幣，用美元在歐洲消費很划算。我花了兩年時間完成了我的「傑作」，並把我的作品命名為《暴風雪》。

　　我的書名取得真是恰如其分，因為所有出版商對這本書的態度都冷漠得如同達科他州平原上凜冽的暴風雪。當我的代理商說這本書一文不值，我沒有寫小說的天分時，我的心跳幾乎停止了。我呆滯地走出他的辦公室，就像是遭受了當頭一棒。我意識到我正站在人生的十字路口上，必須做出至關重要的決定——我該怎麼辦？該走哪條路？我花了好幾週時間才走出迷茫。那時候我還沒聽說過要「為憂慮設置止損線」，不過現在回頭看看，我當時的做法與這一方法不謀而合。我把嘔心瀝血的那兩年當作一次寶貴的試驗，然後重新出發。我回到講台上，重拾成人教育，並在業餘時間開始撰寫傳記和非虛構類作品——包括你此刻正在讀的這一本。

　　我是否為這個決定感到滿意？何止滿意，每次我一想到當時的決定，我就高興得想在大街上跳舞！我可以坦誠地說，從做出決定的那一刻起，我就接受了我不可能成為第二個哈代這個事實，並且再也沒有浪費時間為此傷心懊惱。

　　19世紀的某個夜晚，在瓦爾登湖湖畔，當貓頭鷹在叢林中發出尖利的叫聲時，亨利・梭羅用鵝毛筆蘸了蘸自製墨水，在日記中寫下了這樣的話：

　　　　每一事物都是我們用生命換取的，要麼當即兌換，要麼在未來的某一時刻兌換。

　　換句話説：**把寶貴生命過多浪費在某一事物上是愚蠢的。**

　　然而吉爾伯特與沙利文偏偏做了這樣的蠢事。他們擅長用言語和音樂創造歡樂，卻不懂得如何讓自己的生活也充滿歡樂。他們創作了世界上最美妙的輕歌劇，《忍耐》《賓納福號》《日本天皇》等劇作讓世人為之歡喜，可他們卻控制不了自己的壞脾氣。為了區區一張地毯，兩人竟記恨對方數年。沙利文為劇院訂購了一張新地毯，不料吉爾伯特看到賬單後怒氣沖天。他們為此鬧上法庭，有生之年沒有再和對方講過一句話。必須合作的時候，沙利文把創作的音樂寄給吉爾伯特，吉爾伯特填詞之後再寄回去。有一次，他們需要同台謝幕，為了不看到對方，他們竟然分別站在舞台的兩端，向不同方向鞠躬致意。

　　吉爾伯特與沙利文不懂得為怨恨畫上止損線，但是林肯懂得。內戰期間，當朋友對林肯的仇敵大肆抨擊的時候，林肯説：「你們心中的仇恨比我多。可能我對仇恨太不敏感了，我只是覺得不值得。人沒必要把一半光陰都浪費在爭執上。如果敵人不再攻擊我，曾經的恩怨也就被我拋在腦後了。」

　　如果我的伊迪絲伯母能夠有林肯這樣的寬大胸懷就好了。她和弗蘭克伯父住在一座已經抵押出去的農場裡，農場裡雜草叢生，土地貧瘠，溝壑遍地，像是被詛咒了一樣。他們的日子很不好過，

一分錢要掰成兩半花。但是伊迪絲伯母很喜歡用窗簾布之類的小物件裝飾簡陋的房屋，總在一家紡織品商店賒賬購買這些小小的奢侈品，弗蘭克伯父很擔心這些欠款。出於農民本能對欠債的恐懼，他悄悄告訴商店老闆別再讓他的妻子賒賬了。伯母知道之後，簡直火冒三丈。而從那之後的五十年間，每次想到這件事她都依舊怒氣沖天。我不止一次聽她講過這件事。上次見到她的時候，她已經年近八旬了。我對她說：「伊迪絲伯母，伯父這樣讓你難堪是很過分，但是這件事已經過去半個世紀了，你還在抱怨，難道你不覺得比伯父還過分嗎？」

伊迪絲伯母為這些不愉快的回憶付出了高昂代價──代價就是她自己內心的平靜。

本傑明·富蘭克林七歲那年犯的一個小錯讓他記了七十年。當時他喜歡上了一隻口哨。他興衝衝地跑進玩具店，把所有銅板擺在櫃檯上要買那隻哨子，激動得連價格都忘記問。七十年後，他在給朋友的信中描述了當時的情景：「我跑回家，吹着哨子在屋裡四處逛，把它視若珍寶。」但當哥哥姐姐發現他為了一隻哨子多花了好多錢的時候，紛紛嘲笑他。就像富蘭克林在信中寫的，他「惱怒地大哭起來」。

多年後，富蘭克林功成名就，成為美國駐法大使，但他依舊記得孩提時代為一隻哨子多花的冤枉錢。他說這件事為他帶來的懊惱遠多於快樂。

然而這件事讓富蘭克林學到了寶貴的一課。他說：「長大後，我走入社會，開始觀察人類的行為。我意識到有太多的人同樣為了一隻哨子多花了許多冤枉錢。簡而言之，我認為人類大部分苦惱源於他們對於事物價值的錯誤認知。他們在『哨子』上的花費遠遠超過

它本身的價值。」

　　吉爾伯特和沙利文為他們的哨子花了太多冤枉錢，伊迪絲伯母也是如此，我自己在許多時候同樣如此。著名文學家列夫・托爾斯泰也一樣。他是世界名著《戰爭與和平》和《安娜・卡列尼娜》的作者。根據《大英百科全書》記載，在他人生的最後二十年，「大概是世界上最受尊敬的人」。在那段時期 —— 也就是 1890 年至 1910 年間 —— 不計其數的崇拜者慕名來到他的住宅朝聖，期望能夠親眼見到偶像的真容，親耳聽到偶像的聲音，親手觸碰偶像的衣角。他說的每一句話都被崇拜者奉為「神諭」，記在紙上。然而說到對生活的認知，七十歲的托爾斯泰還不如七歲時的富蘭克林，一點兒概念都沒有。

　　我之所以這麼說，原因是：托爾斯泰年輕時娶了他深愛的姑娘。他們幸福地生活在一起，並祈求上帝讓這種神聖而璀璨的喜悅能夠天長地久。然而托爾斯泰的妻子天性善妒，她曾經喬裝成農婦的樣子監視托爾斯泰的一舉一動，甚至在森林裡跟蹤他。兩人因此產生齟齬。托爾斯泰妻子的嫉妒心愈演愈烈，甚至連她自己的孩子都飽受其苦。有一次，她出於嫉妒，竟然開槍在女兒的照片上射穿了一個洞。她甚至舉着鴉片罐在地上打滾，威脅要服毒自盡，把孩子們嚇得躲在牆角瑟瑟發抖。

　　而托爾斯泰做了甚麼呢？如果他把傢具砸個粉碎我也不怪他，畢竟他有憤怒的理由。但是他的反應比這還要糟糕 —— 他竟然記在了私人日記中！是的，他習慣把對妻子的所有抱怨都寫下來，日記就是他的「哨子」。他把過錯統統推到妻子身上，希望子孫後代能夠同情他。那他的妻子對此做何反應呢？可想而知，她把這幾頁從托爾斯泰的日記中扯下來燒掉，並且自己也開始寫日記。在她筆下，

托爾斯泰才是罪魁禍首。她甚至寫了一部名為《誰之錯？》的小説，把丈夫形容成惡魔，自己則是受害者。

結局如何呢？這對夫婦親手把自己唯一的家變成了托爾斯泰口中的「瘋人院」。原因不止一個，但其中之一就是他們太在意給你我留下的印象。是的，我們這些後代的看法才是他們擔心的重點！但我們在意他倆究竟誰對誰錯嗎？當然不！我們自己的問題還顧不過來呢，哪有時間關心托爾斯泰家的事情。這兩個可憐人為他們自己的「哨子」付出了多麼高昂的代價啊！他們在「地獄」中共同生活了五十年，只因為兩個人都不懂得喊停。他們都沒有足夠的判斷力説出：「讓我們畫下止損線，停止浪費生命吧。是説『夠了』的時候了！」

我相信內心安寧的秘訣之一就是樹立正確的價值觀。我還相信，如果我們有自己的標準，能夠判斷出甚麼事情真正值得花費生命，我們就能夠消滅半數憂慮。所以，在憂慮擊敗你之前，先擊敗它。

每當我們持續浪費生命為某件事煩憂的時候，請先停下來，問問自己這三個問題：

1. 我在擔心的這件事實際上對我有多重要？

2. 我應該把「止損線」定在甚麼位置，然後忘掉這件事？

3. 這個「哨子」值得我花費多少？我在這件事上付出的時間和生命是否已經超出了它的價值？

SECTION 11

不要試圖改變過去

寫下這個標題的時候，我透過窗子就能看到花園裡的恐龍足跡化石。這些留有恐龍足跡的葉岩是我從耶魯大學的皮博迪博物館購買的，博物館策展人還附有一封信，上面提到這些足跡是一億八千萬年前留下的。連傻瓜都知道無法回到一億八千萬年前改變這些痕跡，那麼為三分鐘前發生的事情感到懊惱豈不是更傻？然而許多人正是這樣做的。對於三分鐘前發生的事情，我們或許能夠改變它的影響，卻不可能再改變事件本身。

想讓過去對現在產生價值，只有一種方法，那就是冷靜地分析過去的錯誤，從中受益，然後把它忘記。

我知道這個道理，但我是否有勇氣和覺悟一直這樣做呢？我想以我幾年前的遭遇來回答這個問題。當時我白白讓三十萬美元從指縫溜走，一個子兒都不剩。事情的經過是這樣的：我在成人教育領域的事業規模越做越大，在很多城市開設了分支機構，並在日常管理和廣告營銷上投入了大量資金。當時我忙着教書，沒時間也沒想到要管理財務。由於經驗不足，我也沒意識到我需要一位精明強幹的業務經理來控制成本。

過了一年多，我才終於察覺到一個震驚的事實 —— 儘管公司業務量極大，但是竟然沒有任何盈餘！我當時本應當採取兩個措施。首先，我應當向黑人科學家佐治・華盛頓・卡弗學習。由於銀行倒閉，他損失了一輩子辛辛苦苦攢下的四萬美元。別人問他知不知道

自己破產了，他是這樣回答的：「是的，我聽説了。」然後接着教書。他把這筆損失徹底從腦海中抹去，再也沒有提起過這件事。我當時應當採取的第二個措施是分析自己的錯誤，從中汲取寶貴的經驗教訓。

　　但是坦白説，我當時並未想到要採取這些措施，而是陷入了慌亂和擔心。一連好幾個月，我精神恍惚，失眠，體重下降。我非但沒有從巨大的失誤中得到經驗，反而在錯誤的道路上越走越遠。

　　承認當時的我有多愚蠢實在是一件難堪的事。但是我很早以前就意識到「向別人傳授人生道理，遠比親自踐行這些道理要容易得多」。

　　我多希望年少時有機會就讀紐約的佐治・華盛頓高中，拜在布蘭德・維恩先生門下啊！他的學生艾倫・桑德斯告訴我，布蘭德・維恩先生教會了他人生中最寶貴的一課。桑德斯對我説：

----CASE----

　　我當時十來歲，整天愁眉苦臉的。我總是對犯過的錯誤自責。每次交考卷之後我都睡不着覺，總是咬着指甲擔心考試通不過。我總會反覆琢磨做過的事情，希望能夠重新來過；我也總會為説過的話懊惱，希望自己當時説得更好一些。

　　一天早晨，我們全班湧進實驗室上課。布蘭德・維恩先生正在等我們，講台的一角很醒目地放着一瓶牛奶。我們坐下來，不解地看着那瓶牛奶，不知道和這堂衛生保健課有甚麼關係。這時，布蘭德・維恩先生突然站起來，揮手把牛奶打翻到水槽裡，大聲説道：「永遠不要為打翻的

牛奶哭泣！」

　　隨後他把我們叫到前面，看水槽裡的碎片。「好好看看，」他對我們說，「我希望你們一輩子牢牢記住這堂課。你們也看到了，牛奶已經流走了，再怎麼發牢騷或者抓頭髮都無法挽回。如果事前能夠多思考，做好預防措施，或許可以保住這瓶牛奶。但是現在一切都晚了，我們唯一能做的就是把它忘掉，專心去做下一件事。」

　　長大後，我忘記了唸書時拿手的幾何學和拉丁文，但這個簡單的示範卻一直牢牢刻在我心裡。這件事教給我的人生道理遠比四年高中生活中學到的任何東西都重要。它讓我學會保持警覺，不要打翻牛奶，但如果牛奶已經灑落，就徹底忘記它。

—— CASE ——

　　「不要為打翻的牛奶哭泣」，有些讀者可能會對這個老掉牙的諺語嗤之以鼻。我知道這是老生常談，也知道這句話你大概已經聽過上千次，但這些古老的箴言中包含着世世代代驗證過的大智慧。人們在生活的試煉中得出了這些經驗，並且一代代傳承下來。從古至今，任何偉大的學者關於「憂慮」的著述都不及這些言簡意賅但影響深遠的諺語，比如「船到橋頭自然直」，或是「不要為打翻的牛奶哭泣」。如果人人都能夠身體力行，而不是嗤之以鼻，那麼這本書也就沒有存在的必要了。只要將這些古老的箴言付諸實踐，我們就能過上近乎完美的生活。知識在轉化為行動之前只是一紙空談，這本書的初衷也並非講述甚麼新奇的道理。寫下這本書，正是為了提醒你那些被你遺忘的真理，激勵你採取行動。

　　我一直很崇拜弗雷德・富勒・謝德那樣的偉人。他是《費城公報》的編輯，他有一種天賦，能夠把古老的真理用生動新穎的方式表述出來。當他受邀給大學畢業生演講的時候，他問這些畢業生說：「在座的各位有沒有人曾經鋸過木頭？舉起手來讓我看看。」大部分學生都舉手了。他又問道：「有人鋸過木屑嗎？」沒人舉手。

　　「顯然，我們不可能鋸開木屑！」謝德先生朗聲說道，「因為它已經被鋸開了。而過去的事情也同樣如此。當你為塵埃落定的事情懊惱不已的時候，就相當於正在鋸木屑。」

　　棒球名將康尼・馬克八十一歲高齡的時候，我曾經去拜訪過他。聊天的時候，我問他輸掉比賽是否會讓他介懷。

　　「當然，我以前總是這樣，」馬克告訴我，「但是我好多年前就不再這樣愚蠢了。我意識到不管我是否介意，事情都已經無法改變。流逝的水無法再推動石磨。」

　　是的，如果水已經流逝，就無法再推動石磨，只會令你徒增煩惱，讓你眉頭緊鎖，腸胃不適。

　　去年感恩節的時候，我和傑克・登普西共進晚餐。就着火雞和蔓越莓醬，他給我講了惜敗滕尼・納特里的那場重量級拳王爭奪戰。那一戰極大地打擊了他的自尊。他告訴我：「比賽進行到一半的時候，我突然覺得自己老了……第十回合結束的時候，我雖然還能勉強站起來，但我心裡清楚一切已成定局。我鼻青臉腫，傷口流血，眼睛幾乎睜不開。我看到裁判舉起滕尼・納特里的手宣佈勝利。我再也不是世界冠軍了。我在大雨中穿過人群，回到更衣室。一路上，有些人想和我握手，有些人眼中含着淚水。

　　「一年後，我又與滕尼交戰，再度失利。我徹底完了。我很難不去想我的失敗，但是我告訴自己：我不打算活在過去，也不會為打

翻的牛奶哭泣。我要咬緊牙關扛下這次打擊，不會讓它把我擊倒。」

　　傑克・登普西是這樣想的，也是這樣做的。他是怎麼做到的呢？是否一次次提醒自己，「不要為過去發生的事情懊惱？」不，這樣只會讓他一次次地想起過去。他採取的方法是接受失敗並忘記它，集中精力制定未來的規劃。他在百老匯大街上開了一間傑克・登普西餐廳，又在第 57 街開了北方大飯店。他推進職業拳擊的發展，並參加拳擊表演賽。他忙着做腳踏實地的實事，沒有時間也沒有心思沉湎於過去的煩惱。「過去這十年，我過得比當冠軍的時候還要好。」傑克・登普西説。

　　我喜歡從歷史類書籍和人物傳記中了解人在逆境中的反應。那些有能力放下憂慮和災難，重建幸福生活的人常常讓我深感震撼。

　　我曾經參觀過辛辛監獄，最讓我驚訝的是那裡的囚犯看上去像普通人一樣快樂。我向典獄長路易斯・勞斯提及這一發現，他告訴我，當罪犯剛被押送到辛辛監獄的時候，大部分人都充滿怨恨和抗拒。但幾個月之後，聰明人就放下仇恨，平靜地接受了監獄生活，並充分利用這段時間。勞斯典獄長提到了其中一個囚犯。這個囚犯原本是個花匠，他在監獄院牆內種花和蔬菜，還哼着他自己寫的歌。

　　這個一邊種菜一邊唱歌的囚犯比我們大部分人都要睿智，因為他懂得：

　　造物主寫下天書，無論虔誠或智慧，也無法撤銷一行，即使流乾眼泪，也無法洗掉一字。

　　為甚麼要白費眼泪呢？我們會犯錯誤，會做荒唐事，但是那又如何呢？有誰不曾犯錯？就連拿破崙都曾在三分之一的關鍵戰事中敗北，我們的勝率沒準還比拿破崙強一些呢，誰又説得準？

無論如何，普天之下所有駿馬和良臣都無法再讓過去重來。就讓我們記住：

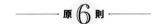

把過去留在過去，不要試圖改變過去。

原則 1

用忙碌驅逐憂慮。行動是治癒憂愁的最佳藥方。

原則 2

不要為瑣事煩惱。不要讓生活的雞毛蒜皮毀掉你的幸福。

原則 3

用概率排除憂慮。問問自己：「這件事發生的概率究竟有多高？」

原則 4

接受無法避免之事。如果事情不是你的能力能夠改變的，告訴自己：「事成定局，沒有其他可能。」

原則 5

為憂慮設置止損線。判斷事情值得焦慮多久，不要浪費更多時間。

原則 6

把過去留在過去，不要試圖做無用功。

CHAPTER 04

心態平和的
七個方法

SEVEN WAYS TO
CULTIVATE A MENTAL
ATTITUDE THAT WILL
BRING YOU PEACE
AND HAPPINESS

SECTION 12
改變生活的一句話

　　幾年前，在一檔電台節目中，有人問了我一個問題：「你人生中學到的最重要的一課是甚麼？」

　　答案很簡單：**到目前為止，我學到的最關鍵的一課，就是思維方式的重要性**。只要我知道你的思維方式，我就知道你是怎樣的人。想法塑造人生。我們的心理狀態決定了我們的命運。愛默生曾說過：「人等同於他每日的所思所想。」不然還能是甚麼呢？

　　如今我確信無疑，我們每天面對的最大的問題，實際上也是唯一的問題，就是選擇正確的思維方式。如果能夠做到這一點，一切問題都將迎刃而解。曾經統治羅馬帝國的偉大哲學家馬可・奧勒留用一句話總結了這一點，而這句話將決定你的命運：「人生由思想決定。」沒錯，如果我們想法積極，就會感到快樂；如果我們想法消極，就會悶悶不樂。想到恐懼的事，我們會變得害怕；如果有病態的想法，那多半精神上出了問題。如果總是想着失敗，一定會失敗；如果沉溺於自怨自艾，周圍人一定避之唯恐不及。正如諾曼・文森特・皮爾所言：「你並不是自己想像中的樣子，但你是怎麼想的卻決定了你是怎樣的人。」

　　我是在提倡面對問題一律盲目樂觀嗎？當然不是，生活並沒有這麼簡單。但是我主張以積極代替消極。換而言之，要關心遇到的問題，但不要擔心。二者的區別是甚麼呢？讓我舉個例子。每次我走過紐約交通擁堵的街道時，我都會注意路況，但並不憂慮。關心

意味着找出問題，並冷靜地採取步驟加以解決；而擔心意味着茫然無措地兜圈子。

面對棘手問題，仍然有人可以做到昂首挺胸，衣冠楚楚，紐釦中別着康乃馨。洛厄爾·湯馬斯就是這樣做的。他拍攝的著名戰爭影片上映時，我曾有幸陪在他身邊。一戰期間，他和助手屢次奔赴前線，在槍林彈雨中拍攝，帶回 T.E. 勞倫斯和他那支阿拉伯軍隊的一手影像資料，並用影片記錄下艾倫比在聖地取得的勝利。回到倫敦後，他發表了名為「巴勒斯坦的艾倫比，阿拉伯的勞倫斯」的演講，繪聲繪色地講述他的非凡經歷。一時間，他的影片在倫敦人人熱議，並在世界範圍內引發轟動。他在倫敦柯芬園的皇家歌劇院分享驚心動魄的冒險故事，展示影片的時候場場爆滿，倫敦歌劇季為此推遲了六週之久。在倫敦大獲成功之後，他應邀去許多國家進行巡迴演講。之後，他花了兩年時間剪輯一部關於印度和阿富汗生活的紀錄片。不料他遭遇了一連串難以置信的倒霉事，最終產生了貌似不可能的結果 —— 他發現自己竟然破產了。那時我恰好和他在一起。我記得我們只能在廉價餐館勉強果腹，飯錢還是蘇格蘭著名藝術家詹姆士·麥克貝伊借給我們的。這個故事的重點是，在高額債務面前，雖然洛厄爾·湯馬斯感到萬分沮喪，並且很重視這一事實，但他並不憂慮。他深知一旦被失敗擊垮，他的人生就不再有價值，也對不起他的債權人。每天早晨出門的時候，他都會買一枝花別在釦子上，抬頭挺胸、精神飽滿地走過牛津大街。他積極勇敢地看待問題，拒絕讓失敗主宰他的思想。在他眼中，挫折也是人生這場遊戲的一部分，他知道若想走上人生巔峰，這種磨煉是必要的。

人們的精神狀態會對身體產生不可思議的影響。英國著名心理學家哈德菲在他的著作《力量心理學》中提到過一個驚人的事例。

「我請三個人協助我測試心理暗示對身體力量的影響，」他在書中寫道，「力量變化通過測力計觀測。」他讓這三個人盡力握緊測力計，在三種不同狀況下進行測試：

首先，在清醒狀況下進行測試的時候，三人的平均握力是 101 磅。隨後，哈德菲爾德給三名被試者催眠，暗示他們非常虛弱。結果平均握力只有 29 磅，還不到正常情況的三分之一。三人中有一名職業拳手，當他被暗示自己很虛弱的時候，他說感到自己的手臂「像小孩子的手臂一樣短小」。

第三次測試中，哈德菲催眠暗示三名被試者非常強壯，結果平均握力高達 142 磅。被灌輸了積極的想法之後，他們的體能提升了將近 500%。

這就是心理狀態不可思議的力量。

為了進一步證明思想的魔力，接下來我要講一個美國歷史上最離奇的故事。我可以就這個故事寫一本書，但在這裡我們還是長話短說。

---CASE---

十月裡一個寒冷的夜晚，內戰剛剛結束不久，一個無家可歸的窮苦女人在麻薩諸塞州埃姆斯伯里的大街上漫無目的地流浪，偶然敲開韋伯斯特太太家的大門。

韋伯斯特太太是一位退休船長的妻子。打開門，她看到面前這個瑟瑟發抖的姑娘「只有大概八九十斤，瘦得只剩皮包骨頭」。這個陌生姑娘說自己是格洛弗的妻子，希望能找到一個好心收留她的地方，讓她能夠解決一個日夜困擾她的問題。

「就住在我家吧，」韋伯斯特太太熱心地說，「反正這個大房子現在只有我自己一個人住。」

若不是突遇變故，這個瘦弱的女人或許會無限期地住在韋伯斯特太太家。那天，韋伯斯特太太的女婿比爾·埃利斯從紐約回來度假，他發現家裡住進了一個陌生人，怒氣衝衝地吼道：「我家可不歡迎流民！」他把這個無家可歸的女人推出門。當時屋外正下着傾盆大雨，女人在雨中瑟瑟發抖，只得沿路尋找暫時棲身的地方。

然而故事最讓人吃驚的部分在於，這個被比爾·埃利斯掃地出門的「流民」命中注定會像世界上每一位女性一樣，對這個世界的思考方式產生影響。這位全名為瑪麗·貝克·艾迪的女性後來成為基督教科學的奠基人。

然而對於當時的她而言，人生中只有疾病、哀傷與災難。她的第一任丈夫在婚後不久就亡故了，第二任丈夫與有夫之婦私奔，後來在貧民收容所離世。她原本有一個兒子，但是因為貧窮、疾病和他人的猜忌，她在獨子四歲的時候被迫放棄了撫養權，之後的三十一年再也沒有聽到過兒子的消息，也再沒有見過他一眼。因為自己健康狀況不佳，她多年來一直對精神療法很感興趣。而她人生中最戲劇化的轉折點發生在麻薩諸塞州林恩市。在那個寒冷的冬日，她獨自走在市區的路上，結果不小心在結冰的人行道上重重地滑倒，陷入了昏迷。她脊椎受傷，不住地痙攣，醫生認為她活不久了。就算她奇跡般地保住性命，也將終生無法行走。

躺在床上等待死亡的時候，瑪麗·貝克·艾迪打開《聖

經》，讀到《馬太福音》中的這段話：「……他們抬着一個癱瘓的人，到耶穌跟前來。耶穌對那癱瘓的人說：『孩子，放心吧，你的罪被寬赦了……站起來，拿你的褥子回家去吧。』那人就起來，回家去了。」

耶穌基督的這段話在她心中升起了一股力量。這信念和治癒力如此強烈，讓她「立刻從床上起身，下地走路了」。

艾迪說：「這段經歷如同樹上掉落的蘋果，指引我發現了怎樣令自己好轉，令他人好轉……科學證明，身體自癒的原因是精神力量，是一種心理現象。」

------ CASE ------

瑪麗・貝克・艾迪從此成為基督科學教的創始人和領袖。基督科學教是唯一一個由女性建立的信仰，並在全球範圍內有廣泛影響。

在成人教育領域的三十五年經驗讓我深刻地了解到，無論男女老少，都有能力擺脫憂慮、恐懼和許多病痛，通過轉變思想改造自己的人生。

我的學生弗蘭克・惠利就曾經這樣改變了自己的人生。他住在明尼蘇達州西愛達荷街 1469 號。他一度經歷過精神崩潰。是甚麼造成的？憂慮。

弗蘭克・惠利告訴我：

———·-·CASE·-·———

　　那時我對一切都感到憂心忡忡。我擔心自己太瘦，擔心掉頭髮，擔心掙不到足夠的錢結婚，擔心無法成為合格的父親，擔心追不到我想娶的那個姑娘，覺得自己的生活簡直一塌糊塗。我在意自己給他人留下的印象，疑心自己患了胃潰瘍。這些心事讓我無法工作，被迫辭了職。我不斷給內心施加壓力，變得像一個沒有安全閥的高壓鍋，壓力大到令我無法忍受，終於爆發了。如果你從未經歷過精神崩潰，請祈禱上帝千萬不要讓你遭遇這種事，因為任何肉體痛苦都不及心靈掙扎之苦。

　　我的精神崩潰非常嚴重，甚至沒辦法和家人正常交談。我無法控制自己的思想，內心充滿恐懼，一點兒細微聲響都讓我驚跳起來。我害怕見人，經常無緣無故地號啕大哭。

　　每一天都變成煎熬。我覺得我被所有人遺棄了，連上帝都拋棄了我。我真想投河一了百了。

　　最終我決定去佛羅里達，希望環境的改變能夠幫助我。上火車的時候，父親交給我一封信，告訴我到佛羅里達再打開。當時佛羅里達正值旅遊高峰期，我訂不到旅館，只好租了個車庫睡覺。我想在邁阿密的不定期貨輪上找份工作，但無功而返，只好整日躺在沙灘上無所事事，比在家的時候還要苦悶。於是我打開父親給我的信，想看看他寫了甚麼。父親在信中說道：「兒子，現在你離家 1500 英里，但你沒有感到任何不同，對不對？我知道，因為你去佛羅里達的時候身上帶着一切煩惱的根源，也就是你自己。你的身心都沒有出問題，打敗你的並不是你的遭遇，而是你

對待遭遇的態度。一個人的想法決定了他的為人。當你理解了這一點的時候，兒子，就回家吧，你會好起來的。」

父親的信讓我很生氣。我希望得到同情，而不是教訓。我簡直氣瘋了，決定永遠不再回家。那天晚上，我走在邁阿密的街上，路過了一座正在做禮拜的教堂。我反正也沒地方去，就走進教堂，正好聽到這樣一段佈道詞：「戰勝自己心靈的人比攻下一座城池的勇士更加強大。」在神聖的教堂中聽到這句話，我想起父親在信中寫的同樣的勸慰，心中累積的負面情緒突然一掃而空。我人生中第一次感到頭腦無比清晰。我意識到自己過去有多傻。我看清了真正的自己，並為此感到震驚。我曾想改變世界，改變世上的每個人，但唯一真正需要改變的，其實是我看待問題的焦距，而鏡頭就是我自己的思維。

第二天一早我就收拾行李回了家。幾週後，我找回了工作。又過了數月，我娶了那個我擔心會錯過的姑娘。如今我們已經有五個孩子，家庭幸福美滿。無論物質上還是精神上，上帝都待我不薄。

精神崩潰的那段時間，我是夜班工頭，負責一個十八人的團隊。現在我成為紙箱生產廠的主管，管理着四百五十名員工。如今我的生活更加充實，也更加平和。我理解了生活的真諦。當憂慮再來干擾我的時候，我提醒自己調整「相機」的焦距，一切就又相安無事了。

坦白說，我很慶幸曾經經歷過精神崩潰。儘管過程很痛苦，但這段經歷讓我意識到思想對身心產生的巨大影響。現在我可以讓思想為我所用，而不是與我作對。現在

> 我懂得了父親那時說過的話，他是對的，讓我痛苦的不是
> 我的際遇，而是我對際遇的態度。一認識到這點，我就痊
> 癒了，並且再也沒有為憂慮所困。

◀━━━━━━━━━━━━ CASE ━━━━━━━━━━━━▶

　　這就是弗蘭克‧惠利的親身經歷。

　　我深信，內心的平靜與生活的喜悅並不取決於我們是誰，在哪裡，擁有甚麼，只取決於我們的精神狀態。外在環境和心理狀態關係並不大。讓我們回顧一下老約翰‧布朗的事跡。他奪取了位於哈泊斯費里的兵工廠，鼓勵農奴反抗，因而被判處絞刑。他騎馬到絞刑架前，即將赴死。和他並肩騎行的獄卒十分緊張，老約翰‧布朗卻沉着平靜。他抬頭看着維吉尼亞州的藍嶺山脈，大聲說：「多麼壯麗的國土啊！之前我從未有這樣的機會，能好好看看它。」

　　讓我們再來看看羅拔‧弗爾肯‧斯科特和同伴的經歷。斯科特是首位抵達南極圈的英國人，然而他的返程大概是人類歷史上最殘酷的冒險。當時他們一隊人的食物和燃油都已耗盡，咆哮的暴風雪封鎖了他們的前進道路，讓他們在世界盡頭困了十一天。凜冽的狂風在極地冰殼上劃下一道道印痕，斯科特和他的夥伴們知道自己時日無多。旅行前，他們特意為這種緊急情況準備了鴉片，只要服下一定劑量，他們就會沉入夢鄉，永遠不再醒來。但是在最後的日子裡，他們並未取出鴉片，而是「嘹亮地唱着歌」告別了人世。八個月後，搜索隊發現了他們冰凍的遺體，並在訣別信中讀到了這樣感人的場面。

　　是的，如果擁有冷靜果敢的思想，人就能夠在赴死的時候從容欣賞景色，騎馬向絞刑架而行，或是在飢寒交迫走上絕路之時，讓帳篷裡迴盪着愉快嘹亮的歌曲。

三百年前，英國詩人彌爾頓失明後發現了同樣的真理：

> 思想自成一體，在其之中，
>
> 天堂能夠化為地獄，地獄能夠變為天堂。

拿破崙和海倫・凱勒都是彌爾頓詩句的絕佳例證。拿破崙擁有世人渴求的一切榮譽、權利與財富，但是他卻在聖・海倫納說了這樣一句話：「我人生中數不出超過六天快活的日子。」而海倫・凱勒雖然雙目失明，雙耳失聰，無法像正常人一樣說話，卻斷定：「我發現生活如此美妙。」

如果說我從我這半輩子中學到了甚麼，那就是**「除了你自己，沒有任何人能給你帶來安寧」**。

這句精闢的妙語是愛默生在《論自立》的結尾中寫到的：「政治勝利，租金上漲，恢復健康，舊友重逢，諸如此類的外部事件會讓你精神為之一振，覺得好日子就在眼前。但不要相信這些，世事絕非如此。除了你自己，沒有任何人能給你帶來安寧。」

斯多葛學派的偉大哲人埃皮克提圖曾經勸誡人們，比起清除「身體上的腫塊和贅物」，我們應當更加注意清除掉思想上的謬誤。埃皮克提圖的箴言出自一千九百年以前，但是現代醫學證實了他的話。坎比・羅賓遜醫生稱，約翰・霍普金斯醫院患者中有五分之四是由精神壓力導致的病痛。甚至連器官失調的病例中，這個結論也是成立的。羅賓遜醫生說：「歸根結底，這些病痛都能追溯到生活的失衡。」

偉大的法國哲學家蒙田把這句話奉為一生的座右銘：「造成傷害的並非某件事本身，而是人們對於這件事的態度。」而對事物的態度完全取決於我們自己。

我想說明甚麼呢？我是不是想說，哪怕是被麻煩擊垮，神經緊

綳的時候，只要你有這個意願，就能改變你的心態？沒錯！我正有此意！不僅如此，我還要告訴你怎樣做到。或許會需要一點兒努力，但方法很簡單。

威廉‧詹姆士是應用心理學領域的專業人士。他發現：「行為看似取決於情緒，但實際上，行為與情緒是並行的。意志能夠改變行為，但無法改變情緒。因此，通過主觀地調整行為，我們就能夠間接地調整情緒。」

換言之，威廉‧詹姆士告訴我們，雖然我們無法只憑「下決心改變」就立刻改變情緒，但是我們能夠立刻改變行為。一旦行為改變了，情緒也會相應地改變。

「因此，」他進一步解釋說，「如果你不快樂，那找回快樂的最佳途徑，是高高興興地坐直身子，說話做事都假裝像是很快樂的樣子。」

這個簡單的技巧有用嗎？當然，就像整容手術一樣有用！自己試試看吧，試着咧開嘴露出一個大大的笑容，雙肩向後舒展，深呼吸，唱首歌。如果你唱不好，吹口哨也行，不會吹口哨的話就哼一段。你很快就會理解威廉‧詹姆士的意思 —— 當你表現得興高采烈的時候，心情不可能一直低落！

這個樸素的真理能夠輕而易舉地為我們的生活創造奇跡。我認識一位加利福尼亞州的女士 —— 我在這裡隱去她的名字 —— 如果她知道這個秘訣的話，在短短二十四小時內，她的苦惱會一掃而光。這位女士年邁又寡居，我承認這的確很令人難過，但是她有沒有嘗試着快樂一些？並沒有。如果你問她感受怎麼樣，她會說：「還行吧。」但是她臉上的表情和聲音中的哀怨無疑在說：「老天啊，如果你知道我的遭遇，你就不會這麼問了。」彷彿是在譴責你竟敢

在她面前表現出快樂。事實上，許多女性的境況比她糟糕得多，至少她的丈夫留給她足夠度過餘生的保險金，孩子們也已經成家，能夠把她接去贍養。但是我極少見過她笑。她抱怨三個女婿都自私小氣，然而她在孩子家一住就是幾個月；她抱怨女兒們從來不給她買禮物，然而她自己卻不肯掏一分錢，說要留着錢養老。她不僅自己萎靡不振，還為整個家庭蒙上了陰影。但是真的有必要這樣嗎？最遺憾的正是這一點。如果這位女士願意改變，她完全可以從一個痛苦、尖刻、不快樂的老婦人變成家庭中備受尊敬的長輩。她需要做的改變只是試着做出快樂的行為，表現得像是願意付出一點點愛意，而不是把這一點點愛意全部浪費在充滿怨恨和痛苦的自我身上。

我還認識一位名叫恩格勒特的男士，他住在印第安納州特爾城1335 街。他得以活到今天，正是因為發現了這個秘訣。

---·-·CASE·-·---

十年前，恩格勒特先生患了猩紅熱。康復後，他發現自己腎部受了損傷，發展成了腎炎。他遍訪醫生，甚至包括江湖大夫，但是任何辦法都無法令他痊癒。緊接着他又得了其他併發症，血壓竟高達致命的 214，醫生診斷他的病情還會惡化，建議他做最壞的打算。

「回到家裡，」他說，「確認保險金已經付清，為我曾經犯下的錯向上帝請求寬恕，接着便任憑自己陷入消沉。身邊的所有人都憂心忡忡，妻子和家人痛苦萬分，而我抑鬱得無法自拔。過了一週自怨自艾的日子之後，我告訴自己：『你簡直像個傻瓜！沒準還能撐一年呢，為甚麼不趁着還沒死，讓自己高興點兒呢？』我挺起胸膛，臉上

擠出一個笑容，試着表現得一切如常。我承認一開始需要很大努力，但是我強迫自己做出樂觀的樣子。這不僅救了我的家庭，更救了我自己。

「我的第一個發現就是自己真的感覺好多了，就像我裝出來的狀態一樣好！病況持續好轉，我本來幾個月前就該進棺材了，但我不僅快樂地活到了今天，而且血壓也降低了！有件事我很清楚：如果我當初自我放棄，整天想着『活不長了』，那醫生的預言早就成真了。但是我給身體創造了自癒的機會，不是靠任何藥物，而是靠改變自己的心態！」

-·-·-CASE-·-·-

請允許我問你一個問題：如果挽救生命只需要假裝愉快、建立健康勇敢的積極心態，為甚麼我們還要縱容自己小小的沮喪和煩惱呢？明明只要做出快樂的樣子就能夠開始創造幸福，為甚麼要讓自己和周圍的人都這麼不快樂呢？

幾年前讀過的一本小書對我的一生產生了深遠的影響。這本書是詹姆士・萊恩・艾倫的著作《當人類思考時》。他在書中這樣説道：

人們會發現，一旦改變對事物和他人的看法，事物和他人也會產生相應的改變……一個人只要顛覆原來的思維方式，他會驚訝地發現自己的物質生活條件也快速發生改變。人們無法吸引他們想要的事物，只會吸引與他們相似的事物……為我們寫下結局的命運之神就在我們身體裡，也就是我們自己……一個人的成就反映了他的思維方式……想要成就自我，有所作為，唯一途徑就是昇華自己的思維方式。思想僵化的人只會在自怨自艾中固步自

封，軟弱無能。

《創世記》中說，上帝賜予人類主宰廣闊世界的權力。這是一份偉大的禮物，但是我對這類至高無上的特權沒甚麼興趣。我只希望能夠主宰自己 —— 主宰我的思想，控制我的恐懼，掌管我的理智和情緒。最美妙的是，我知道無論甚麼時候，只要我想，就能夠實現這個願望。我要做的就是控制自己的行為，而行為將控制我的反應。

請記住威廉·詹姆士的這句話：「**很多被我們稱為不幸的事往往能夠轉變成令人振奮的好事，受難者只需要把內心深處的恐懼轉變為鬥志。**」

就讓我們為自己的幸福燃起鬥志吧！

只要遵循下述富有建設性的規劃，我們就能夠積極思考，為自己的幸福燃起鬥志。這個規劃的名字叫作「就在今日」。我發現這個規劃非常鼓舞人心，所以複印了許多送人。這是西比爾·帕特里奇三十六年前的作品。只要照着做，我們就能夠消除大部分憂慮，將生之喜悅無限放大。

就在今日

1.　就在今日，我決定快樂起來。讓我們相信亞伯拉罕·林肯所言不假：「大部分人決定多快樂，就會有多快樂。」快樂是內心的感受，並不取決於外部條件。

2.　就在今日，我要試着讓自己適應世界的步伐，而不是要求世界適應我的慾求。我會坦然接受我的家庭、事業和運氣，調整自己適應它們。

3.　就在今日，我要好好愛惜身體。我會鍛煉身體，關心它，呵護它，不濫用它，也不忽視它的需求，這樣身體才能完美地執

行我的指令。

4. 就在今日，我會試着強化頭腦。我會學習有用的知識，不做精神空虛的人。我要閱讀一些需要刻苦、思考和專注的書籍。

5. 就在今日，我要通過三種途徑磨煉靈魂：我要做好事而不被人知道，還要遵從威廉·詹姆士的建議，為了磨煉自己，主動做至少兩件不想做的事情。

6. 就在今日，我要做一個討人喜歡的人。我要展現出自己的最佳狀態，衣着得體，言談謙遜，舉止文雅，不吝惜誇獎，不苛求他人，不對任何事物吹毛求疵，也不嘗試控制或改變任何人。

7. 就在今日，我會試着活在當下，不再奢求一次性解決所有人生問題。如果讓我堅持一輩子，我大概會望而卻步，但是堅持當下的十二個小時我一定做得到。

8. 就在今日，我要開始制定計劃，寫下每小時的安排。我或許不會完全按照計劃執行，但至少計劃會幫我避免倉促行事和優柔寡斷這兩大難題。

9. 就在今日，我會花半小時安靜地放鬆獨處。這半小時裡，我要想想上帝，促使自己站在更高的角度看待生活。

10. 就在今日，我將不再畏懼。我要敢於快樂，敢於享受美好的事物，敢於愛，敢於相信我愛的人也同樣愛我。

原　則　1

若想擁有平靜幸福的心態，積極地思考，快樂地做事，你就會真的感到快樂。

SECTION 13

報復的代價太高

　　幾年前的一個晚上，我到黃石公園旅行。我和其他的遊客一同坐在露天觀景台上，望着面前繁茂的松林，等待那個讓人聞風喪膽的可怕傢伙出現。灰熊終於現身了，牠大搖大擺地走進刺眼的燈光中，開始吞食在森林旅館的廚房裡丟棄的食物。護林員梅傑．馬丁代爾坐在馬背上，給我們這些興奮不已的遊客普及熊的常識。他告訴我們，灰熊的戰鬥力和北美野牛及科迪亞克棕熊旗鼓相當，幾乎能夠橫掃西方世界的任何動物。然而那天晚上，我注意到灰熊默許了另外一種動物從森林深處走近，和牠在燈光中分享食物 —— 那是一隻臭鼬，只有一隻。灰熊知道牠只要動一下威風的爪子就能輕易把臭鼬拍死，但是牠並沒有這樣做。為甚麼呢？因為經驗告訴牠，這樣做並不划算。

　　我自己也得出過相同的結論。作為一個在農場長大的男孩，我在籬笆邊用陷阱捉過很多臭鼬。長大成人後，我也在紐約的人行道上遇見過幾隻不同品種的臭鼬。這些慘痛經驗告訴我，不管是哪個品種，都不值得我去逗弄。

　　當你對敵人充滿恨意的時候，你就給了對方掌控自己的權力 —— 掌控你的睡眠、食慾、血壓、健康和快樂的權力。要是敵人知道他們正在你的心裡興風作浪，讓你憂心忡忡，他們肯定會高興得跳起舞來。你的恨意傷不了對方一根汗毛，卻讓自己日夜心神不寧，陷入痛苦的深淵。

　　猜猜下面這句話是誰説的：「如果有人自私地佔你便宜，就把他的名字從朋友名單上劃掉，但不要想着報復。當你一心想報復的時候，你對自己造成的傷害比對別人大得多。」這句話聽上去像是出自某位理想主義者之口，但事實並非如此，它出自密爾沃基警察局發佈的一則公告。

　　報復他人如何會傷害到你自己？這種傷害是方方面面的。根據《生活》雜誌，這個想法甚至會毀掉你自己的健康。「高血壓患者最主要的人格特徵是心懷怨恨，」《生活》雜誌如是説，「一旦長期處於憤恨之中，就會誘發慢性高血壓和心臟問題。」

　　最近我的一位朋友心臟病發作。醫生讓她臥床休息，並且要求她在任何情況下都不能動氣。醫生都知道，對於心臟衰弱的人，怒氣能要了她的命。你不相信嗎？幾年前，華盛頓州斯波坎的一個餐廳老闆就因為發火命喪黃泉。我手邊有一封傑瑞·施瓦托特的來信，他正是斯波坎警察局局長。信中説：「六十八歲的威廉·法卡博是斯波坎本地一家餐廳的老闆。幾年前，因為手下的一個廚子非要用茶碟喝咖啡，他大動肝火，一氣之下撒手人寰。當時這位餐廳老闆氣得拿起手槍就去追廚子，卻因心力衰竭倒地身亡。躺在地上的時候，他手裡還緊握着那把槍。驗屍官的報告説明是怒火引發了心力衰竭。」

　　耶穌説「要愛你們的仇敵」的時候，也是在告訴我們如何變漂亮。你我都認識被怨恨扭曲面孔，臉上皺紋密佈，表情冷漠僵硬的女人。一顆充滿仁慈、柔情和愛的心對容貌的改善，是任何美容手段都無法做到的。

　　憎恨甚至會讓我們食不知味。《聖經》如是説：「素菜淡飯而彼此相愛，勝過酒肉滿桌而彼此憎恨。」

　　如果敵人知道你正在用恨意折磨自己，讓自己緊張疲憊，容顏

憔悴，甚至影響心臟健康和壽命，他們一定會高興得直搓手。

如果做不到愛敵人，至少要愛自己。只要全心愛自己，敵人就無機可乘，無法控制我們的幸福、健康和容貌。正如莎士比亞所說：**「不要為敵人把爐火燒熱，以致燙傷自己。」**

當耶穌說我們應當原諒敵人「七十個七次」的時候，他也在為我們提供做生意的機會。我舉個例子吧，我寫到這一段的時候，翻出了佐治‧羅納從瑞典烏普薩拉寄來的一封信。

--- CASE ---

羅納曾在維也納擔任律師多年，第二次世界大戰爆發後，他逃到瑞典避難。當時他身無分文，急需工作。因為會好幾種語言，他想在進出口行業擔任聯絡專員。對口的公司大部分答覆說因為戰爭的緣故暫時不需要這類服務，將來有需要再同他聯繫，諸如此類婉言謝絕的話。但是有一個人給佐治‧羅納的回信卻毫不客氣地說：「你對我們的業務簡直一無所知，不僅錯得離譜，還愚蠢至極。我可不需要甚麼聯絡員。就算需要，我也不會僱你，你連瑞典語都寫不好，信裡錯誤連篇。」羅納讀到這封信，簡直氣得發抖。這個瑞典佬說我寫不好瑞典語是甚麼意思！他自己的回信裡才全是錯誤呢！羅納立刻寫信，精心措辭反擊。但寄信前，他停了下來。他對自己說：「等一下。我怎麼確定這個人的指責是錯的呢？雖然我學過瑞典語，但畢竟不是我的母語，或許我真的哪裡寫錯了而自己卻沒意識到。如果真是這樣，那我可得努力學習，不然別想找到工作了。這個瑞典人其實幫了我。雖然這不是他本意，而

且他的措辭很不招人喜歡，但是我還是欠他的。所以我應當寫信感謝他。」

於是佐治・羅納撕掉剛剛寫好的那封尖酸刻薄的回信，重新寫了一封：「非常感謝您的一片好意，在不需要聯絡員的情況下還費心回信給我。我很抱歉對貴司的誤解。之前冒昧致信，是因為我研究之後，了解到您是行業領袖。我並沒有意識到自己的信中有語法錯誤，對此我非常羞愧，也想向您致歉。我會努力提高瑞典語，改正我的錯誤。在此我想感謝您指引我走上自我改進的道路。」

幾天後，佐治・羅納收到了這個瑞典人的回信，邀請羅納去公司見他。羅納照做了，並且得到了一份工作。

-·-·- C A S E -·-·-

佐治・羅納發現了《箴言》中的道理：「婉轉的回答可以平息憤怒。」

我們不是聖人，或許做不到愛我們的仇敵。但為了自己的幸福和健康，至少學會原諒並忘記他們，這樣才是明智的做法。孔子曾經說過：「被誤解或者被搶劫都不算甚麼，除非你一直記着這件事。」我曾問過艾森豪威爾將軍的兒子約翰，他父親有沒有怨恨過誰。「從來沒有，」約翰回答說，「父親從不浪費一分鐘自己的時間去想那些他不喜歡的人。」

老話說得好，傻瓜不會憤怒，而智者拒絕憤怒。

這正是紐約前市長威廉・蓋諾的處事原則。被低級小報惡毒攻擊後，他又被瘋子的子彈擊中，差點兒喪命。躺在醫院裡性命垂危的時候，威廉・蓋諾說：「每晚睡前，我會原諒一切，原諒所有人。」

這是不是太理想主義了呢？是不是他待人太好，太輕易原諒？如果真是如此，讓我們聽聽偉大的德國哲學家叔本華的意見吧。他是《論悲觀》一書的作者。叔本華視人生為徒勞而痛苦的旅程，整個人就像籠罩着一團陰雲。然而叔本華卻在絕望的深淵中吶喊：「**如果可能，不要對任何人心懷恨意！**」

伯納德・巴魯克是深受白宮信任的顧問，曾經輔佐過六位總統，包括威爾遜、哈定、柯立芝、胡佛、羅斯福和杜魯門。我曾問過他政敵的攻擊會不會讓他心煩意亂。「沒有任何人有本事羞辱我或激怒我，」他回答說，「因為我不允許。」

也沒有人有本事羞辱或激怒你我，除非你我允許。「棍棒或許能折斷我的肋骨，但語言永遠傷不到我。」

我常常在加拿大的賈斯珀國家公園中流連，駐足眺望西方最美麗的艾迪斯・卡維爾山。這座山為了紀念艾迪斯・卡維爾而得名。1915 年 10 月 12 日，這位英國護士如聖徒般倒在德國行刑隊的槍下。罪名是甚麼呢？她偷偷在比利時的家中收留並照顧受傷的英法士兵，幫他們逃到荷蘭。被捕後，她被關進布魯塞爾的軍隊監獄。那個清晨，當英國牧師走進牢房，為她做臨刑前的禱告時，她只說了兩句話。這兩句話被雕刻在紀念碑上世代傳頌：「我知道，空有一顆愛國之心並不夠。我不應對任何人心懷恨意。」

原諒並且忘記敵人的有效方法是專心追求更偉大的目標。只要專注於目標，其他任何事情都無法吸引你的注意力，不管遭遇怎樣的侮辱或敵意都不再重要。1918 年，密西西比州的松樹林中發生了一起聳人聽聞的可怕事件，一位名叫勞倫斯・瓊斯的黑人教師兼牧師在那裡被處以私刑。幾年前，我剛去拜訪過勞倫斯・瓊斯創立的松林鄉村學校，並在全體學生面前發表講話。如今這所學校已經

全國聞名，但我想講的這起事件發生在很久以前，要追溯到第一次世界大戰時期那些敏感動盪的日子。當時謠傳德國人正在煽動黑人叛亂，流言傳遍了整個密西西比州中部。正如我之前提到的，面臨私刑的黑人勞倫斯・瓊斯被冠上了煽動種族暴動的罪名。事情的起因是一群白人在教堂外聽到勞倫斯・瓊斯對教徒喊：「生命是一場戰鬥，每個黑人都應當穿上盔甲，為生存而戰，為成功而戰。」

「戰鬥」！「盔甲」！這幾個字眼已經足夠定罪。這些年輕人激動地東奔西跑，在深夜裡召集了一群暴民，回到教堂把牧師捆起來，拖到一英里之外的柴堆上。他們點燃火把，準備把牧師吊起來燒死，這時有人喊了一句：「讓這個該死的混蛋死之前說兩句！說！快說！」

勞倫斯・瓊斯站在柴堆上，脖子上套着繩索，將他的人生和理想娓娓道來。1907 年，他從艾奧瓦大學畢業。大學期間，他的人品、學識和音樂天賦讓他在師生之中頗受歡迎。臨近畢業，一位酒店老闆邀他一同經商，他拒絕了；另一位富商提出資助他深造音樂，也被婉拒。為甚麼？因為他另有抱負。他被布克・華盛頓的人生故事激勵，決心幫助同族裔那些不識字的窮人接受教育，並為這項事業奉獻一生。於是他來到南方最落後的地區 —— 密西西比州傑克遜鎮以南 25 英里的鄉下。他把手錶拿到當舖換了一美元六十五美分，用樹椿當桌子，在林間的空地上開設學校。

勞倫斯・瓊斯告訴那些正等着動刑的暴民，他在教育那些從未上過學的孩子們的過程中遇到的種種挫折，以及他怎樣把他們培養為農民、工人、廚師和管家。他說起在走投無路的時候，有一些白人資助他土地、木材、家畜和錢，幫他建起松林鄉村學校，讓他能夠把教育事業繼續下去。

事後，有人問勞倫斯・瓊斯恨不恨那些想把他吊起來燒死的

人。勞倫斯・瓊斯回答說他正為理想而奔忙，沒精力去怨恨。他沉浸在比個體更偉大的事業當中。他說：「我沒時間爭執，沒時間後悔，也沒人能夠迫使我去憎恨誰。」

勞倫斯・瓊斯站在柴堆上說的話並非為了自己，而是為了自己的事業。他誠懇感人的言辭讓暴動的民眾開始平靜。終於，人群中的一位同盟軍老兵開口說道：「我相信這孩子說的都是實話。我認識他剛剛提到的那幾個白人。這孩子在做好事，錯的是我們。我們應該幫他，而不是把他吊起來。」這位老兵摘下帽子，在人群中傳遞，最終募集了五十二美元四十美分。而剛剛正是這些人一心想吊死松林鄉村學校的創始人。這位創始人說：「我沒時間爭執，沒時間後悔，也沒人能夠迫使我去憎恨誰。」

19 世紀前，愛比克泰德就一針見血地指出，我們播種甚麼，就會收穫甚麼，命運總會讓我們為自己的罪惡付出代價。愛比克泰德說：「**長遠來看，每個人最終都會為自己作的惡受到懲罰。只要記住這一點，我們就不會對他人燃起怒火，不會謾罵他人，責備他人，攻擊他人，怨恨他人。**」

美國歷史上大概沒有第二個人像林肯那樣被那麼多人譴責、憎恨甚至出賣。然而根據赫恩登為林肯撰寫的經典傳記，林肯「從不依據自己的個人好惡評判他人。執行任何法案的時候，他都明白他的政敵能夠做得和他一樣好。如果他認為某個人是合適人選，即便對方曾經中傷過他或對他無禮，林肯也會像對待朋友一樣，毫不猶豫地聘請對方……據我所知，他從未因為某人是政敵或是不喜歡對方就給任何人革職」。

許多被林肯一手提拔起來的人都曾抨擊甚至侮辱過林肯，其中包括麥克萊倫、蘇華德、史丹頓和蔡斯。但是據林肯的律師合夥人

赫恩登所言，林肯相信「沒有人應當為他的所作所為得到頌揚或者承擔責難」，因為「我們所有人都受到條件、環境、教育、習慣和遺傳的制約，現在如此，將來亦是如此」。

也許林肯是對的。如果你我遺傳了和仇敵相同的身心條件和情緒特徵，並且經歷了仇敵經歷過的一切，我們行為處事的方式大概會和他們一模一樣，不可能做出不同的事情。正如克拉倫斯・丹諾曾經說過的：「**了解一切，就會寬恕一切，評判和譴責不再現身。**」與其憎恨仇敵，不如憐憫他們，並且感謝上帝沒有把我們變成他們那樣的人。

別再累積怨氣報復敵人，讓我們給予敵人理解、同情、幫助、寬容和祈禱。

從小到大，我的家庭習慣每晚閱讀《聖經》，並跪下來做禱告。直到今天，我彷彿仍舊能聽到父親在孤寂的密蘇里農莊裡重複着耶穌的話。只要人們心懷信念，這些話會被世世代代傳誦下去：「要愛你們的仇敵。詛咒你們的，要為他們祝福；憎恨你們的，要待他們好；為那些逼迫利用你們的禱告。」

我的父親一生都在踐行耶穌的箴言，他在這些箴言中得到了任何人都求之不得的安寧。

若要培養幸福安寧的心境，請記住：

—— 原 2 則 ——

永遠不要報復敵人，因為這樣對自己造成的傷害遠遠大於對敵人的傷害。讓我們像艾森豪威爾將軍那樣，不浪費一分鐘自己的時間去想那些我們不喜歡的人。

Section 14
如何對待忘恩負義

最近，我在德克薩斯州遇到一個怒氣衝衝的商人。別人提醒我，不出十五分鐘，這位商人就會開口向我抱怨。事實也的確如此。惹他生氣的那件事發生在十一個月前，但直到現在他還怒火中燒，從早到晚都在講這一件事。事情是這樣的：聖誕節的時候，他給三十四名員工發了一萬美元節日獎金，平均每人三百美元，但沒有一個人來向他表示感謝。「我後悔死了，」他憤憤不平地抱怨說，「我一個子兒都不該給他們！」

東方一位聖人曾言：「憤怒的人充滿怨毒。」我衷心同情這位充滿怨毒的商人。他已經年近六旬了。根據人壽保險公司的數據，我們的平均壽命約為八十歲與目前年齡差額的三分之二。如果這位先生夠幸運，那他大概還有十四五年的光景。但是他卻在所剩無幾的人生中浪費了寶貴的一整年，為一件早已發生並且過去了的事情大動肝火。我覺得他很可憐。

與其沉浸在憤怒中自憐，倒不如捫心自問為甚麼沒人感謝他。也許他給的工資太低又讓員工加班太多；也許員工把聖誕獎金當作應得收入而不是額外的禮物；也許他太挑剔或者太難接近，沒人敢來當面道謝；也許員工覺得發獎金是為了避稅，諸如此類。當然，也有可能員工都自私自利，不懂禮貌。原因可能是這樣，也可能是那樣，我和你一樣不了解情況。但是我知道森姆‧詹森博士曾經說過：「感恩之情是教養的產物，在粗鄙之人身上見不到。」

我想說的是，那位商人期待得到感激，本身就是自尋煩惱。他實在不懂人性。

如果你救了別人的性命，會不會期望對方感激你？很有可能。但看看森姆・萊博維茨的經歷吧。他在成為法官之前是著名的刑事律師，曾經從電刑椅上救下了七十八條人命。猜猜看，這些人裡有幾個會去向森姆・萊博維茨道謝，或者在聖誕節給他寄張賀卡？我想你猜對了，一個也沒有。書中曾說耶穌在半天內治癒了十位麻風病人，又有幾人去感謝他呢？只有一個。不妨在《路加福音》裡查查看。當耶穌轉身問門徒「其他九人在哪裡」的時候，他們早就都跑掉了，一句謝謝都沒說就走了！那麼我們以及那位德克薩斯州的商人，有甚麼理由期望別人對我們小小的恩惠表示感謝呢？

假如這恩惠和錢有關，那就更沒希望了。查爾斯・施瓦布告訴我，他曾經救過一個銀行出納。那個出納挪用銀行資金買股票，要不是施瓦布掏錢幫他補上虧空，他就進監獄了。那個出納感謝他嗎？確實感謝他，但好景不長，他沒過多久就背叛了施瓦布，開始抨擊中傷讓他躲過了牢獄之災的恩人！

如果你給親戚一百萬美元，他大概會很感謝你吧？安德魯・卡內基就做過這樣的事。但是安德魯・卡內基在九泉之下肯定沒有想到，這位親戚竟然會為了這筆遺產咒罵他。罵他的理由是甚麼呢？因為卡內基向慈善機構捐贈了三億六千五百萬，卻「用區區一百萬打發他」，這是那位親戚的原話。

世事就是如此。人性與生俱來，估計在你有生之年都不會改變。

那為甚麼不坦然接受呢？不妨學學馬可・奧勒留的現實主義態度，這位全世界最富智慧的哲人曾經統治過羅馬帝國。他曾經在日記中寫道：「今天我要去見一些話多的人。他們傲慢自私，不懂感

恩。但我對此不會驚訝，也不會惱火，因為世界上要沒有這種人才奇怪。」這話很在理，不是嗎？當我們抱怨別人忘恩負義的時候，到底應該怪誰呢？怪人性，還是怪自己忽視了人性？不要再奢求別人感恩了。偶然收到致謝，是額外的驚喜；如果無人感激，也是理所當然，不應為此煩心。

這就是本章我想強調的第一個要點：**別人忘記感恩是合乎常理的事情。如果我們期望得到感謝，那只是自尋煩惱。**

我認識一位住在紐約的女士，她總是抱怨自己太孤單，沒有一個親戚願意看望她。這倒也難怪。只要你去拜訪她，她就會喋喋不休地跟你講她是怎樣把兩個侄女帶大的。她在她們患小兒麻疹、腮腺炎和百日咳的時候精心看護，多年來照顧她們的飲食起居，資助其中一個侄女唸商學院，另一個侄女出嫁前也一直住在她家。

兩個侄女來看望過她嗎？偶爾也會，但僅僅出於義務，內心其實很抗拒。侄女們知道每次來看望她，都要坐下來聽她半責備半訴苦地嘮叨幾小時。每次迎接她們的都是沒完沒了的抱怨和自怨自艾的歎息。當這位女士再也無法威逼利誘侄女們來看她時，她就使出「法寶」，讓自己心臟病發作。

她真的患了心臟病嗎？這倒是真的，醫生說她「心臟神經質」，經常心悸。但醫生還說他們無能為力，因為她的問題是情緒上的。這位女士真正想得到的是愛和關心，但是她自己卻認為別人欠她「感激」，認為這是她應得的。但無論感激還是愛，都無法通過強硬手段要到。

世界上還有許多女士像她一樣，因為別人「忘恩負義」、感到孤單和不被重視而鬱鬱寡歡。她們渴望被愛，但世界上唯一一種得到愛的方法，就是停止索求，不求回報地付出愛。

聽上去太理想化了？不，這是常識。這個方法能夠讓你我獲得幸福。我相信這一點，是因為這個方法為我自己的家庭帶來了幸福。我的父母通過幫助別人得到了快樂。那時候我家很窮，總是被債務壓得喘不過氣。但是不管再窮，父母都會想辦法每年擠出一點兒錢寄給孤兒院 —— 坐落在艾奧瓦州康瑟爾布拉夫斯的基督教之家。父母從未去過那裡，除了例行的回信，也從未有人對他們的慷慨表示感謝。雖然他們從來沒有期待得到感激，但幫助孩童的快樂本身就是讓他們心滿意足的回報。

離家之後，每年聖誕節前我都會寄支票給父母，勸他們給自己買些平時不捨得買的東西，但他們從不這樣做。當我回到家中，父親告訴我鎮上某個寡居的婦人沒錢給孩子們買食物和柴火，他們給她送去了煤和雜貨。父母得到了多麼大的快樂啊！這就是給予而不求任何回報的快樂！

我相信我父親的品格正是亞里士多德筆下的「理想人格」，也是最值得得到幸福的人。「理想人格，」亞里士多德如是說，「會為幫助別人感到快樂。但受恩於人會令其感到羞愧。因為付出幫助是優越的表現，接受幫助則是軟弱的表現。」

這就是本章中我想表達的第二個要點：**若想獲得幸福，就請享受付出的快樂，不計較是否有人感恩。**

父母總會因為孩子不懂感激而生氣難過。就連莎士比亞筆下的李爾王也高喊：「逆子無情，甚於蛇蠍！」

但是孩子怎麼會天生懂得感恩呢？這是後天教養而成的。忘恩如同野草，是人的天性。而感恩則如同玫瑰，需要精心的培育和愛護。孩子不知報恩究竟是誰的過錯？或許是我們自己的過錯。如果我們從未教過他們向他人表達感謝，又怎能指望他們對父母

充滿感激？

　　我認識一位芝加哥的男士，他原本很有理由抱怨繼子忘恩負義。他在紙箱工廠辛苦工作，一週薪水只有不到四十美元。他娶了一個寡婦，並在她的勸說下借錢供兩個已經成年的繼子讀大學。這位男士的四十美元週薪不僅要應付全家的生活開銷，還要用來還債。他像苦力一樣幹了四年，從來沒有抱怨過。有人對他表示感謝嗎？沒有。妻子把他的付出視為理所應當，兩個繼子也同樣如此。他們從不覺得自己欠繼父一分一毫，就連一句謝謝都不肯說！

　　這該怪誰呢？兩個孩子的確有錯，但他們的母親更有責任。她認為讓年輕人心懷歉疚是一種恥辱，不想讓兒子「一開始就背上債務壓力」。所以她從未想過要說：「繼父辛苦供你們唸大學是多高尚的舉動啊！」反而採取了這種態度：「這是他應該做的。」

　　她以為這是對兒子的保護，實際上卻為他們培養了錯誤的觀念，讓他們覺得這個世界有義務養活他們。於是錯誤的觀念演變成錯事 —— 其中一個兒子想從僱主那裡「借」錢，結果進了監獄！

　　請記住，孩子是父母教育的結果。

----- CASE -----

　　我的姨媽維奧拉・亞歷山大就是一個正面例子，這樣一位女士永遠不用擔心孩子們會不知感激。她住在明尼阿波利斯市西明尼赫拉公園大道 144 號。我小的時候，維奧拉姨媽把母親和婆婆都接到自己家來照顧。直到現在，我還能回想起兩位老婦人坐在壁爐前的溫馨畫面。她們有沒有給維奧拉姨媽添麻煩？我想一定不少。但維奧拉姨媽從來不會表現出這一點。她用心去愛這兩位老婦人，寵着她

們，讓她們覺得像在自己家一樣自在。維奧拉姨媽自己還有六個子女要照顧，但她從不覺得自己有多崇高，也不覺得把兩位老人接到自己家照顧有甚麼值得讚美。對她而言，這是自然而然的事，是正確的事，她發自內心地想要這樣做。

維奧拉姨媽現在過得怎麼樣呢？她孀居二十多年，有五個孩子已經長大成人，都成了家，並且爭着把她接到自己家住。孩子們都愛她，和她在一起總是待不夠。出於感激嗎？當然不是，純粹是出於愛。孩子們在孩提時代沐浴着善行的溫暖，如今以同樣的愛回饋母親，又有甚麼好奇怪的呢？

── CASE ──

所以，讓我們記住，若想培養知恩圖報的子女，我們自己要先懂得感恩。孩子「人小耳朵尖」，大人應當謹言慎行。在孩子面前，別再輕視別人的善意，也永遠不要說這樣的話：「看看蘇珊表妹聖誕節寄來的這些洗碗布！她自己縫的，半個子兒都不捨得花！」這種話或許只是順口說的，但孩子們聽着呢。所以，我們最好這樣說：「看看蘇珊表妹花了多少時間親自做這些聖誕禮物！她人多好啊！我們現在就寫信感謝她吧！」這樣，我們的子女就會在無意中養成讚美和感恩的習慣。

── 原 3 則 ──

不想因為別人不知感恩而生氣或憂慮，就記住這三個原則：

1.　與其擔心別人忘恩負義，不如不要抱有期待。

2.　請記住，獲得幸福的唯一方法並不是期待回報，而是單純地為了給予的快樂而付出。

3.　感恩是教養的結果。如果我們希望子女知恩圖報，就要好好教育他們。

SECTION 15

想想你得到的

　　我與哈羅德·艾伯特相識多年。他以前是我的課程管理人員，住在密蘇里州韋伯市南麥迪遜街 820 號。有一天，我在堪薩斯市遇見了他，他開車把我捎回密蘇里州貝爾頓的農莊。路上，我問到他怎麼避免憂慮，他給我講了一段讓我終生難忘的感人經歷。他說：

----- CASE -----

　　我以前總是一天到晚憂心忡忡。但是 1934 年的一個春日裡，我在西多爾蒂大街上看到的一幕讓我的憂慮從此煙消雲散。那一幕只有短短十秒鐘，但就在這十秒鐘之內，我頓悟了過去十年都沒有領悟的道理 —— 應該如何生活。

　　在那之前的兩年，我在韋伯市經營雜貨店。我不僅把積蓄都賠光了，還欠了七年都還不清的債。就在那天的前一天，我的雜貨店剛剛倒閉。當時我正準備去商礦銀行借錢，好回到堪薩斯市找份工作。我垂頭喪氣地走在街上，鬥志和信心蕩然無存。

　　突然間，我看到前方一位沒有雙腿的男士。他坐在一塊兒小木板上，木板上裝着旱冰鞋上拆下來的輪子。他兩隻手各拿着一塊兒木板用力艱難地沿着街道滑行。我遇到他的時候，他剛過馬路，正努力把自己撐起來，想越過幾

英吋 [1] 高的路邊石挪到人行道上。他努力抬高小木板的時候，目光和我相遇了。他笑着向我致意。「早啊，先生。真是個美好的早上，是不是？」他朝氣蓬勃地對我說。我站在那裡看着他，突然驚覺自己有多富有。我有雙腿，我能走。我為自己的自憐感到萬分羞愧。我告訴自己，如果這位不幸失去雙腿的先生能夠這麼快樂自信，我這個有兩條腿的人為甚麼就不行呢？我頓時挺起胸膛。我本來想去商礦銀行借一百美元，不過現在我有勇氣借兩百美元了。我本來只打算去堪薩斯市碰碰運氣，但現在我有信心找到一份好工作。結果我借到了錢，也得到了工作。

現在，我在浴室的鏡子上貼了一句話。每天早上刮鬍子的時候，我都會讀一遍：我一直為沒有鞋穿而傷心，直到我在街上遇到了一位失去雙腳的人。

—◦—◦— C A S E —◦—◦—

著名飛行員埃迪·里肯巴克曾經在太平洋上迷失方向，絕望地和同伴在救生筏裡漂流了二十一天。我問他這件事給他的最大經驗教訓是甚麼，他回答說：「我從那段經歷中學到的最重要的一課，就是假如你每天有淡水和食物，你就沒有理由再抱怨任何事。」

《時代》週刊曾經刊登過一篇文章，講述了在瓜達康納爾島受傷的一名中士的故事。這位中士被彈片擊中喉嚨，輸了七次血才從昏迷中醒來。他寫字條問醫生：「我能活下去嗎？」醫生回答他：「能。」他又寫字問道：「我還能說話嗎？」答案也是「能」。於是這

---

[1]　1 英吋 ≈ 0.03 米。

位中士在字條上寫下：「那我還擔心甚麼呢！」

為甚麼不停下來，問問自己：「我還擔心甚麼呢！」你多半會發現你擔心的事情其實並沒有那麼重要。

我們人生中大概有 90% 的事情會很順利，10% 或許會有些波折。若想保持快樂，我們要做的就是把注意力集中在這 90% 順利的事情上，忽略另外 10% 的不如意。如果有誰想憂慮煩惱，甚至患上胃潰瘍，只要關注那 10% 的波折，忽略另外 90% 美好的事情就可以了。

在英國克倫威爾時代，許多教堂都刻着「思考、感恩」這幾個詞語。我們應當把這幾個字也刻在心裡，想想應當感恩的一切，感謝上帝的慷慨恩賜。

《格列佛遊記》的作者喬納森・斯威夫特大概是英國文學史上最悲觀的人。他覺得自己根本不該出生，每年生日的時候都一身黑衣，甚至絕食抗議。然而這位絕望的悲觀主義者卻認為快樂是一種有益身心的偉大力量。他斷定：「世界上最好的醫生是飲食有度、心境平和及充滿喜悅。」

只要把注意力集中在我們擁有的財富上，我們每小時都能免費享受「喜悅」這位醫生的服務。我們擁有的財富遠遠超過傳說中阿里巴巴的財寶。你會為了一億美元交換雙眼嗎？雙腿？雙手？聽力？孩子？家庭？想想這些寶貴的資產你就會明白，你擁有的一切是洛克菲勒、福特、摩根三大家族世代積累的財富都換不來的。

但是人們感恩擁有的這一切嗎？並沒有。就像叔本華所言：「**我們很少想到我們擁有的，卻總是想着我們缺乏的。**」沒錯，「很少想到我們擁有的，卻總是想着我們缺乏的」這個習慣是世界上最大的悲劇，比戰爭和疾病帶來的苦痛還要多。

正是這個習慣讓約翰・帕爾默「從正常人變成了牢騷鬼」，甚至差點兒毀了他的家庭。這是他親口告訴我的。帕爾默先生住在新澤西州帕特森市 19 街 30 號。他說：

---·-- CASE --·---

我從軍隊退伍後不久，就開始自己做買賣。我日以繼夜地勤懇工作，一開始還挺順利。接着麻煩就來了。我買不到部件和原材料，開始害怕把生意搞砸。我整日憂心忡忡，從正常人變成了牢騷鬼。那段時間我又刻薄又乖戾，雖然當時我自己並未意識到，但是現在回頭想想，我真的差點兒失去快樂的家庭。直到有一天，為我工作的一個年輕但殘疾的退伍士兵對我説：「約翰，你應該為自己感到羞愧。你現在的樣子就好像你是全世界唯一一個過得不順心的人似的。就算這家店有可能關門一段時間，那又怎麼了？等一切走上正軌，你還可以重新開始啊。你有那麼多值得感激的事情，卻總是怨天尤人。老兄，我多羨慕你啊！看看我吧，我就剩一條胳膊，半張臉也毀了，但我並沒有抱怨。如果你還這麼唧唧歪歪的，你丟掉的不僅是生意，還有你的健康、家庭和朋友！」

這些話如同當頭棒喝，讓我幡然醒悟。我這才意識到我有多富有。我當即下決心要找回過去的自己，我也確實做到了。

---·-- CASE --·---

我的朋友露西・布萊克曾經在悲劇的邊緣徘徊許久，直到她學

會了應當為擁有的而快樂，而不是為缺乏的而焦慮。

　　我好多年前就認識露西了。當時我們一同在哥倫比亞大學新聞學院學習短篇寫作。九年前，她的人生遭受了重創。當時她住在亞利桑那州圖森市。她把事情的來龍去脈一五一十地告訴了我：

---- CASE ----

　　那時我像陀螺一樣忙得團團轉。我在亞利桑那大學學習管風琴，在城裡組織演講講習班，並在住所教音樂欣賞課。我還參加聚會、舞會，在深夜的星空下騎馬。一天早晨，我整個人突然垮了。我的心臟出了問題。醫生說：「你必須臥床一年，保證絕對靜養。」他並沒有說任何類似你會恢復健康之類的話來鼓勵我。

　　臥床一整年！變成一個廢物，甚至有可能會死！我簡直嚇壞了。為甚麼這樣的事情會發生在我身上？我究竟做了甚麼，老天要這樣懲罰我？我哭個不停，心裡充滿怨恨。但我還是遵醫囑臥床休息。我的鄰居魯道夫先生是一位藝術家。他對我說：「現在你覺得在床上躺一年肯定很痛苦，但其實未必。你將有時間思考，靜下心來了解自己。接下來這幾個月，你心靈的成長將超越過去的任何時候。」他的話讓我冷靜了許多，讓我試着重新看待問題。

　　我讀了一些勵志圖書。有一天，我聽到電台播音員在節目中說：「你的表現反映了你內心的真正想法。」這類言論我曾經聽到過很多次，但這一次，它真正進入到了我的內心，並且生根發芽。我決定讓內心充滿我真正想要擁有的想法 —— 那些能夠帶來喜悅、幸福和健康的積極想

法。我要求自己每天早晨一醒來，就想一遍我擁有的值得感激的一切 —— 無痛無災、可愛的女兒、視力、聽力、電台中的美妙音樂、閱讀的閒暇、美味的食物、幾位摯友。於是我的內心總是充滿喜悦。來看望我的人太多，以至於醫生不得不貼了張告示，寫着在規定探視時間內，一次只能有一位訪客來看我。

　　九年過去了，如今我的生活豐富多彩，積極向上。我對臥床的那一年充滿了深深的感激。那是我在亞利桑那州度過的最快樂也最有價值的一年。那時養成的清晨感恩的習慣到現在還伴隨着我，也是我最珍貴的禮物之一。在死亡的恐懼面前，我才真正學會生活。我很羞愧沒有更早意識到這一點。

―·―CASE―·―

　　我親愛的朋友露西，你可能並不知道，你和森姆·詹森博士兩百年前的想法不謀而合。他曾經説過：「**凡事都看光明的一面，這個習慣價值千金。**」我想提醒你，説這句話的人並不是甚麼樂觀主義者，而是一位與憂慮、貧窮和飢餓抗爭了二十多年的先生。森姆·詹森博士最終成為那個時代最傑出的作家之一，也是古往今來最有名望的評論家之一。

　　洛根·皮索爾·史密斯的這句箴言只有寥寥數字，卻飽含智慧：「生活只有兩個目標：第一，得到你想要的；第二，盡情享受它。只有最聰明的人才能做到第二點。」

　　想不想知道怎樣把洗碗這麼無聊的事情變成有趣的體驗？不妨讀一讀波吉兒·達爾的著作。這是一本鼓舞人心的勇氣之書，書名

叫作《我想親眼看看》。這本書的作者是一位失明了半個世紀之久的女士。「我只有一隻眼睛，」她在書中寫道，「這隻眼睛傷痕累累，我的視力只有瞳孔左邊極小的一部分。想看書的時候，我只能把書拿到離臉很近的地方，僅有的那隻眼睛瞳孔用力向左。」

　　然而這位女士拒絕別人的憐憫，也拒絕被認為「與眾不同」。小時候，她想和其他孩子一起玩跳房子，但是她看不見任何標記。於是等其他孩子回家後，她獨自趴在地上，一邊向前爬一邊把眼睛貼近地上的標記查看。她用心記住和朋友們玩耍的地方的每一處細小特徵，很快就成為賽跑遊戲的常勝將軍。

　　在家的時候，她把用大號鉛字印刷的圖書舉到眼前閱讀，近到睫毛都能掃到書頁。通過這種學習方法，她獲得了明尼蘇達大學文學學士和哥倫比亞大學文學碩士兩個學位。

　　她在明尼蘇達州雙子谷的小村莊裡教書，並一路升遷，最終成為美國南達科他州奧古斯塔納學院的新聞學及文學教授。她在那裡任教十三年，並在女性俱樂部發表演講，還擔任電台節目的圖書評論嘉賓。她在書中寫道：「我內心深處始終潛伏着對失明的恐懼。為了克服這種恐懼，我必須採取樂觀甚至玩世不恭的生活態度。」

　　1943 年，在她五十二歲的時候，奇跡發生了。她在著名的梅奧診所接受了手術。術後她的視力比之前增強了四十倍，一個可愛的新世界在她面前徐徐拉開帷幕。她覺得就連在廚房洗碗都如此妙不可言。她在書中這樣描述：「我開始玩盤子上那些蓬鬆的白色肥皂泡。我把手浸在裡面，捧起小肥皂泡，把它們舉到燈光下。每一個小肥皂泡裡，都有一個色彩斑斕的小彩虹。」

　　從廚房水槽上方的窗戶向外望去，她看到「麻雀拍打着灰黑色的翅膀，在飄落的雪花中翱翔」。

　　她從肥皂泡和麻雀中得到無限歡喜，並用這句話作為全書的結語：「『親愛的上帝，』我低聲禱告，『我們天上的父，我感謝你。我感謝你。』」

　　想想看吧，我們在洗盤子的時候能夠看到肥皂泡裡的彩虹，看到麻雀穿過大雪，就已經足夠感激上帝了！

　　你我都應當為自己感到羞愧。過去的每一天，我們都住在美妙的仙境中，但無知的我們卻視若無睹，習以為常，從不懂得珍惜。

　　若想戰勝憂慮，開創生活，那麼：

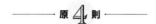

原 4 則

　　別總想着你的不如意，想想你得到的吧！

SECTION 16

找到自己，做自己

—— 請記住，你在這世界上是獨一無二的

　　我手邊有一封伊迪絲·埃爾瑞德夫人從北卡羅來納州艾利伊山寄來的信。她在信中寫道：

　　　　我從小就是個極其敏感害羞的孩子。那時候我體重超標，臉頰的嬰兒肥讓我看起來比實際還要胖。我母親很古板，她覺得把衣服做得好看是愚蠢之舉。她總說「寬鬆衣服穿得久，緊身衣服穿不住」，並且按這個標準打扮我。我從未去過派對，也從來沒有開心地出去玩過。上學後，我從來不加入其他同學的室外活動，連體育課都不去上。我的羞怯已經成為一種病態。我覺得自己和別人不一樣，不被任何人喜歡。

　　　　成年後，我嫁給了一個比我大好幾歲的成熟男人，但我的性格還是沒變。丈夫一家人是非常和睦而自信的家庭。他們是我理想中自己的樣子，但是我偏偏還是老樣子。

　　　　我盡力想成為和他們一樣的人，但卻做不到。每當他們試圖幫我從我的小世界中走出來，我只會更怯懦地縮回自己的保護殼中。我漸漸變得緊張易怒，逃避所有朋友。情況越發嚴重，連門鈴聲都讓我恐懼。我知道我是個徹頭徹尾的失敗者，又害怕丈夫會發現這一點。所以每次和他外出的時候，我總是誇張地裝出一副很快樂很放鬆的樣子。我知道我表現得很過火，所以之後的幾

天又會陷入自我懷疑的痛苦中。終於，我抑鬱得找不到任何存在於世的理由。我開始想到自殺。

後來是甚麼改變了這位不快樂的女士的一生呢？只是偶然的一句話。埃爾瑞德夫人在信中繼續寫道：

> 偶然聽到的一句話顛覆了我的整個人生。那天，我婆婆聊起養育子女的經驗，不經意地說道：「無論發生甚麼，我都堅持讓他們做自己。」……「做自己」……就是這句話！就在那一瞬間，我突然意識到，我的一切痛苦都源於逼自己成為原本不屬於的那一類人。
>
> 一夜之間，我簡直脫胎換骨。我終於開始做自己。我研究自己的個性，了解自己是怎樣的人。我了解自己的長處，學習不同配色和風格，按照最適合自己的方式着裝打扮。我開始主動結交朋友，還加入了一個互助小組。一開始，每次他們讓我發言，我都嚇得手腳僵硬。但是每次開口講話，我都會多一分勇氣。改變的過程很漫長，但是如今我的快樂是之前從來不敢想像的。教育子女的時候，我總會告訴他們我從痛苦的經歷中學會的一課：無論發生甚麼，都要堅持做自己。

詹姆士・戈登・吉爾奇博士指出：「是否願意做自己」這個問題「從人類歷史誕生之初就存在」，「人類生活始終離不開這一問題」。許多心理疾病背後的原因都是不願做自己。安吉洛・帕特里針對兒童養育這個課題撰寫了十三部著作，並發表過幾千篇文章。他說：**「那些明明並不適合，卻非想成為他人的人最痛苦。」**

想要成為他人的這種想法在荷里活最為常見。大名鼎鼎的荷里

活導演薩姆·伍德曾經說過，他最頭疼的事情就是教那些雄心壯志的年輕演員做自己。他們都努力扮演着二流的拉娜·特納，或是三流的奇勒·基寶。「觀眾已經熟悉這種口味了，」薩姆·伍德反覆告訴這些新秀，「他們想看到新意。」

在執導《萬世師表》和《戰地鐘聲》之前，薩姆·伍德曾經在房地產行業摸爬滾打多年，鍛煉出自己的營銷能力。他說有些基本原則在商界和影視行業是共通的。模仿他人是不會有結果的，不應東施效顰。他說：「經驗告訴我，遇到裝樣子的人，放棄合作是最穩妥的做法，而且越快越好。」

不久前，我請教美孚石油公司人力資源總監保羅·博因頓，問他求職者犯的最大錯誤是甚麼。他面試過的申請者超過六萬人，還曾經寫過一本名為《找工作的六種途徑》的書，因此這個問題他最有發言權。他答道：「**求職者犯的最大錯誤就是不做真實的自己。他們總想揣摩你的心思，回答問題的時候試圖迎合你，而不是放下偽裝坦誠相待。**」

可是這樣是行不通的，就像沒人想收假幣一樣，沒人喜歡偽君子。有個女孩歷經周折才懂得這個道理。這個女孩是電車售票員的女兒，她一心想成為歌星，但是她的相貌卻是劣勢。她嘴巴太大，還有齙牙。她在新澤西的一家夜總會初次登台的時候，總想用上唇遮住牙齒，裝出一副迷人的樣子。結果怎樣呢？她讓自己看起來像個笑話。眼看着快失敗的時候，一名聽眾開口了。他聽到了女孩的歌聲，覺得她很有才華。「聽着，」他直率地說，「我一直在觀察你的表演，知道你想遮掩甚麼。你對自己的牙齒感到難為情。」女孩窘迫不已，但對方繼續說道：「這有甚麼呢？牙齒不齊難道犯法了嗎？別總想着遮掩！張開嘴放聲歌唱吧，聽眾會喜歡你落落大方的

樣子。」另外，他一針見血地補充說：「你想遮掩的牙齒是你的財富啊！」

凱絲・達莉聽從了他的建議，不再在意自己的牙齒。從此刻開始，她把注意力全部集中在聽眾身上。她帶着發自內心的喜悦盡情歌唱，很快成為影視巨星和電台寵兒，並且成了其他演員的模仿對象。

著名心理學家威廉・詹姆士曾經説過，普通人只挖掘出自身心智能力的 10%。他指的正是從未找到真正自我的那些人。他在著作中寫道：「和我們原本能夠成為的樣子相比，人類只覺醒了一半。我們只運用了身心潛能的一小部分。每個人都擁有廣闊的開端，卻活得越來越局限。人類擁有許多潛能，卻被習慣性地漠視。」

既然你我都擁有這些潛能，又何必浪費時間擔心自己無法成為他人呢？你是這個世界上全新的個體，自宇宙洪荒之始，世間就只有這樣一個你；至漫長歲月之終，世間也不會再有第二個你。遺傳學這門新的科學讓我們了解到，來自父親的二十四個染色體和來自母親的二十四個染色體共同造就了獨一無二的你。這四十八個染色體包含了你繼承的全部信息。阿蘭・沙因菲爾德曾經説過，在每個染色體中「包含着許多基因，而有時候一個基因就能改變一個人的一生」。是的，我們被創造的過程就是這樣既奇妙又可畏。

不算父母相遇並結合的概率，單單是你出生的概率，就只有三百萬億分之一！換句話説，倘若你有三百萬億個兄弟姐妹，他們也全都與你毫不相同。這是猜測嗎？當然不是，這是科學事實。如果你想了解更多，不妨去圖書館借來阿蘭・沙因菲爾德的著作《你與遺傳》一讀。

我能夠確信無疑地談論「做自己」這個話題，是因為我親身體會

過它的重要性。我曾經付出了很大代價，才從痛苦中學會了「做自己」這件事。讓我舉個例子吧。當我第一次從密蘇里的玉米田來到紐約的時候，我考入了美國戲劇藝術學院，並立志成為演員。當時我有個自以為是的想法，以為自己掌握了成功的秘訣。這個想法如此簡單又如此完美，讓我無法理解為甚麼其他那些野心勃勃的人從未發現這條捷徑。我的想法是這樣的：我要研究當時名噪一時的演員的表演方式，比如約翰・德魯、華特・漢普登和奧蒂斯・斯金納等，模仿他們的閃光點，把自己打造成他們的結合體。當年的我多傻多荒唐啊！我浪費了生命中寶貴的幾年時光模仿他人，直到我這顆密蘇里州的榆木腦袋突然開了竅，意識到我必須做自己，不可能成為別人。

　　這段坎坷的經歷本應讓我這輩子都吸取教訓，但是我並沒有。我太笨了，以至於又交了一次「學費」。幾年後，我着手為商界人士撰寫一本公共演講的書，希望它成為這一領域最好的指導書。但寫作前我又重蹈覆轍，產生了和幾年前一模一樣的愚蠢念頭：我要大量學習其他作者的思想，把它們匯總到一本書裡，這本書將成為集大成者。所以我借了大量公共演講方面的著作，花了整整一年時間，把這些思想融入我的新書中。但是我終於再一次意識到我在做蠢事。別人的論述讓我寫的這本書成了大雜燴，生意人才沒耐心去啃這麼無聊的書。所以我只好把一整年的心血扔進紙簍，從頭開始。

　　這一次我對自己説：「你必須當戴爾・卡耐基，接受自己的缺點和局限。你不可能成為其他人。」我不再試着成為其他人的綜合體，而是捲起袖子做了我一開始就應該做的事情：作為一名公共演講者和演講講師，基於自身經驗和觀察寫了一部公共演講教材。

　　我希望自己永遠記得這一課 —— 和華特・羅利爵士學到的相同一課（我指的並不是那個把自己外套扔在泥地上讓女王踩的羅利爵

士，而是 1904 年在牛津擔任英語文學教授的另一位羅利爵士）。「我寫不出能與莎士比亞比肩的作品，」他說，「但是我能寫出我自己獨一無二的作品。」

做自己。聽從歐文‧柏林給佐治‧歌舒詠的明智建議。柏林和歌舒詠初次見面的時候，柏林已是名噪一時的詞曲作家，而歌舒詠只是個在溫飽線上掙扎的年輕人，在流行音樂集中地「錫盤巷」拿區區三十五美元週薪。歌舒詠的個人能力讓柏林印象深刻，他給歌舒詠提供了當音樂助理的工作機會，薪水是之前的三倍。「但是我個人並不建議你接受，」柏林說，「如果你接受了這份工作，你或許會成為二流的柏林。但假如你堅持做自己，總有一天你會成為一流的歌舒詠。」

歌舒詠把柏林的告誡謹記在心，逐漸成長為那個時代美國最有影響力的作曲家之一。

本章我想強調的這個道理，差利‧卓別靈、威爾‧羅傑斯、瑪麗‧麥克布賴德、真‧柯利和其他無數人都像我一樣，付出了高昂代價才懂得。

差利‧卓別靈剛踏入影視行業的時候，導演堅持讓卓別靈模仿一位正當紅的德國喜劇演員，結果令卓別靈一事無成。直到他開始按自己的方式表演，才成為喜劇大師。

鮑勃‧霍普也有相似的經歷。他的歌舞表演始終反響平平，於是他決定做自己。獨一無二的語言天賦讓他成為知名的脫口秀演員。威爾‧羅傑斯在雜耍界沉默地表演了許多年，直到他發現了自己的幽默天賦，把脫口秀和繩索表演結合在一起，才一舉成名。

瑪麗‧麥克布賴德第一次做電台節目的時候，刻意模仿愛爾蘭喜劇演員，但是一敗塗地。後來她開始把真實的自己 —— 一個來自

密蘇里州的鄉下女孩 —— 展現在聽眾面前，結果成為全紐約最受歡迎的電台明星。

真・柯利一開始想改掉德克薩斯口音，刻意按照城裡人的風格打扮自己，聲稱自己是紐約當地人，結果人們都在背後嘲笑他。待他重拾班卓琴，唱起牛仔民謠之後，他成為全世界最著名的牛仔，在電影和電台上都人氣爆棚。

在這個世界上，你是嶄新的存在。好好珍惜這一點，充分利用你的天賦。歸根結底，所有藝術形式都帶有自傳色彩。你只能唱出自己，畫出自己，也只能成為經歷、環境和遺傳共同塑造的自己。

無論順境逆境，都要專心培育自己的小花園。無論順境逆境，都要在人生的樂團中奏響自己的樂音。

正如愛默生在《論自立》中所言：「隨着學識漸長，人們總會在某一時刻意識到：嫉妒即無知，模仿等同於自殺。無論是好是壞，都必須接受自我。儘管廣袤宇宙中充滿了善與美，但只有在上天賜予的這塊自留地上辛勤耕耘，才能夠有所收穫。每個人身上蘊藏的潛力都獨一無二，除了自己，沒有第二個人知道你有能力做甚麼，如果你不親自嘗試，就永遠不知道自己能夠勝任甚麼。」

這就是愛默生的觀點。讓我們再來聽聽詩人道格拉斯・馬洛赫是怎麼說的：

> 如果無法成為山頂上屹立的青松，
>
> 就當山谷中的小樹吧，
>
> 讓自己成為溪邊最美的小樹。
>
>
> 如果無法成為小樹，

又何妨做一叢快樂的灌木。

如果無法成為灌木，
就當搖曳的小草吧，
讓道路因你的存在而更加美妙。

如果無法成為大狼魚，
就當一條小鱸魚吧，
讓自己成為湖中最活潑的小鱸魚。

不可能人人都是船長，水手也有水手的精彩；
在這世界上，每個人都能找到自己的天地。
有宏偉大業，也有瑣碎小事，
無論大小，做最適合你的事吧。

無法成為大道，就做小徑；
無法成為太陽，就做星辰；
成功與失敗不以大小決定，
只在於活出最好的自己，找到自己的使命！

若想培養遠離憂慮的平和心境，請遵循：

—— 原 **5** 則 ——

無需模仿別人。重要的是發現自我，成為自己。

SECTION 17

只有酸檸檬，那就做檸檬汁吧

在寫這本書的過程中，我去拜訪了芝加哥大學的校長羅拔・梅納德・哈欽斯，請教他如何遠離憂慮。他回答說：「西爾斯・羅巴克公司的總裁朱利葉斯・羅森沃德曾經給過我一個建議，我一直遵循至今：如果你只有一個酸檸檬，就做檸檬汁吧。」

偉大的教育家遵循這個方法，愚蠢的人卻總是反其道而行之。假如生活交給他一個檸檬，他就會捶胸頓足地抱怨說：「完蛋了，這都是命，連個機會都不給我。」隨即他會咒罵世界不公，縱容自己陷入自憐的情緒中。而聰明人得到檸檬的時候會怎樣做呢？他會思考：「雖然不走運，但我能從中學到些甚麼呢？怎樣能改善現在的境況，把酸檸檬變成檸檬汁呢？」

偉大的心理學家阿德勒終生致力於研究人類的潛能。他的結論是，**人類最非凡的特質之一就是「變不利為有利的能力」**。

我認識的一位女士恰恰做到了這一點。下面我想把她這段有趣又激勵人的經歷講給你聽。這位女士名叫西爾瑪・湯普森，家住紐約市莫寧賽德街 100 號。她是這樣說的：

---- CASE ----

戰爭期間，我丈夫駐紮在新墨西哥州莫哈韋沙漠附近的一座軍事訓練營。為了和他在一起，我也搬到了那附近。但我恨透了那個荒涼的地方，這輩子從來沒有感到那麼痛

苦過。我丈夫受命在莫哈韋沙漠裡進行軍事演習，我孤零零一個人留在狹小的棚屋裡。棚屋建在大仙人掌的陰影下面，但氣溫還是高達五十多攝氏度，熱得讓人受不了。當地除了墨西哥人就是印第安人，沒有人會說英語，我連個能聊天的人都沒有。燥熱的風不停地吹，所有食物都不合我胃口，而我每天呼吸的空氣裡全都是沙子，沙子，沙子！

我覺得自己太悲慘太可憐了，寫信給父母說我撐不下去了，我要回家。我還說多待一分鐘我都受不了了，我寧願蹲監獄也不願意留在這裡。父親的回信只有短短兩行，但這兩行字卻像歌聲一般，在我的記憶中久久迴盪，徹底改變了我的一生。

> 兩個人透過監獄欄杆向外望去，
> 一個看到滿地污泥，另一個看到漫天星辰。

我把這兩句話讀了一遍又一遍，心中充滿羞愧。我決心要在困境中找出優點，找到我的漫天星辰。

我開始和當地人交朋友，他們的反應讓我喜出望外。當我對紡織品和陶器表現出興趣的時候，他們把捨不得賣給遊客的珍品送給我當禮物。我了解仙人掌、絲蘭和約書亞樹的種類，研究土撥鼠的習性，欣賞壯觀的沙漠日落，在沙子中尋找貝殼。數百萬年前，當這片沙漠還是海洋的時候，那些貝殼就靜靜地躺在那裡了。

是甚麼令我的內心產生了如此驚人的變化？莫哈韋沙漠沒有變，印第安人沒有變，變的是我。我改變了心態，

> 從而把悲慘的經歷變成了人生中最興奮的歷險。在我面前
> 徐徐展開的這個嶄新的世界讓我雀躍不已，我懷着激動的
> 心情把這段經歷寫下來，並以《明亮的壁壘》之名出版了
> 這本書。我從自己設下的監獄裡向外望去，找到了屬於我
> 的星辰。

CASE

西爾瑪·湯普森女士發現了公元前 500 年希臘人流傳下來的古老真理：「最美好的事物最難得到。」

20 世紀，美國牧師亨利·愛默森·福斯迪克也表達了同樣的看法：「**幸福感絕大部分源於成功，而非享受。**」是的，這種成功意味着成就感和超越，以及把檸檬變成檸檬汁的過程。

我曾經去佛羅里達拜訪過一個快活的農夫。上帝交給他一個「有毒的檸檬」，他成功地把它變成了檸檬汁。當初買下農場的時候，他灰心喪氣。那時土地貧瘠得既不能種水果，也不能養豬，整個農場一片荒蕪，除了矮櫟樹和響尾蛇甚麼都無法存活。於是他靈機一動，決定化不利為有利，充分利用響尾蛇。他的決定讓所有人大吃一驚 —— 他竟然開始生產蛇肉罐頭！幾年前我去拜訪他的時候，慕名而來參觀響尾蛇農場的遊客每年高達兩萬人次。他的生意越做越大，響尾蛇的毒液被運到各地實驗室，製作抗蛇毒血清；蛇皮以高價售出，用於女士手袋和鞋履；蛇肉罐頭被運至世界各地的客戶手中。我買了一張當地的風景明信片，從鎮上的郵局寄出，發現郵戳上赫然寫着「佛羅里達州響尾蛇鎮」—— 為了向這位把毒檸檬化為甜檸檬汁的先生致敬，小鎮特意改了名字。

在遊歷美國各地的旅途中，我有幸遇到過許多懂得如何變不利

為有利的人。

《對抗諸神的十二偉人》一書的作者威廉·博萊索曾經說過：「人生中最重要的並不是利用你所擁有的，傻瓜都能做到這一點；真正重要的是如何從損失中獲益，這才需要智慧。智者和傻瓜的區別就在這一線之隔。」

說出這句話的時候，博萊索剛剛在火車事故中失去了一條腿。我還認識一位失去雙腿的先生，也把不幸化為了長處，他的名字是本·弗特森。我在佐治亞州亞特蘭大的一個酒店中偶遇了這位先生。當時我一走進電梯，就注意到了他。他坐在電梯一角的輪椅上，看起來很愉快。電梯到了他要去的樓層，他禮貌地問我能否挪到角落裡，好讓他的輪椅通過。「麻煩你了，真是抱歉。」說這話的時候，他的臉上露出暖人心扉的笑容。

走出電梯回房間的時候，他的樂觀笑容仍然在我腦海中盤旋不去。所以我折返回去找到他，問他能否講講他的故事。他對我笑了笑，說道：「那是 1929 年的事兒了。那天我出門去砍山核桃樹，把樹枝裝到車上，想回家把園子裡的豆藤架起來。往家走的路上，正當我急轉彎的時候，一根樹枝突然滾到車底，卡住了轉向裝置。車衝出路堤，我被重重地甩到樹上，傷了脊椎，雙腿癱瘓了。那年我才二十四歲。從那以後，我再也不能走了。」

一個正值二十四歲青春年華的年輕人，從此要在輪椅上度過一生！我問他是甚麼力量讓他勇敢地接受了現實，他回答道：「一開始我無法接受。」他說他也曾憤怒絕望，怨恨命運不公，但一年年過去，他意識到反抗只能給他帶來痛苦。「我終於意識到周圍人待我多麼寬容友善，所以至少我可以用同樣的善意回饋他們。」他這樣說道。

我又問他，這麼多年過去了，他是否依舊覺得這場災難是可怕的不幸。他毫不遲疑地回答說「不」，又接着說：「現在我幾乎感恩這件事的發生。」他告訴我，熬過了震驚和憤怒階段之後，他走進了全新的人生。他開始大量閱讀，並愛上了經典文學。十四年間，他至少讀了一千四百本書。這些書拓寬了他的視野，人生變得前所未有的豐富。他也開始聽古典音樂，以前他覺得無聊的交響樂如今讓他振奮不已。而最大的變化是他有了思考的時間。「人生中第一次，」他說，「我能夠用心看一看這個世界，體會事物真正的意義和價值。我漸漸意識到，我之前追求的事物大部分只是過眼雲煙。」

大量的閱讀讓他對政治產生了興趣，他開始研究公眾議題，坐在輪椅上發表演講。他認識的人越來越多，認識他的人也越來越多。如今，儘管本・弗特森依然坐在輪椅上，但他已經成為了佐治亞州的州務卿。

過去三十五年間，我一直在紐約市開展成人教育課程。我發現許多成年人最遺憾的事就是沒有上過大學。他們似乎覺得沒有大學教育是一個巨大的障礙，但我知道這並不是事實，我認識的許多成功人士教育程度都只有高中。我總給學生們講我認識的一位先生的經歷。他在赤貧的家庭中長大，連小學都沒有讀完。父親過世的時候，連喪葬費用都要靠父親的朋友東拼西湊。他的母親在一家雨傘工廠每天做工十個小時，下班後還要把零活兒帶回家掙計件費，一直工作到午夜十一點。

男孩就在這樣的環境中漸漸長大。他加入了教堂的業餘戲劇團，對當眾表演着了迷，於是他決定鍛煉自己公開演說的能力。後來他開始涉足政治，並在三十歲那年當選為紐約州立法機關委員。可是他對這份重大的責任毫無準備，他坦誠地告訴我，他當時簡直

一頭霧水。那些需要他表決的冗長複雜的法案在他看來就像是天書一樣。當選為森林委員會成員的時候，他從未去過任何森林；當選為州立銀行委員會委員的時候，他甚至連個銀行戶頭都沒有。他不知所措又灰心喪氣，如果不是羞於向母親承認失敗，他早就從立法機關辭職了。在絕望中，他鼓起勇氣，決心一天學習十六個小時，用無知的檸檬擠出知識的檸檬汁。通過學習，他從地方政治家逐漸成長為全國知名領袖，他的卓越貢獻被《紐約時報》評選為「紐約最受歡迎市民」。

我說的這個男孩正是阿爾·史密斯。

自學政治十年後，阿爾·史密斯成為紐約政府最偉大的領導者。他連續四屆當選為紐約州長，歷史上從未有第二個人取得如此成就。1928 年，他成為民主黨的總統候選人。六所頂尖大學為這位小學都沒唸完的先生授予了榮譽學位，其中包括哥倫比亞大學和哈佛大學。

阿爾·史密斯親口告訴我，當年若不是每天勤奮工作十六小時，化劣勢為優勢，就絕不會有後來的成就。

哲學家尼采認為，優秀的人「**不僅要學會在逆境中忍耐，還要學會愛上逆境**」。

我對成功人士的生平了解越深入，就越確信大部分人的成功源自逆境。逆境刺激他們付出超越常人的努力，從而得到超越常人的回報。正如心理學家威廉·詹姆士所說：「我們的弱點意外地幫助了我們。」

是的，彌爾頓失明後創作出更美妙的詩歌，貝多芬失聰後寫下了更偉大的音樂，身體的缺陷激勵海倫·凱勒取得了輝煌成就。

若不是被悲劇的婚姻折磨得幾乎自殺，柴可夫斯基大概無法創

作出不朽的樂章《悲愴交響曲》。

如果陀思妥耶夫斯基和托爾斯泰的人生一帆風順，他們偉大的作品或許也沒有問世的一天。

「如果我身體不這麼羸弱，我大概也沒有機會完成這麼多研究。」達爾文承認疾病在某個角度上意外地幫助了他，從而顛覆了人類對地球生命的科學觀念。

就在達爾文在英國出生的那一天，美國肯塔基州的小木屋裡也迎來了一個新生兒，他的名字叫亞伯拉罕・林肯。假如他在貴族家庭中長大，在哈佛大學取得法律學位並擁有圓滿的婚姻，那麼他的人生道路大概完全不同。人們或許永遠也沒有機會聽到振聾發聵的蓋茨堡演說，也不會在他的第二次就職典禮上聽到詩篇一樣動人的話語 —— 那是美國領袖說出的最美麗最高貴的語句：「**對任何人都不存怨恨，對所有人都慈悲為懷⋯⋯**」

哈利・愛默生・福斯迪克在著作《堅持到底的力量》中說：「斯堪的納維亞人有句諺語，很適合當作我們人生的戰鬥口號：『怒吼的北風成就了維京人。』從何時起，我們開始認為安全舒適的生活和沒有困難的人生能讓人們變好變快樂呢？正相反，即使舒服地躺在墊子上，自憐的人還是會繼續可憐自己。然而縱觀歷史，無論順境逆境，只有當人們肩負起自己的責任，才能完善品格，得到真正的幸福。所以，讓我再重複一遍，正是怒吼的北風成就了維京人。」

即使我們灰心喪氣，覺得沒有希望把檸檬變為檸檬汁，至少還有兩個理由鼓勵我們無論如何應當放手一搏。我們已經沒甚麼可失去的，卻有可能贏得一切。

第一個理由：我們有可能成功。

第二個理由：就算沒成功，嘗試的過程也會迫使我們向前看，

而不是回望過去。積極思考會代替負面想法，並且釋放出創造性的能量，激勵我們努力向前，沒有時間浪費在對過去的憂傷和沉湎中。

有一次，世界知名的小提琴家歐里・布爾在巴黎舉辦音樂會的時候，小提琴的 A 弦突然繃斷了。但是歐里・布爾從容不迫地用餘下的三根弦完成了演奏。「這就是生活，」哈利・愛默生・福斯迪克說，「當 A 弦繃斷的時候，用餘下三根弦完成演奏吧。」

這不僅是生活，而且是人生，是生命的凱歌！

如果可以，我真想把威廉・博萊索的這句話刻下來，掛在這片土地上的每一所學校裡：

> 人生中最重要並不是利用你所擁有的，傻瓜都能做到這一點；
>
> 真正重要的是如何從損失中獲益，這才需要智慧。
>
> 智者和傻瓜的區別就在這一線之隔。

若想養成遠離憂慮的平和心態，請遵循：

原 6 則

假如命運交給你一個酸檸檬，試著用它榨出檸檬汁吧。

如何在十四天內走出憂鬱

　　剛開始動筆寫這本書的時候，我發起了一次名為「如何戰勝憂慮」的有獎徵文比賽，最有啟發並且鼓舞人心的真實故事將獲得兩百美元獎金。徵文比賽的三位評審分別是東方航空公司總裁艾迪・里肯巴克、林肯紀念大學校長斯圖爾特・麥克萊蘭博士和電台新聞評論員卡滕伯恩。在我們收到的故事中，有兩個故事難分伯仲，最終平分了獎項。下面的故事就是二者之一。故事的主角是伯頓，他住在密蘇里州斯普林菲爾德市商業街 1067 號，目前在密蘇里偉澤汽車銷售公司工作。

　　伯頓在來信中寫道：

---·×·--- C A S E ---·×·---

　　九歲那年，我失去了母親；三年後，我又失去了父親。父親死於意外，而母親在十九年前的某一天走出家門之後，就再也沒有回來，我也再沒見過被她帶走的兩個小妹妹。直到離家七年後，她才給我寄了一封信。母親走後的第三年，父親出了事故。他和合夥人在密蘇里州的一座小鎮上買了一個咖啡館，但當父親出差的時候，合夥人背着他賣掉了咖啡館，帶着現金溜之大吉。父親的朋友發電報讓他趕緊回來，匆忙中，他在堪薩斯州薩利納斯市遭遇車禍，撒手人寰。兩個年邁體弱的窮姑姑把我的三個兄弟姐

妹接去撫養，但沒人想要我和弟弟。我們被拋棄了，只得看鎮上人的眼色過活。恐懼籠罩在我們心頭，我們害怕被叫作孤兒，也怕被當作孤兒任人擺佈。

不久，我們恐懼的事情變成了現實。一開始，我被安排寄居在鎮上的一個窮苦人家，但當時謀生艱難，一家之主丟了工作，他們承擔不起多一張嘴吃飯。之後洛夫汀夫婦收留了我，住在離小鎮 11 英里的農場上。洛夫汀先生已經七十高齡，因患了帶狀皰疹臥床不起。他說只要我不說謊，不偷竊，守規矩，就能留在那裡。於是我把這三個要求奉為聖旨，嚴格遵守。然而上學的第一週，我就回家像嬰兒一樣號啕大哭。學校的孩子們捉弄我，取笑我的大鼻子，說我是啞巴，還管我叫「小臭孤兒」。我難過極了，想把他們揍一頓，但是洛夫汀先生對我說：「記着，從打鬥中脫身的人比留下打架的人更偉大。」於是我一直按兵不動。直到有一天，一個男孩在院子裡撿了好些雞飼料扔到我臉上，我終於忍不住了。我把他打得滿地找牙，還因此交了幾個朋友，他們都說那孩子活該被揍。

洛夫汀太太給我買了一頂新帽子，我把它視為珍寶。有一天，一個高年級的壞女孩一把把它從我頭上搶走，把帽子灌滿水，說甚麼帽子裡灌上水就能讓我的笨腦筋開開竅，讓我的爆米花腦袋別炸開。

我在學校從來不哭，但是一回到家裡，我就哭號着把這些事發泄出來。有一天，洛夫汀夫人給了我一些建議。這些建議不僅幫我趕走了所有的煩惱和擔憂，還成功地讓我化敵為友。她說：「拉夫，如果你對那些孩子表示友好，

看看能幫他們做些甚麼，他們就不會再捉弄你，或是叫你『小孤兒』了」。我把她的建議謹記在心，並且還用功學習，很快成績就在班裡遙遙領先。沒有人嫉妒我，因為我總是主動幫助別人。

我幫幾個男孩寫命題作文和小論文，還幫另外幾個孩子寫辯論詞。有個傢伙不好意思讓家人知道我在幫他，每次都告訴他媽媽說出門去捉負鼠，然後偷偷來洛夫汀先生的農場，把獵犬拴在畜棚裡，找我給他補課。我幫另外一個男孩寫書評，還花了幾個晚上給一個女孩補習數學。

好景不長，死亡的陰影重創了我的鄰居。兩位年邁的老農夫先後辭世，還有一個婦人被丈夫拋棄了，我成了附近四戶人家唯一的勞動力。於是兩年來，我主動去幫助這些孀婦。每天上下學的路上，我都會先到她們的農場裡砍柴、擠奶，給牲畜餵食，給作物澆水。我收穫的不再是惡毒的咒罵，而是滿滿的祝福和感激，所有人都把我當作朋友。我從海軍退伍回到家鄉的那天，他們流露出真摯的感情。遠近農場來探望我的人有兩百多位，有些人甚至從 80 英里之外趕來。他們對我的關心如此真誠。由於我一直忙著幫助他人，並從中收穫了快樂，我幾乎從不憂慮，這十三年間也再沒有人叫我「孤兒」了。

── CASE ──

讓我們為伯頓喝彩吧！他不僅知道如何贏得友誼，還深深懂得怎樣戰勝憂慮，享受人生。

華盛頓州西雅圖的弗蘭克・祿普博士同樣如此。他因關節炎臥

床二十三年，而《西雅圖星報》的記者斯圖爾特・懷特豪斯在給我的來信中寫道：「我曾經多次採訪過祿普博士，我從未見過如此無私的人，也從未見過把人生過得如此豐富多彩的人。」

這位臥床的病人是怎樣把人生過得豐富多彩的呢？猜猜看。是通過抱怨和苛求嗎？當然不是。通過自怨自艾，要求人人繞着他轉嗎？當然也不是。他把威爾斯親王的座右銘「服務於人」作為自己的行動指南，從而活出了精彩人生。他把其他臥床病人的姓名和地址留存下來，寫信鼓勵對方，字裡行間洋溢着樂觀和勇敢。通過這種方式，他組織了一個通信俱樂部，讓身體不便的人們寫信給彼此。這個俱樂部隨後發展成為一個叫作「室內社團」的全國性組織。

臥床期間，祿普博士每年平均寄出一千四百封信，並寄贈收音機和圖書，把溫暖帶給數以千計無法出門的患者。

祿普博士最與眾不同的地方在於他的內心始終燃燒着信仰的火焰，每個胸懷使命的人都是如此。他深知自己正在為一個高尚且意義深遠的使命服務，這一點本身就給他帶來了快樂。因此他並沒有成為蕭伯納形容的那種：「以自我為中心，內心充滿不安與委屈，總在抱怨世界不願意取悅他的小笨蛋。」

偉大的心理學家阿德勒博士的這一發現讓我非常震動。他經常對憂鬱症患者説：「**每天想想自己能夠做些甚麼讓身邊人快樂的事情。如果你按照這個處方做，十四天之內就能痊癒。**」

這個處方聽起來簡直不可思議，因此我想引用阿德勒博士的巨著《生命對你意味着甚麼》中的段落進行進一步的解釋（順便説一句，有機會你也應當讀讀這本書）。

阿德勒博士在《生命對你意味着甚麼》一書中這樣寫道：

　　憂鬱症患者內心蓄積了對他人持久的憤怒及不滿，但為了得到關心和同情，病患往往看上去像是在對自己的過錯感到沮喪。憂鬱症患者兒時最初的記憶往往是類似這樣的情景：「我記得我想躺在沙發上，但我哥哥佔了那裡。我大哭不止，所以他不得不把沙發讓給我。」

　　憂鬱症患者通常有通過自殺懲罰自己的傾向，醫生首先要注意的就是不要給病患自殺的理由。我自己通常以下面這個建議緩解病患的緊張情緒，這也是我診療過程中的首要規則：「不要做任何自己不喜歡的事情。」如果患者能順心遂意，他還能指責誰呢？他還有甚麼理由懲罰自己呢？我告訴患者：「如果你想去看場電影或度個假，那就去吧。如果半路上你又不想去了，那就回來。」這是人人都能達到的最好狀態，一方面患者對優越感的渴求得到了滿足，他就像萬能的上帝一樣，可以隨心所欲。另一方面，這種行為方式對患者既有的生活模式也是一種挑戰。他們總想奪取支配權，因此歸咎他人，但假如人人都聽從他們的意見，支配權也就無從談起了。這個規則產生了很大的作用，我的病患中沒有一例自殺。

　　很多患者會回答我說：「可是我沒有任何想做的事情。」這個回答我聽了太多次，對此已經有了充分準備。「那麼不要做你不喜歡的事情就好。」我會這樣回答他們。有時候對方會說：「那我就整天躺床上睡大覺。」我知道如果我表示贊同，對方反而不想那樣做了；而如果我阻止他，他就會把我當仇人。所以不管對方說甚麼我都會順着他。

　　這是一個方法。另外一個方法更直接地改變患者的生活。我建議他們：「每天想一想能夠做些甚麼讓身邊人快樂。如果你按

照這個處方做，十四天之內就能痊癒。」看看這個規則對他們而言意味着甚麼吧。他們心裡早被「怎樣才能讓別人擔心我」這個想法佔滿，所以他們的反應也很有趣。有些人會說：「這太簡單啦，我一直都是這樣做的。」但實際上他們從來沒有主動做過讓周圍人快樂的事情。我讓他們再好好想想，但他們並不會照做。我告訴他們：「你可以在晚上失眠的時候琢磨琢磨怎樣讓別人高興，這會讓你的健康狀況邁進一大步。」第二天見到他們的時候，我會問：「昨天晚上有沒有照我的建議做？」我得到的回答則是：「昨天晚上我一上床就睡着了。」當然，這種方法必須以低調友好的態度執行，不能讓患者覺得醫生在給他下命令。

　　還有一些患者對此的反應是：「我做不到，我太焦慮了。」針對這些患者，我會告訴他們：「不用強迫自己不焦慮，但在焦慮的同時你也可以時不時地想想其他人。」我的目的是把他們的關注點從自身引向周圍人。很多人會說：「憑甚麼我要取悅其他人啊？為甚麼他們不來取悅我？」「你得為你自己的健康着想啊，」我回答道，「其他人以後就會吃到苦頭了。」但是極少有患者會說：「我按照你的建議認真想過了。」其實我的一切努力都是為了增加患者對他人的興趣。我知道患者憂鬱的真正原因是缺乏互動，我希望能讓他們自己也認識到這一點。一旦患者能夠和周圍人建立起平等協作的社會關係，他的憂鬱症就會痊癒……宗教信仰提出的最重要的一個信條就是「愛你的鄰人」……那些對同胞漠不關心的個體在人生中遭遇的困難最多，也對他人傷害最大。正是這樣的個體讓人類失去活力……我們對他人的唯一要求及以能夠給予他人的最高讚賞就是，他應當是工作上的好同伴，生活中的好朋友，愛情與婚姻中的好伴侶。

阿德勒醫生勸我們日行一善。怎樣的事情叫作善行呢？先知穆罕默德如是説：「**善行就是讓他人的面龐上露出喜悅的微笑的事情。**」

為甚麼日行一善能夠對行善者產生驚人的影響呢？因為取悅他人能夠讓我們不再總想着自己，而焦慮、恐懼和憂鬱正是源於對自己的過度關注。

威廉・穆恩夫人是穆恩秘書學校的創始人，她的學校位於紐約市第五大道 521 號。她並沒有花兩週那麼長的時間，就趕走了自己的憂鬱症。她比阿德勒棋高一着 —— 不，是「棋高十三着」。她一心一意地思考怎樣讓兩個孤兒快樂一些，因此沒有用十四天，而是在一天之內就讓憂鬱消失得無影無蹤。事情的經過是這樣的，穆恩夫人説：

⸱⸱⸱ CASE ⸱⸱⸱

五年前的十二月，悲傷和自憐吞噬了我。多年美滿的婚姻生活之後，我不幸失去了丈夫。隨着聖誕節臨近，我深陷在悲傷中。我這輩子從未隻身一人度過聖誕節，節日的氛圍讓我感到恐懼。朋友們邀我和他們共度節日，但是我沒有一絲慶祝的心情。我知道去參加派對只會讓大家掃興，因此拒絕了他們的好意邀請。平安夜越來越近，我也越來越觸景傷情。其實現在想想，那個時候有許多事情值得我感恩，世界上每個人都有許多事情值得感恩。

平安夜那天的下午三點，我走出辦公室，在第五大道上漫無目的地走着，希望能擺脫心裡的憂傷。街上充滿了歡樂的人群，那幅景象讓我的回憶洶湧而至，想起永遠找

不回的那些美好往昔。一想到回到家裡就只剩下孤單的自己和空蕩蕩的公寓，我就無法忍受。我茫然無措，不知道應該做些甚麼，泪水止不住地一直流。我在街上徘徊了一個多小時，發現自己來到一個公交站前。我還記得過去常常和丈夫隨意跳上一輛公交車，讓它載我們去未知的地方探險，所以我登上了進站的第一輛公交車。車駛過哈德遜河，又開了一陣，我聽到司機說：「終點站到了，女士。」我下了車，連自己到了哪裡都不知道。這是一座安靜祥和的不知名小鎮。我一邊等回城的公交車，一邊沿着住宅區向前走。路過教堂時，我聽到裡面傳來《平安夜》的優美樂音。我推門進去，教堂裡只有一位風琴演奏者。我悄悄在角落的長椅上坐下。精心裝點的聖誕樹閃爍着節日的燈光，映得那些裝飾物像無數繁星在月光中跳舞。悠揚的樂曲讓我有些恍惚，再加上已經一整天沒有吃過東西，我疲憊不堪，身子發沉，不知不覺地睡了過去。

　　醒來的時候，我完全不知道自己身在何處，簡直嚇壞了。我發現兩個來教堂看聖誕樹的小孩子正站在我面前。其中一個小女孩指着我對另一個小孩說：「她是不是聖誕老人送來的呀？」看到我突然醒來，他們也嚇了一跳。我安慰他們不要害怕，我不會傷害他們。兩個孩子衣着寒磣，我問他們爸爸媽媽去哪兒了。他們說：「我們沒有爸爸媽媽。」

　　站在我面前的這兩個沒有父母的小孩子的境況比我糟得多，他們讓我為自己的悲傷和自憐感到羞恥。我帶他們去看那棵聖誕樹，又把他們帶到雜貨店買了些點心、糖果

和禮物。我的孤獨奇跡般地消失得無影無蹤。兩個孤兒讓我忘記了自己，給我帶來了數月以來從未體會過的幸福感。和他們聊天的時候，我才意識到自己多麼幸運。我感激上帝讓我童年的每個聖誕節都沉浸在父母的愛與溫柔中。這兩個孩子為我做的遠遠勝於我為他們做的。這段經歷再次告訴我，只有讓他人幸福，自己才能獲得幸福。快樂是會傳遞的，只有給予，才能收穫。通過幫助別人，付出愛心，我戰勝了憂慮和悲傷，感覺就像變了一個人。我也確實成了全新的自己 —— 不僅在那個平安夜，在多年後也始終如此。

-·*·- CASE -·*·-

像這樣忘卻自己從而找回了健康與幸福的故事，我可以寫滿一整本書。讓我們再來看看瑪格麗特·泰勒·耶茨的例子吧，她是最受美國海軍喜愛的女性。

耶茨夫人是小說作家，但是她筆下的神秘故事遠不及她本人的親身經歷跌宕起伏。事情發生在日本偷襲珍珠港的那個早晨。耶茨夫人當時因為心臟問題已經臥床休養了一年多，每天有二十二個小時要在床上度過。她能承受的最遠途旅行也只能是從房間走到花園曬曬太陽，即便這麼短的距離，她也必須依靠女傭的攙扶。她親口告訴我，那段日子裡，她以為自己這輩子都是個廢人了。「如果不是因為珍珠港空襲，讓我從自己的世界中驚醒，」她對我說，「我永遠也不可能找回真正的生活。」

耶茨夫人對我講起她的故事：

-------CASE-------

事件發生時一片混亂。一顆炸彈在我家附近爆炸，衝擊力把我從床上掀到地上。軍車趕往希卡姆基地、斯科菲爾德兵營和卡內奧赫灣機場，護送戰士的妻兒撤到公立學校中暫避，紅十字會打電話給有空房間的人家，再把軍屬轉移過去。他們知道我床邊就有一台電話，請求我暫時當信息中轉站。所以我知道每位軍人家屬的暫住地，紅十字會也通知軍人找我了解家人的下落。

我很快發現我的丈夫羅拔・羅利・耶茨指揮官安然無恙。我試着鼓勵那些不知道丈夫是死是活的妻子振作起來，並安慰陣亡將士的家屬。傷亡太過慘重，美國海軍及海軍陸戰隊共有兩千一百十七名將士犧牲，還有九百六十名不知下落。

一開始我只能躺在床上接聽電話。隨後我漸漸坐起身子。後來因為電話響個不停，我的心緒難以平復，我忘記了自己的虛弱，下床坐到桌邊。我儘可能地幫助那些比我還要不幸的人，完全忘記了自己。從那之後，我除了每晚的八小時睡眠，再也沒有整日躺在床上。如果不是因為珍珠港空襲，我大概一輩子都是個臥床不起的殘疾人。直到現在我才意識到，那時我舒舒服服地躺在床上接受別人的照顧，在不知不覺中喪失了恢復健康的鬥志。

珍珠港空襲是美國歷史上最大的慘劇之一，對我個人而言，這段經歷也是最重要的人生轉折點。這次可怕的危機挖掘了我的潛能，讓我把注意力從自身轉向他人，並且賦予我一個至關重要的生活意義，讓我不再有多餘的時間

擔心自己。

—— CASE ——

　　假如向心理醫生尋求幫助的人們能夠效仿瑪格麗特・耶茨，把幫助他人當作一種興趣，大概有三分之一的患者能夠自癒。這並不是我個人的想法，而是心理學家榮格的結論。如果說有一個人有資格下這個結論，那一定是榮格。他說過這樣的話：「我的患者中有三分之一並沒有明顯的臨床症狀，折磨他們的是生活的空虛與無意義。」換句話說，他們總想在生活中搭便車，眼睜睜看着前進的隊伍從他們面前走過，卻指望心理醫生能夠幫他們擺脫瑣碎而無用的生活。他們就像錯過登船時間的乘客，獨自站在碼頭上怪罪所有人，要求整個世界繞着他們轉。

　　你大概會心想：「這些故事可打動不了我。要是我在平安夜遇到孤兒，我也會獻出愛心；要是我在珍珠港空襲的現場，我也會樂於扮演耶茨夫人的角色。但是我的環境和他們不一樣啊，我的生活既平凡又單調，每天要花八小時應付無聊的工作，從來沒有甚麼戲劇性的經歷。那我怎麼能夠有興趣幫助別人呢？為甚麼我要這樣做呢？這樣做有甚麼好處？」

　　問得很好，請讓我試着給出答案。不管你的生活有多平庸，你每天都會遇到一些人。你為他們做過些甚麼嗎？你只是盯着他們看，還是會嘗試了解他們背後的故事？比如那個郵差，他每年走上百英里路把郵件送到你的門前，但你有沒有費心了解過他住在哪裡，或者看看他妻兒的照片？你有沒有問過他一句累不累，是否厭倦自己的工作？

　　還有雜貨店的男孩，賣報紙的小販，以及街角為你擦鞋的小伙

子，他們都是和你一樣的人，內心充滿煩惱、夢想和隱秘的雄心壯志。他們渴望和別人分享心事，但你有給過他們機會嗎？你有沒有對他們的生活真誠地表示興趣？這就是我的答案。並非只有弗洛倫斯·南丁格爾或是社會改革家才能讓世界變得更好。若想讓自己的世界變得更好，你可以從明天早晨遇到的第一個人開始改變。

這樣做能得到甚麼呢？更多幸福感、滿足感和自豪感。亞里士多德把這種心態稱為一種「開明的自私」。瑣羅亞斯德曾言：「為他人做好事並不是一種義務，而是一種喜悅，因為這樣做對你自己的健康和幸福都有益。」本傑明·富蘭克林簡單地總結概括為：**「當你讓他人受益時，最受益的是你自己。」**

紐約心理服務中心主任亨利·林克曾經寫道：「現代心理學驗證了自我犧牲和自律對於自我實現與幸福的必要性。在我看來，現代心理學中沒有任何發現的重要性比得上這一科學證明。」

心中有他人不僅會讓你忘記自己的憂慮，還會幫你建立友誼，找到生活的樂趣。如何實現的呢？我曾經問過耶魯大學的威廉·里昂·費爾普斯教授他是怎樣做的，他這樣回答我：

> 不管是去旅館、理髮店還是商店，我都會和遇見的人聊幾句。聊天的時候，我會把他們當作與眾不同的個體，而不讓他們覺得自己僅僅是機器上的齒輪。我會稱讚商店售貨員美麗的雙眸或亮麗的頭髮，我會問理髮師站一整天會不會覺得很累，或者問他是怎麼入行的，這行做了多久，為多少人理過髮。我幫他一起回想這些問題，真誠的興趣會讓他們的臉上露出愉快的笑容。我會和幫我拿行李的搬運工握手，這個小小的舉動對對方是一種鼓勵，讓他一整天都神采飛揚。

　　夏日裡的一天，烈日炎炎，我正在紐黑文火車上。我走到餐車用餐，車廂裡擠得像火爐，服務也極慢。當乘務員終於把菜單拿給我的時候，我說了一句：「後廚做飯的小伙子們今天肯定熱壞了。」乘務員開始罵罵咧咧的，語氣十分不滿。一開始我還以為他生氣了。他嚷嚷着：「我的老天爺啊，進來的每個人都在抱怨，嫌食物不好吃，服務跟不上，天氣熱，價格高。這些牢騷我已經聽了十九年了，您是第一位也是唯一一位對後廚那些滿頭大汗的小伙子表示關切的客人。真希望上帝賜予我們更多像您這樣的乘客。」

　　「只因為我沒有把那些黑人廚師當作鐵路公司裡的螺絲釘，而是把他們當人看，乘務員就如此驚訝。」費爾普斯教授繼續說：

　　人們渴望的無非是一點兒關心。如果我在街上遇到遛狗的人，我總會誇他的狗有多漂亮。當我回頭看的時候，往往會看到遛狗的人蹲下來拍拍小狗，高興地誇誇牠。我的誇獎感染了對方。

　　有一次我在英國遇到了一位牧羊人。我真誠地讚美他那隻聰明的大牧羊犬，問他是怎麼把牧羊犬訓練得那麼好的。我離開後，回頭看到牧羊犬的爪子正搭在牧羊人的肩上，牧羊人摸了摸牠的腦袋。我對牧羊人和他的狗表示了真誠的關心，不僅讓他快樂，他的狗快樂，也讓我自己感到快樂。

　　這樣一位和搬運工握手、向悶熱廚房中的廚師表示同情、誇讚別人的小狗的先生，你覺得他有可能憂心忡忡，需要求助心理學家嗎？不可能，對不對？正如中國的一句古諺所言：「**予人玫瑰，手有餘香。**」費爾普斯教授不需要知道這句古諺。他深深懂得這個道理，並且在生活中踐行了這句話。

如果你是男士，大概不會對下面這個故事感興趣。這個故事講了一個焦慮的姑娘怎樣讓好幾個追求者向她求婚的經歷。這個姑娘如今已經當祖母了。幾年前，我在這對夫婦家留宿。我在她住的鎮子上辦了一次講座，第二天一早，她開車送我到 50 英里外趕火車回紐約。我們聊到怎樣交朋友，她告訴我說：「卡耐基先生，我想跟你說個秘密。這件事我從來沒告訴過任何人，連我先生都不知道。」（順便說，這個故事比你想像的要有趣一倍！）她告訴我：

- CASE -

　　我在費城一個領社會救濟的家庭長大。貧困是我少女時代揮之不去的陰影，我無法像身邊其他姑娘那樣享受生活。我的衣服破破舊舊，款式過時，早已經不合身。我覺得很丟臉，常常哭着睡着。在絕望中，我終於想到一個主意。在參加晚餐聚會的時候，我會請男伴講講他的經歷、想法和對未來的計劃。問這些問題並不是因為我對對方多麼感興趣，而是為了讓對方不要注意到我寒酸的衣着。但是奇怪的事情發生了：當我認真聆聽這些年輕男士的言談，增加了對對方的了解的時候，我真的對他們的談話內容產生了興趣，以至於我自己都忘了難為情。而更令我震驚的是，因為我很善於傾聽，又鼓勵男孩子講述他們自己，讓他們覺得快樂，我漸漸成為小圈子裡最受歡迎的女孩，曾有三位年輕男士向我求婚。」（就是這樣，姑娘們，這就是錦囊妙計！）

- CASE -

　　讀到這一章，有些讀者可能會想：「說甚麼要對他人產生興趣，這都是無稽之談！純粹是宗教信仰那一套，不適合我！我只想賺錢，得到我想要的一切，誰要管其他那些人呢！」

　　別人當然無權干涉你的想法，但如果你是對的，那麼孔子、蘇格拉底、柏拉圖、亞里士多德這些人類歷史上最偉大的導師就都錯了。如果你對宗教領袖的學說嗤之以鼻，那我們不妨再來看看幾位無神論者的觀點。劍橋大學的豪斯曼教授是那個時代最傑出的學者。1936 年，他在劍橋大學發表了一次題為《詩歌的名與實》的演講。在演講中，他說道：「耶穌說過：『得着生命的，將要失喪生命；為我失喪生命的，將要得着生命。』這句話是古往今來最偉大的真理，也是道德上最意義深遠的發現。」

　　這句話我們從牧師口中聽到過太多次。然而豪斯曼先生作為一位無神論者、悲觀主義者和想過自殺的教授，卻也認為自私自利的人不可能活得有意義，而無私忘我的人將從對他人的奉獻中獲得生命的歡愉。如果豪斯曼教授的話沒有打動你，那麼我們再來聽聽 20 世紀美國最著名的無神論者西奧多・德萊塞的建議。德萊塞視宗教信仰為童話，認為人生是「傻瓜講的故事，充滿噪音和暴怒，毫無意義可言」。但是德萊塞卻贊同耶穌「服務他人」的倡導。德萊塞說：**「如果想從人生中得到快樂，就不能只想着自己，還要為他人着想。你的快樂源自他人，他人的快樂也同樣依賴於你。」**

　　如果我們打算聽從德萊塞「為他人着想」的建議，那麼最好從現在就開始，不再浪費時間。「此生之路，我將走過；走過這一次，便再也無法重來。所有力所能及的善行，所有充盈於心的善意，請讓我毫不吝惜，即刻傾予。請讓我不再拖延，不再淡漠，只因此生之路，再也無法重來。」

若想趕走憂慮，得到喜樂安寧，請遵從：

忘記自我，關心他人。每天做一件能夠讓別人微笑的好事。

心態平和的七個方法

原則 1

讓心中充滿平和、勇敢、健康與希望,因為「思想塑造人生」。

原則 2

不要報復敵人,因為得不償失。讓我們像艾森豪威爾將軍一樣,不要浪費一秒鐘時間想那些我們討厭的人。

原則 3

與其為別人忘恩負義而煩惱,不如不對別人抱有期待。請記住,耶穌在一天之內治好了十個麻風病患者,卻只得到了一人的感謝。我們憑甚麼期待自己比耶穌得到更多感謝呢?

請記住,獲得幸福的唯一方式,是享受給予的快樂,不期待對方的感激。

請記住,感恩是教養的結果。如果希望子女懂得感恩,就要以身作則。

原則 4

多想自己的收穫,少想自己的煩惱。

原則 5

不要模仿他人。找到自我，從容做自己，因為「嫉妒源自無知」
「模仿無異於自殺」。

原則 6

如果命運交給我們一顆酸檸檬，試着用它榨出檸檬汁。

原則 7

讓我們忘記自己的不幸，試着為他人創造幸福。「善待他人就是
善待自己。」

CHAPTER 05

戰勝憂慮的黃金法則

THE GOLDEN RULE FOR CONQUERING WORRY

SECTION 19

我父母戰勝憂慮的經歷

　　正如我之前提到過的，我在密蘇里州的農場裡出生長大。那個年代，我的父母像大多數農民一樣，艱難地養家糊口。我的母親在鄉下當老師，我的父親是農場的僱農，月薪只有十二美元。母親不僅親手縫製我的衣服，就連洗衣服的肥皂都是自己做的。除了每年賣豬的時候，家裡幾乎總是囊空如洗。我們把自家的黃油和雞蛋拿到雜貨店，換來麵粉、糖和咖啡。等我長到十二歲，全年的零用錢也不到五十美分。我到現在還記得，全家去參加國慶日慶典的那天，父親給了我十美分，讓我想怎麼花就怎麼花。當時我簡直覺得像擁有整個西印度群島那麼富有。

　　我唸書的那個鄉村學校只有一間教室，離我家有 1 英里遠。溫度計顫抖着顯示零下二十八度的時候，我也要踏着厚厚的積雪走到學校。直到十四歲，我都沒有橡膠鞋或套鞋。在漫長嚴寒的冬季裡，我的雙腳始終又濕又冷。當時還是孩子的我天真地以為全世界人的腳冬天都是這樣又濕又冷。我的父母每天拚命工作十六個小時，但還是常常被債務壓得喘不過氣，霉運也不斷地襲擊我們。我兒時最早的記憶就是眼睜睜地看着洪水淹沒我家的玉米和乾草地，摧毀了一切。七年裡，洪水六次毀掉了我們的作物。每一年，家裡養的豬都會死於霍亂，我們不得不親手掩埋那些辛苦養大的豬。直到現在，我閉上眼睛還能清晰地想起焚燒時那刺鼻的氣味。

　　有一年，洪水終於放過了我們，精心養育的玉米終於迎來了豐

年。我們買了家畜，用玉米養得肥肥壯壯。然而玉米田還不如被洪水淹掉算了 —— 那年，整個芝加哥市場的家畜價格大幅下跌，我們辛辛苦苦地把這些牲口餵壯，卻只掙到了三十美元。一整年的辛苦勞作，換來的只有可憐的三十美元！

不管做甚麼，我家都在賠錢。我還記得父親曾經買過幾匹小騾子。當時我們花了三年時間把牠們養大，僱人給牠們裝上韁繩，拉到田納西州孟菲斯市賣掉，誰知價格竟然比我們三年前買牠們的時候還低。十年的辛苦勞動快要把我們累垮，然而家裡卻始終一貧如洗，還負債累累。我們的農場是按揭購買的，然而不管我們怎麼努力，連貸款的利息都還不起。銀行辱罵我的父親，威脅要把農場從他手中收回。

當時父親已經四十七歲了。三十年如一日的努力工作換來的只有債務和羞辱。他撐不住了，整日憂心忡忡，身體一下子垮了。他甚麼都吃不下，儘管一整天都在田裡幹重體力活，卻要藉助藥物才能有一點兒胃口。他瘦得脫了形，醫生告訴我母親，父親頂多只有六個月了。父親整日陷於憂慮之中，已經沒有求生的慾望。

我聽母親說過很多次，那時，每次父親去穀倉餵馬或是擠牛奶的時候，只要沒有按時回來，她都會心急如焚地跑去穀倉，怕他想不開做傻事。有一天，父親獨自從馬里維爾回家，銀行剛剛威脅他要取消抵押的贖回權。過橋時，他勒住馬，走下馬車，望着橋下的滾滾河水出神。他在那裡站了很久很久，內心掙扎着自己是不是應該跳下去一了百了。

多年後，父親告訴我，當時他沒有跳河的唯一原因是我的母親。

母親始終心懷堅定的信念，她深信，如果我們愛上帝，遵從上帝的誡命，一切都會好起來的。最終，一切都好起來了。父親又度

過了四十二年幸福的光陰，1941 年，在八十九歲高壽的時候離世。

　　在想起來就令人心碎的那些年裡，我們掙扎求生，但母親卻從不擔憂。她每天祈禱，把煩惱交給上帝。每晚睡覺前，母親總會為我們讀一章《聖經》。父親和母親常常會誦讀耶穌這些撫慰心靈的箴言：「在我父的家裡，有許多住處……我去原是為你們預備地方去……我在那裡，叫你們也在那裡。」隨即我們在椅子前跪下來，在孤零零的密蘇里農舍中祈求上帝的愛與護佑。

　　威廉‧詹姆士擔任哈佛大學哲學教授的時候，曾經說過：「**治癒憂慮的最佳療法是宗教信仰。**」而我母親沒上過哈佛大學，就在密蘇里的農場裡覺察到了這一點。無論洪水、債務還是災禍都無法壓垮她的樂觀態度和必勝精神。她在勞作的時候唱的那首歌至今仍縈繞在我耳邊：

> 每當祈禱時，
> 天父賜予我安寧，無盡的愛意，
> 撫慰我的心靈。

　　母親一直希望我投身宗教工作，我也曾經認真考慮過成為一名傳教士。後來我上了大學。隨着一年年過去，我的想法漸漸有了變化。我學習了生物、科學、哲學和比較宗教學，閱讀關於《聖經》誕生的著作，並對它的一些主張產生了疑問。我開始懷疑那個年代的鄉村牧師對教義的一些狹隘解讀，並陷入困惑。就像詩人沃爾特‧惠特曼所言：「一些新奇的疑問突如其來地攪亂了我的心。」我不知道應當相信甚麼，也看不到生活的意義。我不再祈禱，並變成了不可知論者。我開始相信人生是無目的並且無計劃的。我覺得和兩億年前在地球上漫步的恐龍相比，人類並沒有甚麼更神聖的使命，總

有一天人類會像恐龍一樣滅亡。科學令我了解到太陽正在緩慢地降溫，一旦太陽的溫度降低哪怕 10%，地球上任何形式的生命都將不復存在。我對「仁慈的上帝按照自己的模樣創造了人類」這種想法嗤之以鼻。我相信在冰冷黑暗、死氣沉沉的太空中，那億萬顆旋轉的星球是偶然產生的。可能它們根本就不是被任何力量創造出來的，而是像時間和空間一樣，原本就一直存在。

　　當然，我並不是說自己找到了上述問題的答案。我們被謎團環繞着，人體的運轉是深奧的秘密，家裡的電力系統、牆縫中冒出的花朵、窗外的綠色草地，無一不是深奧的秘密。通用汽車研究實驗室的天才領導者查爾斯·柯特林曾經自掏腰包，每年捐給安提俄克學院三萬美元，用於研究為甚麼草是綠色的。他說如果我們能夠知道青草如何把陽光、水和二氧化碳轉化為糖，我們就能夠改變人類文明。

　　就連汽車引擎的運轉方式也是深奧的秘密。為了研究汽缸中的火花如何引發爆炸性燃燒讓汽車跑起來，通用汽車研究實驗室花費了數年時間，投資上百萬美元，但是他們到現在還沒有找到答案。

　　雖然不了解身體、電或是燃氣發動機的奧秘，但這並不影響我們的使用。同理，雖然我依舊不懂得祈禱和宗教的奧秘，但這不再影響我享受宗教信仰帶來的更豐富更幸福的生活。我終於明白了哲學家桑塔亞納的睿智箴言：**「人類的使命並不是理解生活，而是體驗生活。」**我本想說我重新找回了信仰，但是這個說法並不準確。確切地說，我找到了宗教信仰的新概念。我對不同教派所持的不同教義不再有任何興趣，但是卻熱衷於了解宗教對我的影響，就像了解水電和食物對我的影響一樣。它們都幫助我過上了更豐富更幸福的生活，而前者給予我的遠不止如此。宗教信仰提供了一種精神價

值，正如威廉‧詹姆士的形容，它帶給我「一種全新的對生活的熱忱……更多層次的生活，更廣闊、更豐富、更令人滿足的生活」。信仰帶給我信念、希望和勇氣，把壓力、焦慮、恐懼和擔憂阻隔在外。它賦予我人生的意義和方向，極大地增加了我的幸福感和生命力。它幫助我「在生命的流沙中」為自己建造了「一座安寧的綠洲」。

早在三百五十年前，英國哲學家弗朗西斯‧培根就道出了真相：「一知半解的哲學思考令人成為無神論者，但深入的哲學思想卻引導人們走向宗教信仰。」

我還記得人們爭論科學與宗教之間的衝突的那個年代，但是現在我們聽不到這種爭論了。精神病學這門全新的科學學科傳授的道理與耶穌如出一轍。為甚麼這麼說呢？因為心理醫生發現堅定的信仰能夠趕走擔憂、焦慮、壓力和恐懼，而半數以上的疾病是由這些精神因素引發的。心理醫生認同精神分析領域的先驅亞伯拉罕‧布里爾博士的結論：「真正虔誠的人不會患神經官能症。」

如果宗教不是真實的，那麼人生就毫無意義，只是一場悲劇性的鬧劇而已。

亨利‧福特去世前幾年，我曾經採訪過他。他一手建立並掌管着世界上最偉大的商業帝國。見他之前，我以為多年來的工作壓力一定會在他身上留下痕跡。然而我面前這位七十八歲高齡的老人如此冷靜平和、神采奕奕，讓我不由得深感意外。我問他是否擔心過任何事情，他說：「沒有，我相信上帝會照料一切，不需要我的任何建議。有上帝的掌控，我相信最終一切都會有圓滿的結果。既然如此，還有甚麼好擔心的呢？」

如今，就連精神病學家都變成了現代傳教士。他們推崇宗教生活並不是為了讓我們在另一個世界裡免受地獄之火的煎熬，而是為

了讓我們在這個世界裡免受煎熬 —— 胃潰瘍、心絞痛、精神崩潰和精神錯亂的煎熬。

如果想進一步了解當代心理學家的看法，不妨讀一讀亨利·林克博士的著作《回歸宗教》，你在當地的圖書館大概就能借到這本書。

基督教在某種程度上的確鼓舞人心，並且有益健康。耶穌說：「我來，是為了給你們更豐富的生命。」耶穌譴責當時那些流於表面的形式和僵化的慣例。他是一位反叛者。他倡導的是一種新的宗教 —— 一種預示要改變世界的宗教。這也是為甚麼耶穌會被釘在十字架上。他告誡人們，宗教應當為人類存在，而不是人類為宗教存在；安息日是為人類而設，人類並非為安息日而設。他對恐懼的探討遠多於罪惡。錯誤的恐懼本身就是一種罪惡 —— 對健康犯下的罪惡，對耶穌倡導的更富足、幸福、勇敢的生活犯下的罪惡。愛默生稱自己為「快樂學教授」，而耶穌同樣是「快樂學」導師。他要求信徒「要喜悅，並為歡喜而雀躍」。

耶穌稱宗教信仰只有兩件重要的事：全心全意地愛上帝，像愛自己一樣愛鄰人。凡是做到這兩點的，都是有信仰的人，無論他是否自知。我的岳父就是個很好的例證。他的全名是亨利·普賴斯，住在奧克拉荷馬州塔爾薩。他在生活中一向遵守內心的道德法則，從來不會做任何卑鄙自私或不誠實的事情。他從不去教堂做禮拜，因此認為自己是不可知論者。但事實並非如此。基督徒是如何界定的呢？愛丁堡大學最富聲望的神學教授約翰·貝利是這樣解答的：「成為基督徒並不取決於他是否認可某一觀念，也不取決於他是否符合某一規則，而是取決於他是否具有某一精神，以及他對生活是否抱有某一態度。」如果這是基督徒的界定方式，那麼我的岳父無疑是一位高尚的基督徒。

現代心理學之父威廉・詹姆士寫信給他的朋友湯馬士・戴維森教授，信中說，隨着年事漸長，他發現自己「越來越需要上帝」。

本書的前幾章，我提到過我舉辦的一次有關憂慮的徵文活動。評委們想從我的學員交來的故事中選出最佳，但在其中兩個最出色的故事中難以取捨，於是這兩位作者平分了獎金。下面就是獲得並列一等獎的另一個故事。作者在故事中講述了她的難忘經歷。她歷經艱辛，最終覺察到「沒有上帝，就撐不下去」。下面我將用「瑪麗・庫什曼」這一化名來稱呼這女士。她擔心子女和孫輩在書中讀到她的故事會覺得難為情，所以我同意為她保密身份。不過這位女士的故事是真實發生過的。幾個月前，她就坐在我桌邊的扶手椅上，給我講了她的故事。她是這樣說的：

---·•·－CASE－·•·---

大蕭條期間，我丈夫的平均週薪只有十八美元，很多時候我們連這個數都拿不到。因為只要請病假就沒有薪水，而他遭遇了一連串小意外，先後得了腮腺炎、猩紅熱並且反覆患流感，不得不三天兩頭地請病假。我們在雜貨店賒了五十美元，失去了親手建起來的小屋，還有五個孩子嗷嗷待哺。我給鄰居洗熨衣服貼補家用，從慈善二手商店買舊衣服改改大小給孩子們穿，自己整日憂慮不堪。有一天，我十一歲的兒子哭着告訴我，我們賒賬的那家雜貨店污衊他偷了兩支鉛筆。我知道他是個誠實敏感的孩子，也知道他當眾被人羞辱的難堪。這成了壓垮我的最後一根稻草。我想着我們一直以來忍受的所有困苦，看不到一絲希望。我被憂慮折磨得喪失了理智，關掉洗衣機，把五歲

的女兒拉進臥室，用報紙和破布把窗子和門縫堵得嚴嚴實實。我的小寶貝問我：「媽媽，你這是在做甚麼？」我說：「這兒有點兒漏風。」我打開了臥室的煤氣暖爐，但沒有點火。我摟着女兒躺在床上，她說：「媽媽，好好玩呀，我們剛剛才起床呢！」而我對她說：「別擔心，我們小睡一會兒。」

我閉上眼睛，聽着煤氣泄漏的聲音。我永遠也忘不了那刺鼻的氣味。

突然間，我似乎聽到了樂音。我凝神聽了聽，原來是廚房的收音機忘記關了，但這已經無關緊要了。然而音樂一直在繼續，有人唱起了一首古老的讚美詩：

那仁慈的天主啊，我們的摯友，背負我們的原罪，我們的煩憂。傾聽我們的祈禱，我們的煩惱，這是何等的榮幸，何等的榮耀。

失去了心中的安寧，忍受着不必要的痛苦，全因未將一切交付天主。

聽着讚美詩，我突然意識到我犯了個多麼可悲的錯誤。在艱苦的生活面前，我一直孤軍奮戰，卻從未想過向耶穌傾訴。想到這裡我一躍而起，關掉煤氣，打開門窗。

那天，我一直流着淚祈禱。我並沒有向上帝祈求幫助，而是全心全意地感激上帝的恩賜 —— 五個健康快樂、身心強健的好孩子。我向上帝發誓，我再也不會像這樣辜負他的祝福。而我至今仍然遵守着這個誓言。

　　我們沒了家，不得不搬進月租五美元的鄉下校舍。即便如此，我也誠心誠意地感謝上帝，至少我們有個屋檐可以避雨。我誠心誠意地感謝上帝事情沒有變得更糟，我相信上帝也聽到了我的心聲，因為生活一點點好轉起來。當然，改變並非發生在一夜之間，但是當經濟逐步復甦之後，我們的收入多了一點兒。我在一個鄉村俱樂部的衣帽間找到一份工作，同時還兼職賣襪子。為了掙出大學學費，我兒子在農場裡找了個活計，每天給十三隻奶牛擠奶。如今我的孩子們都成家立業了，我有了三個活潑健康的孫輩。

　　每次想起打開煤氣的可怕的那一天，我都會感謝上帝讓我及時醒悟。如果我當時一意孤行，我將錯過多少快樂的時刻，失去多少美妙的歲月啊！如今，每當我聽說有人想要結束生命的時候，我都想大聲告訴他：「不要這樣做！千萬不要！」人生中最黑暗的時刻只有短短一段時間，只要堅持挺過去，就能看到未來的曙光……

—·－·—CASE—·－·—

　　在美國，平均每三十五分鐘就有一人結束自己的生命，平均每一百二十秒就有一人精神失常。如果人們能夠從信仰和祈禱中找到安慰，大部分自殺事件甚至精神失常的慘劇都能夠避免。

　　印度聖雄甘地是偉大的領袖。如果不是祈禱的力量持續鼓舞着他，他或許早就崩潰了。我怎麼知道的呢？甘地曾經這樣寫道：「若不是祈禱的力量，我早就瘋了。」

　　許多人的經歷都能夠證明祈禱的力量。正如我之前所述，如果

不是母親的祈禱和信念鼓舞了我的父親，父親或許已經投河自盡。

　　成千上萬受折磨的靈魂在精神病院中尖叫，假如他們嘗試向更高的力量尋求幫助，在生活的戰場上不再單打獨鬥，或許能夠早些獲得救贖。

　　許多人在疲憊不堪，達到能力極限的時候，才絕望地向上帝求助。就像那句格言說的：「**戰壕裡沒有無神論者。**」但為甚麼總要等到走投無路的時候呢？為甚麼不每天汲取力量，總要等到禮拜日的那天才做禱告？多年來我一直有一個習慣，在工作日下午走進空蕩蕩的教堂。每當我忙到連幾分鐘時間都抽不出，沒空思考的時候，我會告訴自己：「等一下，卡耐基，等一下。你這樣匆匆忙忙、急急躁躁的，究竟是為了甚麼呢，夥計？你得停下來問問自己的內心。」這個時候，我就會在路過教堂的時候走進去。雖然我是新教徒，但我經常去第五大道上的聖帕特里克教堂。我告訴自己，三十年後我大概就不在人世了，但教堂傳授的真理是永恆不滅的。閉上雙眼祈禱的時候，我的內心漸漸找回平靜，身體放鬆，想法明確，並且有助於重新調整價值觀。我想把這個習慣也推薦給你。

　　寫作這本書的六年裡，我搜集了上百個翔實的例證，證明人們如何通過祈禱戰勝了恐懼和憂慮。我的檔案櫃裡塞滿了文件夾，每一個文件夾都是一部個人史。沮喪的書商約翰·安東尼的故事就是一個典型的例子。如今安東尼先生成為德克薩斯州休斯頓的一名律師，他的辦公室位於亨布爾大廈。他原原本本地給我講了他的故事：

———— CASE ————

　　二十一年前，我關掉了自己的律師事務所，轉行成為一家美國法律書籍公司的州銷售代表。我的業務是把一整

套行業必備的法律書籍賣給律師。

　　經過完善的業務培訓，我把銷售話術記得滾瓜爛熟，對於所有可能出現的拒絕理由我也想好了有說服力的應對方式。每次拜訪潛在客戶之前，我會先了解對方的律師等級、業務類別、政治主張和興趣愛好。會面時，我巧妙地利用這些信息套近乎。但是不知道哪裡出了問題，我就是拉不到生意。

　　我漸漸沒了信心。一天天過去，一週週過去，我加倍付出努力，但還是入不敷出。恐懼在我心裡蔓延開來，我開始害怕拜訪別人。走進潛在客戶的辦公室之前，強烈的恐懼感讓我在門外的走廊裡徘徊不前，有時甚至促使我轉身走出大廈，在街上來回兜圈子。浪費了許多寶貴時間之後，我勉強用意志力鼓起勇氣，想回到大廈一鼓作氣地敲開大門。然而當我站到門前的時候，我轉動門柄的手卻在軟弱地顫抖，同時心裡還暗暗希望客戶不在辦公室。

　　銷售經理威脅說，我要是再拉不來生意，就要停掉我的預付款。家鄉的妻子求我寄點兒錢應付她和三個孩子的日常開銷。憂慮攫住了我。一天天過去，我越來越絕望，不知道何去何從。像我之前說的，我家鄉的律師事務所已經停業了，我放棄了當時的所有客戶。而現在我已經破產了，連旅館的房租都付不起。我沒錢買車票回家，即便有錢買票，我也沒臉回去。又是糟糕的一天，我邁着沉重的步子痛苦地走回旅館。這是最後一次了，我心想。我已經徹底被打敗了。

　　心碎絕望的我已經無路可走。我不在乎自己是死是活，甚至恨不得自己沒有生在這個世界上。我沒有任何東西可

吃，晚餐只有一杯熱牛奶，就連這杯牛奶對當時的我也是難得的奢侈品。那天夜裡，我終於懂得了為甚麼絕望的人會打開旅館窗戶跳下去。如果我有那個膽量，我也會這樣做。我開始想人生到底有甚麼意義，怎麼也想不明白。我找不到答案。

我沒有任何人可以投靠，只好向上帝求助。我開始祈禱。被絕望壓迫得無法喘息的我祈求萬能的主賜予我光明與關愛，指引我走出這片不見天日的黑暗荒原。我祈求上帝幫助我獲得圖書訂單，讓我的妻兒能吃上飯。祈禱之後，我睜開雙眼，突然看到空蕩蕩的旅館房間裡，一本《聖經》正靜靜地躺在梳妝檯上。我翻開《聖經》，開始閱讀耶穌基督那些不朽的美麗承諾。長久以來，這些承諾鼓舞了一代又一代孤獨憂慮的失敗者。耶穌基督鼓勵信徒：

不要為生命擔心吃喝，不要為身體擔心衣着。生命不勝於飲食嗎？身體不勝於衣裳嗎？你們看那天上的飛鳥，牠們不種、不收，也不在倉裡存糧，你們的天父尚且養活牠們。你們不比飛鳥貴重得多嗎？……你們要先求祂的國和祂的義。其他東西自會賜予你們。

我一邊讀這些文字，一邊祈禱，於是奇跡發生了 —— 我緊張不安的神經漸漸放鬆下來。我的焦慮、恐懼和擔心轉變成了溫暖的勇氣、希望和成功的信念。

儘管我依舊沒有足夠的錢付旅館賬單，但我很快樂。我上床睡覺，心中無憂無慮，我已經很多年沒有睡得那樣

踏實了。

　　第二天清晨，我幾乎無法抑制雀躍的心情，客戶還沒上班就已經早早在門口等待了。那個細雨綿綿的美好上午，我邁着輕快而堅定的步伐，大步走向辦公室，毫不遲疑地緊握住門把手。一進門，我就挺胸抬頭地徑直走向目標，充滿活力又不卑不亢地微笑着說：「早上好，史密斯先生！我是全美法律圖書公司的約翰·安東尼！」

　　「啊，你好，你好，」他同樣露出微笑，起身同我握手，「很高興見到你！請坐。」

　　那一天我賣出的書比過去幾週加起來都多。晚上，我像得勝的英雄一樣驕傲地回到旅館，覺得自己彷彿脫胎換骨了一樣。我也確實脫胎換骨了，因為現在的我有了全新的積極心態。那天晚上的晚飯不再是熱牛奶了。不，先生！那天晚上我吃光了一整塊牛排和所有的配菜。從那天開始，我的業績不斷飆升。

　　二十一年前那個絕望的深夜，我在德克薩斯州阿馬里洛狹小的旅館房間裡獲得了重生。第二天，連續幾週的失敗這個外部現實並沒有改變，但是我內心深處產生了巨大的變化。我突然覺察到了自己與上帝之間的聯繫。形單影隻的個體很容易被打敗，但是與上帝的力量同在的人將無往不勝。我深知這一點，因為我親身體會了它對我的生活產生的作用。

　　「你們祈求，就會得到；尋找，就能找到；叩門，門就會開啟。」

· · · · · CASE · · · · ·

伊利諾州高地第八街 1421 號的比埃爾德太太面對災難的時候，總會跪下來祈禱說「主啊，我願遵從你的旨意，求你決定我的道路吧」，從而找回內心的平靜與安寧。

她在來信中這樣寫道：

---- CASE ----

一天晚上，我家的電話響了。響了足足十四聲，我才有勇氣拿起聽筒。我知道那一定是醫院打來的，所以我很害怕。我怕我們的小男孩撐不住了。他患了腦膜炎，醫生用了盤尼西林，但他的體溫還是時升時降。醫生擔心病毒影響到大腦，可能會誘發腦瘤，甚至有生命危險。而我的擔心應驗了。電話確實是醫院打來的，讓我們立即去醫院。

我和丈夫坐在候診室裡等待的時候內心有多痛苦，你大概想像得到。候診室裡的每個人都摟着自己的孩子，只有我們的懷裡是空的，甚至不知道還有沒有機會再抱一抱我們的小寶貝。當我們終於被醫生叫進辦公室的時候，他臉上的表情讓我們膽戰心驚，而他說的話更加深了這種恐懼。他說孩子只有 25% 的可能活下來，還建議說如果我們認識別的醫生，最好把對方請來一起會診。

回家的路上，我丈夫崩潰了。他握緊拳頭砸着方向盤，流着淚說：「伯茨，我不能放棄我們的小寶貝。」你見過男人流淚的樣子嗎？那真是讓人心碎的經歷。我們停下車商量了一陣，決定去教堂祈禱。如果帶走孩子是上帝的旨意，那我們就遵從祂。我癱倒在教堂的長椅上，淚水在臉上流淌：「主啊，我願遵從你的旨意，求你決定我的道

路吧。」

　　這句話一說出口，我突然覺得好過些了。很久沒有過的安寧感湧遍全身。回家的路上，我一直重複着：「主啊，我願遵從你的旨意，求你決定我的道路吧。」

　　那個晚上，我一週以來第一次睡了個踏實覺。幾天後，醫生打來電話，說孩子熬過了這場災難。看着這個如今健康強壯的四歲男孩，我深深地感激上帝。

—·-CASE-·—

　　我知道有些男人把宗教信仰視為婦孺和牧師的專利，而把單打獨鬥看作是「硬漢」的表現，並為此感到自豪。如果他們知道一些大名鼎鼎的英雄也每日禱告，大概會很驚訝吧。舉個例子，「硬漢」傑克‧登普西曾經告訴我，他每天睡覺前必先禱告，每次用餐前必先感謝上帝。他説，在拳擊比賽之前的訓練階段，他每天都會祈禱，在每個回合的鈴聲響起前，也必會禱告。他説：「禱告令我勇敢自信地戰鬥。」

　　「硬漢」棒球手康尼‧馬克告訴我，不禱告他就睡不着覺。

　　「硬漢」戰爭英雄埃迪‧里肯巴克説他相信禱告拯救了他的人生。他每天都會禱告。

　　「硬漢」愛德華‧斯特蒂紐斯曾經在通用汽車和美國鋼鐵公司擔任高管，也是美國前國務卿。他告訴我，每天早晚他都祈禱能得到智慧與指引。

　　「硬漢」約翰‧皮爾龐特‧摩根是當代最偉大的銀行家。他經常在週六下午獨自前往華爾街路口的三一教堂，跪下虔誠禱告。

　　「硬漢」艾森豪威爾赴英國擔任盟軍最高統帥的時候，他只帶了

一本書上飛機，那就是《聖經》。

「硬漢」馬克・克拉克將軍告訴我，戰爭期間他每天都閱讀《聖經》，並在禱告時雙膝跪地。蔣介石和被稱為「阿拉曼的蒙蒂」的蒙哥馬利將軍也是如此。納爾遜勳爵在特拉法加的時候也是如此，還有華盛頓將軍、羅拔・李、斯通威爾・傑克遜和眾多傑出的軍事將領。

這些「硬漢」都懂得心理學之父威廉・詹姆士這個結論中蘊含的真理：**「我們與上帝息息相關。敞開自我，接受神的感化，我們最深刻的使命就能夠實現。」**

許多其他「硬漢」也逐漸意識到了這一點。如今有七千二百萬美國人成為教友，這是一個空前的數字。正如我先前所述，就連科學家也投身於宗教。《人之奧秘》一書的作者亞歷克西・卡雷爾博士曾榮膺科學界的最高榮譽 —— 諾貝爾獎。他在《讀者文摘》的一篇文章中這樣說道：「禱告是人們能夠產生的最有力的能量形式。這種力量和地球引力一樣真實。作為醫生，我曾經見過病患在任何診療手段都不起作用的情況下，依靠禱告的純淨力量擺脫了疾病和憂鬱……禱告如同鐳一樣，是一種光源，一種自發的能量……禱告的時候，人們向無限的能量傾訴，力圖擴大自身有限的能量。禱告時，我們與令宇宙運轉的永不停歇的無窮動力相連。我們祈禱能夠獲得這種力量的影響，滿足自身的需求。祈禱彌補人類的缺陷，治癒我們，讓我們充滿力量地重新站起來。無論何時何地，只要熱誠地向上帝禱告，我們的身心就會有更好的轉變。任何人在祈禱的時刻，都會產生好的轉變。」

海軍上將白德懂得「我們與令宇宙運轉的永不停歇的無窮動力相連」這句話的含義。他這樣做了，從而熬過了一生中最嚴峻的考

驗。他在著作《孑然獨行》一書中講述了這個故事。1934 年，他在南極地區深處被困了整整五個月。他的營房被深埋在羅斯冰障下面的冰蓋中。當時，他是南緯 78 度以南的唯一生物。風雪在他的營房外怒吼，無盡的黑夜包圍着他，室外是零下八十二度的極寒。禍不單行，他驚恐地發現，火爐釋放的一氧化碳讓他正在慢性中毒。怎麼辦？最近的救援點也在 123 英里之外，幾個月之內不可能找到他。他試着自己修爐子和通風系統，但氣體還是不斷逸出，讓他暈倒在地，陷入昏迷。他吃不了飯，睡不了覺，虛弱得下不了床。他害怕活不到第二天早晨，在那個小屋裡孤獨地死去，屍體深埋在終年不化的積雪之下。

是甚麼救了他的命？一天，深感絕望的他伸手去拿日記，想記下他的人生感悟。他寫道：「人類在宇宙中並非孑然獨行。」他想到頭頂的星空，想到星座與行星有秩序的運行，想到永恆的太陽終將再次點亮被遺忘的南極，他在日記中寫下：「我不是孤身一人。」

正是這個認知救了李察・白德的命 —— 即使身處世界盡頭的冰洞中，他也並不是孤身一人。

「我知道，這個信念讓我熬過了難關。」他說。隨即他又補充道：「大部分人在一生中都遠遠沒有接近自身的潛力極限，力量之泉從未開啟。」李察・白德向上帝求助，從而開啟了力量之泉，挖掘出沉睡的潛能。

李察・白德在極地冰蓋中學到的這一課，格倫・阿諾德在伊利諾州的玉米田中學到了。阿諾德先生在伊利諾州奇利科西的培根大廈擔任保險經紀人。談到戰勝憂慮的經驗時，他是這樣說的：

　　八年前的一天，我把鑰匙插進鎖孔，鎖上前門的時候，我以為那是我一生最後一次用那把鑰匙。我鑽進車裡，駛向河邊。我是個失敗者。一個月前，我的整個世界垮掉了。我的電器生意走到了破產邊緣，家鄉的母親性命垂危，我妻子正懷着第二個孩子，醫院的賬單不斷累積。當初創業的時候，我們把所有家當都抵押貸款了，連汽車和傢具也不例外。我甚至用自己的保險借了款。現在，甚麼都沒了。我再也受不了了。所以我鑽進汽車，駛向河邊。我心懷歉疚，決心結束一切混亂。

　　在鄉間開了幾英里之後，我把車停在路邊，走下車一屁股坐在地上，像孩子一樣痛哭流涕。這時我才停止在焦慮中原地繞圈，試圖開始建設性地思考。我的處境究竟有多糟？還會更糟嗎？真的已經走投無路了嗎？我還能做點兒甚麼讓現狀改善一點兒嗎？

　　在那一刻，我決定把我的問題交給上帝，聽憑祂處置。我開始禱告，虔誠地禱告，就像我的生死取決於這次禱告一樣 ── 事實也的確如此。緊接着，奇妙的事情發生了。當我把所有問題移交給比我更偉大的力量的那一刻，我的內心突然感受到了數月以來從未有過的平靜。我在原地坐了整整半個小時，流着淚祈禱。然後我掉頭回了家，睡得像孩子一樣。

　　第二天一早，我信心百倍地起床。有了上帝的指引，我再沒有甚麼可害怕的。我挺胸抬頭地走進百貨公司，自信滿滿地應聘電器部門的工作。我相信我會得到這份工

作，我也確實得到了，並且業績一直很好。戰爭期間，電器行業一蹶不振，我在上帝的指引下轉行做保險銷售。五年間，我還清了所有賬單，有美滿的家庭和三個活潑可愛的孩子，有了自己的房子，換了新車，還有價值兩千五百美元的人壽保險。

回頭想想，我現在很慶幸當時一無所有的我在絕望之中開車去了河邊。正是這樣的絕望教我學會依靠上帝。如今我擁有了之前從來沒有奢望過的平靜和自信。

-·-CASE-·-

為甚麼宗教信仰能夠帶給我們安寧平靜，以及不屈不撓的勇氣？我想借用心理學家威廉·詹姆士的話來回答這個問題。他是這樣說的：「海洋表面的洶湧浪濤無法擾動深處的寧靜。如果把目光望向更廣闊更永恆的世界，當下命運的起伏與得失就不再那麼重要。也正因此，信仰虔誠的人們堅定不移，內心充滿喜悅安寧，坦然面對一切。」

當你焦慮不安的時候，為甚麼不試着向上帝傾訴呢？為甚麼不按照哲學家康德說的那樣，「接受對上帝的信仰，因為我們正需要這樣的信仰」？為甚麼不和「令宇宙運轉的永不停歇的無窮動力相連」？

就算你不接受宗教信仰，或是徹頭徹尾的懷疑論者，禱告對你的幫助也比你想像的要大得多，因為這是一個非常實用的方法。為甚麼說它實用呢？無論信教與否，禱告都能夠滿足人們這三個基本的心理需求：

1. 禱告讓我們把內心的憂慮用語言表達出來。在第四章裡，

我們了解到模糊含混的問題很難被解決。而禱告的過程很像是把問題寫在紙上。如果我們想尋求幫助，即使是向上帝尋求幫助，我們也要先把問題描述清楚。

2. 禱告讓我們感覺身上的重負有人分擔，不再是孤零零的一個人。面對沉重的負擔和痛苦的煩惱，很少有人堅強到能夠獨自承受。有時我們擔心的事情太過私人，連最親密的家人朋友也難以啟齒。這種時候，禱告就是解決方法。心理學家認為在緊張壓抑、痛苦不安的時候，把問題說出來在臨床治療上有很大的效果。如果不能向任何人傾訴，至少可以向上帝傾訴。

3. 禱告是行動的助推劑。我想沒有人會每天祈禱收穫，卻從不作為 —— 換句話說，人們多少會做些甚麼。一位世界聞名的科學家曾言：「禱告是人能產生的最有力的能量形式。」那麼為甚麼不想辦法運用這種能量呢？既然這神秘的自然力量在冥冥之中指引我們，祂叫「上帝」「安拉」，還是「聖靈」又有甚麼關係呢？為一個稱謂爭執有甚麼意義？為甚麼不合上書，走進臥室，關上門，跪下來，卸下你心靈的重負？如果你已經失去了信仰，那就祈求萬能的上帝幫助你重建信念。告訴祂：「上帝，我無法再獨自戰鬥下去了。我需要你的幫助、你的愛。請寬恕我犯過的錯，滌清我心中的雜念。請指引我通向平和安康的道路，讓我的內心充滿愛，甚至愛我的敵人。」

如果你不知道如何禱告，請重複聖方濟各七百年前寫下的這段美麗動人的禱文：

> 主啊，讓我成為和平的工具，
> 在仇恨面前播種愛，
> 在傷害面前播種寬恕，

在懷疑面前播種信念，
在絕望面前播種希望，
在黑暗面前播種光明，
在悲傷面前播種快樂。

哦，神聖的主啊，
請讓我安慰他人，而不求被人安慰；
讓我理解他人，而不尋求被人理解；
讓我愛他人，而不渴求被愛。

因為給予才能得到，
原諒才能被原諒，
失去生命才能得到永生。

CHAPTER 06

如何避免
因批評而焦慮

HOW TO KEEP
FROM WORRYING
ABOUT CRITICISM

人紅是非多

　　1929 年發生的一件事，在美國的教育界引起轟動。學術界人士從全美各地湧入芝加哥，見證這場奇跡。幾年前，一位名叫羅拔・郝金斯的年輕人通過當服務員、伐木工人、家庭教師和晾衣繩銷售員等零工，供自己讀完了耶魯大學。如今，短短八年後，他就被任命為全美第四富有的大學 ── 芝加哥大學的校長。他多大了呢？只有三十歲！簡直難以置信！老學者聽聞消息，紛紛大搖其頭。批評的聲音像潮水一樣湧向這位青年才俊，說他年輕沒有經驗，教育理念荒誕不經，就連報刊媒體都加入了這場攻擊。

　　上任當天，一位友人對羅拔・郝金斯的父親說：「我早上看到報紙上的社論公然抨擊您的兒子，真是深感震驚。」「是啊，」老郝金斯先生回答道，「用詞很苛刻，但是請記住，人紅才會是非多。」

　　是的，一個人越重要，公眾越容易從對他的攻擊中獲得滿足感。威爾斯親王尚未成為溫莎公爵之前，就被迫懂得了這個道理。當時他就讀於英國德文郡的達特茅斯皇家海軍學院，學院的性質相當於美國安納波利斯的海軍學院。當時，威爾斯親王年僅十四歲。一天，海軍軍官們發現他在哭泣，問他是怎麼回事。他一開始不願意說，但最終承認被幾個海軍學員踢了幾腳。海軍軍官把那幾個學員叫來，告訴他們親王不願追究，但是他想知道為甚麼親王會被他們如此對待。

　　幾位學員先是哼哼唧唧，顧左右而言他，最後終於承認說他們

就是為了等當上指揮官之後，有機會吹噓他們曾經踢過國王！

　　所以，如果你被人欺負或者批評，請記住這往往意味着你取得了讓人矚目的成就，對方想憑藉欺負你證明自己很厲害。很多人會打壓那些比他有教養或是比他成功的人，從中獲得變態的滿足感。舉個例子，就在我撰寫這章的時候，我收到一位女士的來信，她在信中抨擊一手創立了救世軍的卜威廉將軍。因為我曾經在電台節目中公開表達過對卜威廉將軍的讚賞，所以這位女士特地致信，聲稱卜威廉將軍從給窮人的募資中私吞了八百萬美元。這個污衊當然可笑至極，但這位女士並不會在意真相究竟是甚麼樣。她尋求的是把一位高高在上的偉人拉下馬的卑鄙的滿足感。我把她那封尖酸刻薄的信扔進廢紙簍，同時感謝上帝我沒有和這種女人結婚。她的信並沒有讓我對卜威廉將軍的為人產生懷疑，但卻讓我了解了她的為人。叔本華多年前曾經說過這樣的話：「**庸人以偉人的錯誤為樂。**」

　　很少有人會把耶魯大學的校長視為這種庸人，但是耶魯大學前校長蒂莫西・德懷特卻以攻擊總統候選人為樂。這位耶魯大學的校長聲稱假如這位候選人當選美國總統，「我們的妻女將成為賣淫合法化的受害者，被不清不楚地侮辱，被甜言蜜語玷污，從而與美德與貞操絕緣，人神共惡」。

　　聽起來他的攻擊對象就是湯瑪斯・傑佛遜總統！就是寫下了《獨立宣言》的那位民主先驅湯瑪斯・傑佛遜總統嗎？沒錯，正是他。

　　還有一位先生被指責為「偽君子」「騙子」「比謀殺犯好不了多少」，在報紙上的卡通畫裡被描繪成伏在斷頭台上，正要被砍頭的樣子。當他走上街頭的時候，群眾紛紛嘲笑他，發出噓聲。這位先生又是誰呢？佐治・華盛頓總統。

　　不過這都是很久以前的事情了，也許在那之後人性已經進步

了？我們不妨再來看一看羅拔・艾雲・卑利上將的遭遇。這位偉大的探險家於 1909 年 4 月 6 日成功乘雪橇抵達北極，轟動了整個世界。幾個世紀以來，無數勇敢的人想要完成這項壯舉，卻紛紛倒在通向夢想的道路上。卑利自己也差點兒死於寒冷和飢餓，他有八根腳趾因為凍傷嚴重，不得不被截斷。途中的災禍一次次地打擊他，讓他幾乎精神失常。然而在華盛頓的那些長官卻勃然大怒，只因為嫉妒卑利獲得的關注和讚揚。他們指責卑利以科學探險為名募資，卻「在北極圈遊手好閒，整日享樂」。他們自己大概相信這是真的，因為如果你想要相信一件事，別人幾乎不可能說服你。這些長官想要羞辱卑利的意願如此強烈，以至於麥金萊總統不得不親自下令，才讓卑利在北極的科考事業得以繼續。

　　假如卑利只是華盛頓海軍部一個小小的辦公室職員，他還會被如此詆毀嗎？當然不會。若不是他如此重要，他不會引起這些妒忌。

　　格蘭特將軍的遭遇比卑利上將還要糟糕。1862 年，格蘭特將軍率領聯邦軍，只用了一下午的時間就贏得了北方第一次決定性的勝利，一夜之間成為全民英雄。教堂的鐘聲久久迴盪，慶祝的篝火從緬因州一直燃到密西西比河畔，在遙遠的歐洲都引起了極大的震動。然而在這場勝仗的短短六週後，北軍的英雄格蘭特卻被拘捕並剝奪了軍權，恥辱和絕望的淚水從他臉上淌下。格蘭特將軍緣何在勝利的頂峰被拘捕？很大一個原因就是他的成就讓那些傲慢的上級眼紅。

　　如果不公的言論讓你憂慮，請記住：

　　不公的言論是變相的讚美，因為人紅才會是非多。

SECTION 21

讓批評無法傷害到你

　　我曾經採訪過史密德里・伯特勒少將，就是那位被稱為「鷹眼」或是「地獄之魔」的老伯特勒，他是美國海軍將領中最富傳奇色彩也最飛揚跋扈的一位。

　　他告訴我，年輕的時候，他極度渴望成為受歡迎的人，給所有人都留下好印象。那時候，只要有一點兒小批評都會刺痛他的心。但是後來的三十年海軍生涯讓他變得皮糙肉厚。他說：「那時我捱打捱罵，被誣蔑成卑鄙陰險的討厭鬼，被老兵詛咒，英語中所有侮辱人的髒話都曾經被用在我身上。你問影響到我了嗎？哈！聽到有人罵我，我連頭都懶得回！」

　　或許你覺得「鷹眼」老伯特勒對別人的非議太不敏感，但有一點是肯定的：我們大部分人都把嘲諷和攻擊看得太重了。我還記得幾年前，一位來自紐約《太陽報》的記者參加了一堂我的示範課，對我的成人教育工作大加諷刺。我很生氣，把他的攻擊視為人身侮辱。我直接致電《太陽報》執行委員會的主席吉爾・霍奇斯，要求他們停止對我的嘲諷，並公開發表文章澄清事實。我當時一心想要討回公道，讓他們付出應得的代價。

　　現在回想起當時的行為，我不由得感到羞愧。現在我知道，50% 的報紙讀者並不會讀那篇嘲諷文章，而讀到那篇文章的人中，也有 50% 會一笑而過。而在那些真正讀了文章並幸災樂禍的人當中，有 50% 幾週之後就會徹底忘記這件事。

　　如今我明白了，人們對你我並不關心，也毫不在乎誰說了我們甚麼。他們心裡只有自己，從早上起床一直到晚上睡覺前都是如此。比起別人是死是活，他們對自己一點兒小小的頭疼腦熱要關心得多。

　　就算遭遇欺騙、嘲諷、被人背後插刀或被最親密的朋友出賣，也不要任憑自己沉浸在自憐之中。讓我們提醒自己，耶穌也遭遇了這樣的事。他最親密的十二門徒之一為了區區十九美元的賄賂就成了叛徒，還有一位在耶穌身陷囹圄的時候公然和他撇清干係，三次發誓聲稱自己根本不認識耶穌。這是六分之一的概率啊！連耶穌的遭遇都是如此，你我又憑甚麼指望得到更好的待遇呢？

　　多年前我就意識到，雖然我不能避免別人的不公正評價，但至少有一件重要得多的事情是掌控在我自己手中的 —— 我可以決定是否要讓這些非議影響到我。

　　不過請允許我澄清一點，我並不提倡忽視所有批評。我說的是忽略那些惡意的評判。我曾經請教過羅斯福夫人如何應對惡言惡語。老天知道她面對的非議有多少。在白宮的女性中，她大概是朋友最多，敵人也最多的一位。

　　她告訴我，年輕的時候她的個性過於羞澀，總是擔心別人對她的看法，害怕會招致批評。有一天，她去請教老羅斯福總統的姐姐，說：「我想做這樣一件事，但很怕會被大家批評。」

　　老羅斯福總統的姐姐看着這位年輕姑娘的眼睛，告訴她：**「只要你內心相信自己做得對，就永遠不要讓別人的評價擾亂你的心緒。」**羅斯福夫人告訴我，成為第一夫人之後，這個建議成為她的精神支柱。

　　她還說，應對非議的唯一方式，就是像德累斯頓瓷器那樣一動

不動地立住。「做你內心相信是正確的事情，因為無論如何，反對的聲音都不可避免。不管你做還是不做，都會招致責難。」這就是她的忠告。

馬修・布拉什在華爾街擔任美國國際公司總裁的時候，我問過他是否在意批評。他回答說：「是的，早年間我一度對批評非常敏感。那時我一心想讓集團的所有員工認為我完美無缺。哪怕有一個人不這樣想，我都憂心忡忡。我會試圖討好對我表示不滿的人，但是平息了他的怒火後，卻又會讓另一個人不高興；等我安撫好這個人，又會招惹更多人的責難。終於我意識到，我越想平息紛爭，消滅批評，敵人就越多。所以我告訴自己：『只要你比別人強，總會有人非議你。所以要試着習慣這一點。』這種心態讓我獲益良多。從那以後，我要求自己凡事盡力而為，但不再任由批評的雨點順着脖子流下，打濕自己，而是撐起心靈之傘，讓批評像雨水一樣流走。」

蒂姆斯・泰勒則更進一步，他不僅讓批評之雨順着脖子流下，還在公眾場合一笑了之。在電台的週日午後音樂會中，他應邀在紐約愛樂交響樂團的節目間隙發表評論，一位女士給他寫信，罵他是「騙子、叛徒、陰險小人、愚蠢笨蛋」。

在下一週的電台節目中，泰勒先生當着數百萬聽眾讀了這封來信。從他的著作《人與音樂》中，我們得以了解事情的後續：幾天後，他又收到這位女士的來信，「重申她的意見，說我依舊是騙子、叛徒、陰險小人、愚蠢笨蛋，」泰勒先生寫道，「我懷疑她其實並不關心我究竟說了些甚麼。」誰不敬佩能夠從容對待批評的人呢？他的冷靜和幽默感都讓人肅然起敬。

查爾斯・施瓦布在普林斯頓全體師生面前致辭的時候說過，他一生中學到的最重要的一課，是一位在他的鋼廠中工作的德國老人

教給他的。當時這位德國老人被捲入了工人之間的激烈糾紛，被其他工人扔進了河裡。施瓦布先生說：「這位老人滿身泥水地走進我的辦公室，我問他對那些把他扔進河裡的人說了些甚麼，他回答說：『我只是一笑置之。』」

施瓦布先生說，從那以後，他就把德國老人的這句話當成了自己的座右銘：「**一笑置之。**」

這句座右銘對於不公正的言論尤為絕妙。攻擊會引來回擊，但對於「一笑置之」的人，你又能奈他何？

林肯早就意識到，在猛烈的批評面前，回擊是愚蠢的做法，否則他大概早就在內戰的巨大壓力下崩潰了。他得出了這樣的結論：「傾聽責難已經是浪費時間，做出回應更會令我一事無成。我已經盡己所能，未來也將竭盡全力，堅持到底。如果最終事實證明我是對的，那麼這些批評就無關緊要；如果我是錯的，那麼即使有十位天使發誓說我沒錯，也無法改變這一事實。」

面對不公正的批評，讓我們記住：

—— 原 **2** 則 ——

盡力而為，然後撐起內心的傘，無論風吹雨打都置之不理。

SECTION 22
學會自我批評

我的私人文件櫃裡有一個叫作「蠢事」的文件夾，裡面記錄着所有我做過的蠢事。我把所有讓我覺得內疚的蠢事寫下來，放到文件夾中存檔。有時我也會把這些備忘口述給秘書，讓秘書代勞錄入，但是有些事情太私密或者太愚蠢，我不好意思口述給別人聽，所以我會親手寫下來。

我現在依然記得一些十五年前親手放入「蠢事」文件夾的自我批評。如果我對自己完全誠實，我文件櫃中的這些「蠢事」備忘大概會滿溢出來。掃羅王在兩千多年前說的那句話讓我深有共鳴：「我做了蠢事，且罪孽深重。」

每當我拿出「蠢事」文件夾，重讀我親手寫下的這些自我批評時，它們都會幫助我解答我面前最嚴峻的問題：如何管理好「戴爾‧卡耐基」這個人。

我過去常常把自己的煩惱歸咎於他人，但當我年齡漸長，智慧漸增 —— 至少我希望如此 —— 我意識到歸根結底，自己才是一切煩惱的罪魁禍首。隨着閱歷的增加，許多人都發現了這一點。拿破崙在聖海倫納說過：「我的失敗怪不了任何人，只怪我自己。我才是自己最大的敵人，我才是自己悲劇的起因。」

我認識的一位先生堪稱自我管理與自我評估的大師，他的名字是 H.P. 豪威爾。1944 年 7 月 31 日，他在紐約大使酒店身故的新聞傳遍全國時，整個華爾街都為這位美國銀行業的領袖深感痛惜。

他曾任國家商業銀行及信託公司的董事長，在華爾街 56 號辦公，並且身兼數家公司的董事。他年少的時候幾乎沒受過正規教育，第一份工作是在鄉下商店記賬，後來成為美國鋼鐵公司的信貸經理，並一路走上權力的巔峰。

「多年來，我一直用行事曆記下所有日程，」當我問及豪威爾先生成功的原因時，他這樣説道，「我的家人在週六晚上不會為我安排任何事，因為他們知道那是我例行回顧一週工作，進行自省和評估的時間。週六一用過晚餐，我就起身離開，打開行事曆，回顧本週的討論和會議。我會問自己：『我犯了哪些錯？』『我做的哪些決策是正確的？怎樣做能改進我的表現？』『從那段經歷中我能學到甚麼？』有時這樣的反省會讓我心情低落，不敢相信自己犯過的錯誤。不過隨着時間推移，我出錯的頻率變得越來越低。這些年來，自省對我的幫助遠勝於我試過的其他任何方法。」

豪威爾的做法或許借鑒了本傑明・富蘭克林的理念，區別是富蘭克林並不會等到週末，而是每晚都會自我審視一番。富蘭克林在自省中意識到自己犯了十三個嚴重錯誤，其中包括浪費時間、為瑣事煩憂以及和他人爭執。睿智的富蘭克林深深明白，只有鏟除這些障礙才能走得長遠。於是他決心每天攻克一個弱點，每晚記錄自己在這場拉鋸戰中是否勝出，然後第二天和另一個壞習慣搏鬥。富蘭克林與弱點的這場戰役持續了兩年之久。

難怪他會成為美國最受人愛戴、最有影響力的偉人！

美國作家艾伯特・哈白德曾言：「**每個人每天至少有五分鐘是蠢蛋。不超過這個界線的人是真正的智者。**」

小人聽到一點兒溫和的批評就會怒火中燒，而君子卻善於向責備他、非難他的人以及「志不同道不合」的人學習。著名詩人惠特

曼説過：「你是否只願向敬佩你、溫柔待你、站在你這邊的人學習？那些否定你、對抗你、和你意見不同的人，不是也教了你重要的一課嗎？」

與其等待敵人批評我們或是我們的工作，不如快人一步，成為自己最嚴厲的評論家。在敵人有機會開口之前，就搶先改善自己的薄弱處。達爾文正是這樣做的，他花了整整十五年的時間挑自己的錯。事情是這樣的，當達爾文完成了不朽的著作 ——《物種起源》的初稿時，他意識到這個革命性的學説一經發表，一定會在知識界和宗教界引發軒然大波，所以他花了十五年時間自我批判，核查數據，質疑論證過程，給結論挑刺。

如果有人侮辱你是「無可救藥的傻瓜」，你會做何反應？生氣？發火？不妨看看林肯是如何應對的。林肯的戰爭部長愛德華・史丹頓曾經罵林肯是「無可救藥的傻瓜」。當時林肯為了取悦一位自私的政客，下令讓兵團轉移，干涉了史丹頓的軍權，因此令史丹頓大動肝火。史丹頓不僅拒絕執行林肯的命令，還詛咒説林肯簽署這項命令是無可救藥的傻瓜。結果如何呢？林肯得知史丹頓的反應後平靜地説：「如果史丹頓説我是傻瓜，那我一定是，因為他幾乎從不出錯。我會親自去見他。」

林肯真的去見了史丹頓，並被史丹頓説服，收回了成命。林肯真心實意地歡迎一切真誠有益並且有理論根基的批評。

你我同樣應當歡迎這種批評，不要奢望自己正確的概率高於四分之三 —— 西奧多・羅斯福擔任美國總統期間曾經説過，他的四次決策中有三次是對的就不錯了。世間最偉大的思想家愛因斯坦也承認過他的結論中有 99% 都是錯的！

法國作家拉羅什富科曾言：「**敵人對我們的看法比我們對自己的**

看法更接近真實。」

我知道這句話通常是正確的，但每當遭遇批評時，如果我不注意提醒自己，我總是立刻自動進入防禦模式，哪怕我還完全不知道對方想說些甚麼。我很厭惡自己這種條件反射，然而無論批評或讚美公正與否，我們都本能地厭惡批評，欣然接受讚美。人類並非理性動物，而是感性動物。我們的理智就像在情感的驚濤駭浪中顛簸的小舟。大部分人都對當下的自我感覺良好。但是四十年後回頭再看，我們大概都會笑話今時今日的自己吧。

歷史上最富名望的小鎮報紙主編威廉‧懷特年邁時形容五十年前的自己「自以為是……無知者無畏……年少輕狂的偽君子……洋洋得意的反動派」。二十年後，或許你我也會用同樣的詞語形容今天的自己吧，誰說得清呢？

在上一章中我提到應當如何面對責難。本章我想提出另一個建議：「當你感到對方的批評不公正，怒火中燒時，不妨停下來想一想：『我並不完美。如果愛因斯坦承認自己有 99% 的情況是錯誤的，我可能至少有 80% 的情況是錯的。或許對方的批評並沒有錯。如果真是這樣，我不僅應當充滿感激，更應當試着從中獲益。』」

白速得公司總裁查爾斯‧拉克曼每年為鮑勃‧霍普的電台節目投資百萬美元。他從不看聽眾寫來的表揚信，卻堅持讀每一封批評信。他知道從中會有所收穫。

為了找出管理和運營上的漏洞，福特公司近期在員工中進行民意調查，鼓勵他們對公司提出批評意見。

我認識的一位肥皂銷售員甚至主動要求別人批評他。他剛成為高露潔的肥皂銷售員的時候，總是很難接到訂單，很擔心丟掉這份工作。他知道肥皂本身和定價都沒有任何問題，一定是自己哪裡做

錯了。每次推銷失敗的時候，他會在街上漫無目的地徘徊，思考究竟哪裡出了問題。是自己介紹得太含糊了嗎？還是自己的熱情不夠？有時他會折回零售商那裡，說：「我並不是回來推銷肥皂的，我回來是希望得到您的建議和批評。能否請您告訴我，幾分鐘前我來這裡推銷肥皂的時候，哪裡做得不夠？您比我經驗豐富得多，也成功得多，請您給我一些建議吧，但說無妨，不必手下留情。」

這種誠懇的態度為他贏得了友誼和無價的建議。

你猜他後來如何了？如今他已經成為全球最大的肥皂製造商 —— 高露潔公司的總裁。他的名字是 E. H. 利特。去年他的年薪高達 240141 美元，整個美國僅有十四個人的收入高於他。

只有君子才能像豪威爾、富蘭克林和利特一樣胸襟寬廣。現在，趁着四下無人，不妨在鏡子前捫心問問自己，是否也能做到呢？

若想不為批評煩心，請參照：

—— 原 **3** 則 ——

把自己做過的蠢事寫下來，時常自我批評。既然我們無法做到事事盡善盡美，不妨學學利特先生，主動尋求公正有益的建設性批評。

如何避免因批評而焦慮

原則 1

不公的言論是變相的讚美,因為人紅才會是非多。

原則 2

盡力而為,然後撐起內心的傘,無論風吹雨打都置之不理。

原則 3

把自己做過的蠢事寫下來,時常自我批評。既然我們無法做到事事盡善盡美,不妨學學利特先生,主動尋求公正有益的建設性批評。

CHAPTER 07

防止疲累和憂慮的六個方式

SIX WAYS TO PREVENT FATIGUE AND WORRY AND KEEP YOUR ENERGY AND SPIRITS HIGH

SECTION 23

每天給人生增加一小時

　　我為甚麼要在一本講述如何戰勝憂慮的書裡，用一整章的篇幅談論如何防止疲勞呢？很簡單，**因為疲勞通常會引發憂慮，或者至少讓你變得更容易受到憂慮的影響**。任何一個醫科學生都會告訴你，疲勞會降低身體對普通感冒和上百種其他疾病的抵抗力；而心理醫生會進一步補充説，疲勞還會降低你對恐懼和憂慮等負面情緒的抵抗力。因此，預防疲勞有助於預防憂慮。

　　「有助於」是委婉的説法，艾德蒙・雅各布森醫生可不像我這麼保守。雅各布森醫生曾經寫過兩部關於放鬆的著作《漸進式放鬆》與《你必須學會放鬆》。作為芝加哥大學臨床生理學研究室主任，他多年來一直致力於研究把放鬆作為一種醫療實踐的方法。他認為緊張或波動的情緒狀態「在徹底的放鬆之後蕩然無存」。也就是説，如果你好好休息，就不會再憂慮了。

　　因此，防止疲憊和憂慮的第一個方法就是多休息，在感到疲勞之前就休息。這一點為甚麼這麼重要呢？因為疲勞會以驚人的速度急劇累積。美國陸軍通過反覆測試發現，即便是在多年部隊訓練中已經鍛煉得強悍堅韌的年輕軍人，只要每小時卸下負重休息十分鐘，他們就能夠在行軍中表現得更好，堅持得更久。因此軍隊把它變成了一項規定。你的心臟就像陸軍士兵一樣強健，心臟每天供給整個身體的血液足以裝滿一輛鐵路油罐車。每二十四小時，你的心臟製造的能量足以把二十噸煤鏟到三英尺高的平台上。心臟日復一

日地做着如此驚人的工作，持續五十年、七十年、九十年。它是如何做到的呢？哈佛醫學院的華特・坎農醫生是這樣解釋的：「大部分人認為心臟的工作一刻不停，事實上，心臟在每次收縮之後，都有一定的休息時間。如果以每分鐘七十次的平均脈搏來計算，心臟的實際工作時間相當於九小時，也就是說每二十四小時總計休息十五小時。」

第二次世界大戰期間，邱吉爾雖已年近七旬，但依然堅持每天工作十六個小時，為大英帝國的江山佈局謀略。如此驚人的力量來自哪裡呢？每天從清晨到中午十一點，邱吉爾在床榻上讀報紙、下命令、通電話，甚至在床榻上主持重要會議。午餐後，他會再回到床上小憩一小時。晚間他也會休息兩小時，八點起床用晚餐。他並沒有與疲勞作戰。他不用抵抗疲勞，因為他已經事先預防了疲勞。間歇性的休息讓他有充沛的精力一直工作到深夜。

約翰・洛克菲勒創造了兩項了不起的紀錄：他累積的財富之巨，在那個時代放眼全球都前所未見；並且他活到了九十八歲高齡。他是如何做到的？主要原因當然是他遺傳了長壽基因，但還有一個原因就是他習慣每天中午在辦公室小憩半小時。當他在辦公室沙發上躺下來的時候，就算美國總統來電也休想打擾他午休。

丹尼爾・約翰林在他的傑作《人們為何如此疲憊》中指出：「**休息並不代表甚麼都不做，休息意味着修復。**」短時間的休息蘊含着巨大的修復力，即使短短五分鐘的小憩也能夠預防疲倦。

偉大的棒球名宿康尼・馬克告訴我，如果比賽前不午睡一會兒的話，他在第五局左右就筋疲力盡了。但只要他稍事休息，哪怕小憩五分鐘，那麼接下來連賽兩場他都不會覺得疲勞。

我曾經問過艾莉諾・羅斯福，在白宮做第一夫人的十二年中，

她如何應付繁瑣冗長的日程安排。她回答說，在接見大眾或是發表演講前，她總習慣花上二十分鐘坐在椅子或是長沙發上閉目養神。

最近，我在麥迪遜花園廣場的更衣室裡採訪了吉恩・奧特里，他是世界競技錦標賽上的明星人物。我注意到他的更衣室裡有一張行軍床。吉恩・奧特里說：「我每天下午都在那兒躺一會兒，在演出的間隙睡一小時。」他接着說道：「我在荷里活拍電影的時候總習慣在一個大安樂椅上打盹十分鐘，每天這樣放鬆兩三次。這種休息能讓我迅速打起精神。」

愛迪生把他無窮的精力和毅力歸功於想睡就睡的習慣。

亨利・福特八十歲生日前不久，我去採訪過他。他神采奕奕，氣色極佳，讓我有些意外。我忍不住問他有何秘訣。他說：「能坐着的時候我從不站着，能躺着的時候我從不坐着。」

「現代教育之父」霍勒斯・曼上了年紀之後也是這樣做的。擔任安提亞克學院校長期間，他總是一邊面試學生，一邊在沙發上伸懶腰。

我曾經勸說一位荷里活電影導演嘗試類似的方法，他後來承認說這個方法的確取得了奇跡般的成效。這位導演就是傑克・切特克，他現在已經是米高梅的高管了。

幾年前他來見我的時候，他正在米高梅擔任短片部門主管。那段時間他身體透支，疲憊不堪，雖然嘗試了補品、維他命和藥物，但無一奏效。我建議他每天都休個短假。怎麼做呢？每天和手下的編劇開會的時候，試着在辦公室裡躺下來，放鬆放鬆。

時隔兩年再見到他，他對我說：「我的醫生都說：『奇跡發生了！』以前討論短片創意的時候，我總是全身緊繃地坐在椅子上。現在我開會的時候會四肢放鬆地躺在辦公室沙發上。這簡直是二十

年來狀態最好的時刻！我現在每天能多工作兩小時，但幾乎從不覺得累。」

　　你該如何使用這樣的方法呢？如果你是速記員，可能沒辦法像愛迪生或傑克・切特克那樣在辦公室小憩；如果你是會計師，大概也不能在和老闆討論財務報表的時候四仰八叉地躺在沙發上。但如果你生活在小城市，每天中午都能回家吃飯，那麼飯後大概能休息十分鐘。馬歇爾將軍就常常這樣做。戰時他疲於運籌帷幄，指揮美軍，中午不得不抽空休息一下。

　　假如你已經年過五旬，覺得自己沒時間做這些，那還是多買些人壽保險吧。這年頭葬禮可不便宜，而且往往來得突然。你家那位小婦人大概等着拿你的保險費嫁個小伙子呢！

　　如果沒時間午休，至少試着在晚餐前躺一個小時吧。這可比喝杯威士忌放鬆自己便宜多了，並且長時間的放鬆比喝酒有效得多。只要你在晚飯前睡一個小時，就給自己換來了整整一小時的清醒時間。為甚麼呢？因為晚餐前的一小時休息加上夜晚的六小時睡眠 —— 一共七小時 —— 加起來的效用遠勝於八小時連續睡眠。

　　如果體力勞動者有更多時間小憩，他們的工作效率就會更高。弗雷德里克・泰勒曾經在伯利恆鋼鐵廠擔任科學管理工程師，他的經歷充分證明了這一點。他觀察到，每個工人每天能夠把 12.5 噸生鐵裝車，但往往到了中午就筋疲力盡了。他對所有引起疲勞的因素進行了科學分析之後，宣稱工人每天的工作量不應該是 12.5 噸，而是 47 噸！他認為工人們有能力在不感到疲勞的前提下，把工作效率提升四倍。但他要如何證明這一點呢？泰勒請工人施密特先生配合他，嚴格按照計劃工作。一位監督員一邊用手錶計時一邊吩咐施密特先生：「現在開始搬鐵錠……現在坐下休息……開始工作……

開始休息……」

結果如何呢？當施密特的工友們每人每天只能搬運 12.5 噸生鐵的時候，施密特每天能搬運 47 噸！弗雷德里克‧泰勒在伯利恆鋼鐵廠工作的三年間，施密特一直保持着這樣的工作效率。能做到這一點，是因為他在感到疲勞之前就休息。他每小時大約工作二十六分鐘，休息三十四分鐘。儘管休息的時間比工作的時間還長，但是他的工作成績幾乎是別人的四倍之多！這是道聽途說嗎？當然不是，在弗雷德里克‧泰勒的著作《科學管理原理》一書中有詳細的記載。

請讓我再重複一遍：**按照軍隊要求的那樣，常常休息；按照心臟的工作方法那樣，在感到疲累之前就休息。**這樣做，就能夠使你每天的清醒時間增加一小時。

SECTION 24
疲勞的根源

　　腦力工作本身並不會讓你疲勞，這一事實或許會讓你大為驚訝，聽起來是不是很令人難以置信？幾年前，科學家試圖了解人類大腦工作多久會達到工作能力降低的臨界點，這也是「疲勞」的科學定義。而讓科學家感到詫異的是，研究表明當大腦活躍的時候，流經大腦的血液絲毫沒有顯示疲勞的跡象。如果從正在從事體力勞動的工人血管中取樣，你會發現其中充滿了「疲勞毒素」和因疲勞產生的物質；但如果從愛因斯坦的大腦中取一滴血樣研究，從早到晚你都無法在其中找到疲勞毒素。

　　大腦在工作八至十二小時之後，依然可以像一開始那樣敏銳高效。既然大腦完全不知疲倦，那麼是甚麼讓你覺得這麼勞累呢？

　　心理學家認為，疲勞大部分源自我們的精神狀態和情緒狀態。英國傑出心理學家哈德菲爾德在他的著作《激勵心理學》中指出：「絕大部分疲勞是精神原因導致的，純生理原因引起的疲勞很少見。」美國最卓越的心理學家布里爾醫生的論述更為深入。他認為：「對於那些健康狀況良好的久坐辦公室的員工，他們的疲勞 100% 源自心理因素，也就是情緒引起的。」

　　那麼是怎樣的情緒讓這些非體力勞動者感到疲勞呢？是快樂嗎？是滿足嗎？不，當然不是！讓員工疲憊不堪的是厭倦、抵觸、挫折、倉促、焦慮、擔憂，以及不被賞識的感受。員工因為這些情緒導致工作效率降低，易患感冒，甚至會因為神經性頭痛告假。沒

錯，我們感到疲憊，正是因為情緒引發了生理上的緊張和壓力。

大都會人壽保險公司在宣傳頁上指出：「繁重工作引起的勞累通常睡一覺或者休息一下就會好……而憂慮、緊張及情緒低落才是導致疲勞的原因。當人們以為體力或腦力勞動讓自己如此疲憊的時候，上述三個因素才是真正的罪魁禍首。請記住，緊繃的肌肉始終處於作戰狀態。放輕鬆些，節省精力留給真正重要的事情。」

現在停下來，暫時放下書，審視一下自己。當你讀到這裡的時候，你是不是正皺着眉頭盯着書？你感覺到雙眼之間的壓力了嗎？你坐在椅子上的姿勢放鬆嗎？還是正弓着肩膀呢？你的面部肌肉是否緊張？除非你的身體像一個舊布娃娃那樣柔軟放鬆，否則你正在給自己製造精神緊張和肌肉壓力。沒錯，此時此刻，你就在緊繃神經，製造疲勞！

為甚麼在進行腦力勞動的時候，我們會不自覺地製造這些不必要的緊張呢？約瑟林說：「我發現最主要的障礙……是世俗觀念認為工作時必須做出一副正在努力的樣子，否則就代表工作沒有做好。」所以我們一集中注意力就眉頭緊蹙，肩膀弓起，調動全身肌肉一起用力，可這些舉動卻對大腦的工作毫無幫助。

一個可悲的事實：人們不捨得浪費一分錢，卻像醉酒的水手一樣大肆揮霍自己的精力。

那麼神經性疲勞的解藥是甚麼呢？**放鬆！放鬆！放鬆！學會在工作的同時放鬆神經！**

這聽起來很簡單，是嗎？其實並非如此。要做到這一點，你可能需要克服多年來養成的習慣。但這種努力是值得的，因為它很可能會令你的人生煥然一新！威廉・詹姆士在《放鬆情緒的福音》一文中這樣寫道：「美國人的過度緊張、躁動不安、呼吸急促和痛苦

緊繃的表情……都是徹頭徹尾的壞習慣。」緊張是一種習慣。放鬆也是一種習慣。只有打破壞習慣，好習慣才能成型。

怎樣才能放鬆呢？從思緒開始，還是從神經開始？二者皆非。應當從肌肉開始放鬆。

不妨一起來試試看吧。讓我來示範一下。假設我們從眼部肌肉開始放鬆，讀完這章之後，請靠在椅背上，閉上雙眼在心裡默唸：

「放輕鬆，放輕鬆。別緊繃，也別皺眉。放輕鬆。放輕鬆。」就這樣慢慢地重複一分鐘。

有沒有注意到，幾秒鐘之後，眼部肌肉就服從指示了？有沒有感覺到，壓力就像被一隻手輕柔地撫平了？是的，就是這麼不可思議。在這短短一分鐘裡，你已經親自揭開了放鬆身心的全部奧秘。你可以用同樣的方式放鬆下頜、面部、脖頸、肩膀和全身。

不過最重要的器官還是眼睛。芝加哥大學的艾德蒙・雅各布森醫生得出了這樣的結論：只要讓眼部肌肉徹底放鬆，那麼你能忘記所有煩心事！為甚麼眼睛如此重要？因為在全身消耗的精力中，眼部佔據四分之一。許多視力極佳的人飽受視覺疲勞的困擾，就是因為他們總是讓雙眼處於緊張狀態。

著名女作家維姬・鮑姆曾經說過，兒時偶遇的一位老人教會了她人生中最重要的一課。那天她不小心跌倒，摔破了膝蓋，手腕也受了傷。一位曾經在馬戲團當過小丑的老人把她扶起來，幫她撣去塵土，對她說：「你之所以會受傷，是因為不懂得如何放鬆。你得假裝自己像一隻襪子那樣柔軟，一隻皺皺的舊襪子。來，我教你。」

老人教會了維姬・鮑姆和她的小夥伴摔倒的時候該怎麼做，還教他們後手翻和翻筋斗。他始終強調：「把自己想像成一隻皺皺的舊襪子。然後放鬆！」

你可以在任何時間任何地點試着抽時間放鬆自己，只是放鬆的時候別跟自己較勁。放鬆就是要消除緊張，想像着舒緩和輕鬆。先從眼部和面部肌肉開始，反覆告訴自己：「放輕鬆……放輕鬆……休息一下……」用心體會能量從面部肌肉轉移到身體核心，想像自己像嬰兒般無憂無慮。

偉大的女高音歌唱家蓋麗・庫爾奇就養成了這樣的習慣。在演出前，蓋麗・庫爾奇常常坐在椅子上，放鬆全身肌肉，下頜甚至看起來鬆弛得有些下垂。這個練習非常有效，不僅讓她在登台演出前不會過度緊張，還能夠預防疲勞。

下面五個建議能夠有效地幫助你學會放鬆：

1. 閱讀這個領域最好的著作：《從緊張中釋放》，大衛・哈羅德・芬克醫生著。

2. 利用零碎時間放鬆自己，讓身體像舊襪子那樣鬆弛。我工作的時候，書桌上總放着一隻栗色的舊襪子，提醒自己應該像它一樣柔軟。如果你找不到襪子，就想想貓咪吧。你有沒有抱過在陽光裡打盹的小貓？牠的四肢就像打濕的報紙一樣放鬆地垂下來。印度的瑜伽修行者也說過，若想掌握放鬆的藝術，就向貓學習吧。我從未見過疲累的貓，精神崩潰的貓，或是被失眠、擔憂和胃潰瘍困擾的貓。如果我們能夠學會像貓一樣放鬆自己，大概就能遠離這些病痛。

3. 儘可能用舒適的姿勢工作。記住，緊繃的身體會引發肩痛和精神疲勞。

4. 每天審視自我，經常問問自己：「我是不是把工作想得比實際上更難？我是不是在用與工作無關的肌肉？」這方法會幫你養成放鬆的習慣。正如大衛・哈羅德・芬克醫生所言，「心理學領域的

頂尖學者認為，習慣對人的影響是其他因素的兩倍」。

　　5. 一天結束的時候，再問問自己：「我現在有多疲倦？如果我覺得很累，這不是因為腦力勞動超出負荷，而是因為我做事情的方式不正確。」丹尼爾・喬斯林說過，「我的成就感不取決於我有多疲憊，而取決於我有多精神。如果一天下來我覺得特別累，或者因為精神疲勞而變得易怒，我就知道，這一天不管通過質還是量的衡量都是低效的一天。」如果每位企業家都能懂得這一點，那麼高血壓導致的死亡率會立刻下降，療養院和收容所裡也不會擠滿被疲勞和憂慮摧毀的人了。

家庭主婦如何永葆青春

　　去年秋天，我的合夥人飛到波士頓去參加一堂世界上最非同尋常的診療課程。診療？沒錯，這門課程是波士頓診療所開設的，每週一次，想參加的患者必須定期接受全面體檢方可入學。這門課程的實質是心理治療。儘管官方名稱叫作應用心理學培訓（更早之前被第一位學員命名為思想控制課程），但它真正的目的是幫助因憂慮而患病的人們。這門課的學員中很多是飽受情緒困擾的家庭主婦。

　　這個專門為憂慮者量身打造的課程是怎麼起步的呢？1930年，約瑟夫·普拉特醫生 —— 威廉·奧斯勒爵士的門下弟子 —— 發現來波士頓診療所求診的患者中，有許多身體上都毫無問題，但是他們又確實有疾病的症狀。一位女士的雙手因為「關節炎」而幾乎殘疾，另一位則深受「胃癌」症狀的折磨。其他患者還有背痛、頭痛、長期疲勞，或是說不清道不明的疼痛和不適。這些女士真切地感受到疼痛，但即使最徹底的檢查也找不出生理上的任何問題。老派的醫生大概會告訴患者「痛由心生」，這都是她們的臆想而已；但是普拉特醫生意識到，告訴這些患者「回家去，別想了」是無濟於事的。他知道這些女士自己並不希望患病，如果置之不理真有這麼容易，她們早就這樣做了。那麼他能做些甚麼呢？

　　他開設了這門課程。醫學界人士抱着懷疑的態度袖手旁觀，質疑聲不絕於耳，然而這門課程卻創造了奇跡。自那之後的十八年間，數百名參加課程的患者都恢復了健康。一些患者數年來從不缺

席，就像去教堂一樣虔誠。我的助理和一位女士聊了聊，九年間，她一堂課都沒落下。這位女士說，第一次來診所的時候，她堅信自己患了腎游離，心臟也出了毛病。由於過度緊張焦慮，她有時甚至會暫時失明。然而現在的她開朗自信，健康狀況極佳。她的孫輩正在她懷中熟睡，但她看上去頂多四十歲。她說：「我以前總是過於擔心家裡的問題，甚至恨不得一死了之。但是診療課程讓我懂得，我的擔憂是沒有意義的。我學會了如何不讓自己憂慮。現在我可以發自內心地說，我的生活既寧靜又美好。」

課程的醫學顧問羅斯‧希爾弗丁醫生認為，減少憂慮的最佳方法是和信任的人聊聊正在面對的問題。她說：「我們管這種方法叫精神宣洩法。患者來上課的時候可以暢所欲言，盡情傾訴他們的苦惱，直到這些事情不再牢牢佔據他們的腦海為止。自己把煩惱悶在心裡反覆琢磨會引起強烈的緊張情緒。人們應當彼此分擔自己的憂慮和苦惱。每個人都需要感受到，這個世界上有人願意傾聽自己，並且能夠懂得自己。」

我的助理目睹一位女士通過傾訴心事得到了極大的安慰。由於家事的困擾，她剛一開口的時候就像擰緊的發條一樣緊繃。但講着講着，她的情緒漸漸平靜下來，最後臉上露出了微笑。

問題解決了嗎？不，沒有那麼簡單。傾訴能夠收穫建議和同情，但真正起作用的，是語言的巨大治癒能力。

心理分析學的立足點正是語言的這種治癒力。早在弗洛伊德的時代，精神分析醫師就意識到傾訴能夠讓患者從焦慮中釋放自我，單單傾訴本身就能做到這一點。原理是甚麼呢？很可能是因為人們在訴說的過程中，對問題有了更好的認識，能夠從不同的視角看待問題。沒有人知道確切的答案，但是我們都知道「把不痛快的事情

宣泄出來」會讓人立刻感到釋然。

　　下次情緒低落的時候，為甚麼不試着找人聊聊呢？當然，我並不是說要向周圍每個人大倒苦水，讓別人避之唯恐不及。找一位你信得過的人——親友、醫生、律師、牧師或神父都可以，和他約個時間，告訴他：「我需要你的建議。我遇到一個問題，想和你聊聊。畢竟旁觀者清，你大概能給我指個方向，從我自己想不到的新角度分析問題。就算不能，只要你願意坐下來聽我說說，也對我有莫大的幫助。」

　　如果你實在覺得無人傾訴，我想向你推薦「挽救生命聯盟」。這個組織和波士頓診所沒有關聯，它是世界上最非凡的組織之一。這個組織最初成立是為了挽救潛在的輕生者，後來它的服務範圍漸漸擴大到為所有不快樂和有情感需求的人們提供精神鼓勵。

　　洛娜·邦內爾小姐是「挽救生命聯盟」的一員，經常接待前來尋求幫助的人。我曾經和她聊過幾次，她說很願意和這本書的讀者通信。如果你想寫信給「挽救生命聯盟」，地址是紐約市第五大街 505號。你的來函和隱私會被嚴格保密。說實話，我還是更建議你面對面和人聊聊，那樣會給你帶來更大安慰。不過如果行不通的話，不妨給願意幫助你的組織寫封信試試。

　　「說出心聲」是波士頓診所課程的核心療法之一。從這門課中，我們還了解到下述方法，家庭主婦在家裡就可以照着做做看：

　　1. 準備一個筆記本或是剪貼本，把對你有啟發的內容記下來。可以摘抄詩歌、祈禱文或名人名言，凡是激勵你的內容都可以。陰天的午後，當你心情低落的時候，或許可以從這個筆記本中找到驅散陰霾的秘方。波士頓診所的許多學員都有這樣一個筆記本，並且珍藏了許多年。他們說這就像是精神上的強心劑。

2. 不要總盯着別人的缺點。丈夫當然會犯錯誤，如果他完美無瑕，大概也不會娶你，對不對？一位女士發現自己越來越苛責、嘮叨、面色憔悴。課堂上，她突然被問到這樣一個問題：「如果你丈夫去世了，你該怎麼辦？」這個問題就像當頭一棒，讓她幡然醒悟。她坐下來，想列出丈夫的所有優點，最後寫得很長很長。下次你再覺得嫁錯人的時候，不妨也試試同樣的方法。當你想到他的優點時，或許你會覺得他正是你希望遇見的那個人啊。

3. 培養對鄰居的興趣，和生活在同一條街上的人建立友好的關係。一位病懨懨的女士覺得自己很「排外」，因為她一個朋友都沒有。課程建議她以下一個遇到的陌生人為原型，講一個故事。於是她坐在電車裡，開始揣摩周圍人的背景和個性，試着想像他們的生活是甚麼樣子。後來，她開始主動和遇到的人攀談。現在的她快樂、機敏、人見人愛，早已從所謂的病痛中痊癒。

4. 從今晚開始，睡覺前列出明天的工作計劃。許多主婦被周而復始的家務事擾得心煩意亂，好像總在跟時間賽跑，永遠有做不完的活計。為了擺脫這種匆忙的感受和焦慮的心態，課程建議主婦們每晚制定第二天的日程表。結果如何呢？她們完成了更多工作，疲勞感也減輕了。這種方法不僅讓她們得到成就感，還有多餘的時間休息和打扮（每位女士都應該抽出時間把自己打扮得漂漂亮亮的。當女人知道自己很美的時候，「緊張」就無可遁形了）。

5. 最後一點：避免緊張和疲勞。放鬆！放鬆！沒有甚麼比緊張和疲勞更容易讓你衰老，更能摧毀你的活力和容顏。課程主任保羅‧詹森教授提到了許多我們在上一章介紹的自我放鬆的方法，我的助理旁聽了一小時，跟其他學員一起做了十分鐘放鬆練習，最後差點兒坐在椅子上睡着。為甚麼身體的鬆弛這麼奏效呢？因為診所

和醫生們都清楚，若想解開憂慮造成的心結，人們必須先要放鬆！

沒錯，作為家庭主婦，你也需要放鬆！你有一個巨大的優勢：只要你想，隨時隨地都可以休息，躺在地板上也未嘗不可。很奇怪，硬木地板比彈簧床更容易讓人放鬆。它能提供更多支撐，對脊椎有好處。

好了，下面是一些你可以自己在家做的練習。堅持一個禮拜，看看你的容貌和氣質會有怎樣的改變！

a.　感到疲倦的時候，就平躺在地板上，儘可能地拉伸身體。如果你願意，也可以左右翻滾。每天做兩次。

b.　閉上雙眼。可以像詹森教授建議的那樣，試着對自己說：「陽光照耀着我，蔚藍的天空閃閃發亮。大自然平和寧靜，主宰着世間一切。我是大自然的孩子，和宇宙共同呼吸。」你也可以採用更好的方法：祈禱。

c.　如果做飯做到一半，沒空躺下，坐在椅子上也能達到幾乎相同的效果。直背的硬木椅是放鬆自我的最佳選擇。像埃及坐像那樣在椅子上坐直身體，雙手放鬆，掌心向下放在腿上。

d.　現在，慢慢繃緊腳尖，然後放鬆；繃緊腿部肌肉，然後放鬆。這樣慢慢地向上，逐一調動全身肌肉，直到脖頸。然後用力轉動頭部，就像它是個足球一樣。按照上一章的方法，告訴你的肌肉：「放輕鬆……放輕鬆……」

e.　平穩緩慢地呼吸，讓你的神經舒緩下來，用丹田呼吸。印度的瑜伽修行者是正確的，有節奏的呼吸是安撫神經的最佳方法。

f.　想想你臉上的皺紋和緊皺的眉頭，讓它們舒展開來。放鬆因憂慮而蹙起的眉頭和緊繃的嘴角。每天做兩次，或許你就不再需要去美容院按摩了，那些皺紋很有可能會就此消失呢！

SECTION 26
防止疲勞和憂慮的四個工作習慣

良好工作習慣之一：清理書桌上所有資料，只留下和手頭工作相關的文件。

芝加哥及西北鐵路公司總裁羅蘭・威廉姆斯曾經說過：「那些桌子上堆積如山的人如果學會清理桌面，只留下和眼前的問題相關的文件，工作就會容易得多，也準確得多。我稱之為有條理，這是高效的第一步。」

在華盛頓國會圖書館的天花板上，寫着詩人蒲柏的一句話：

秩序是天堂的第一定律。

秩序也應當是商業的第一定律。但現實是否如此呢？並不是。平庸的商人桌子上總是堆滿幾週沒看的文件。新奧爾良一家報社的發行人曾經告訴過我，秘書為他清理書桌的時候，竟然發現了一部丟了兩年的打字機！

單單是瞥一眼堆滿未回覆的信件、報告和備忘的桌子，就足以讓人焦慮不安了。更糟糕的是，它們讓你覺得還有數不清的工作要做，時間根本來不及。這不僅讓你因憂慮而緊張疲倦，更有可能誘發高血壓、心臟病和胃潰瘍。

賓夕法尼亞大學醫學院的約翰・斯托克斯教授在美國醫學協會的全國會議上宣讀了一篇論文，題目是「器質性疾病引發的功能性神經症」。在論文的「病患的心理狀態」一節，斯托克斯教授列出了

十一項，其中第一項是：「認為自己必須完成或者有義務完成某項工作，要做的事情似乎無窮無盡，永遠也做不完。」

清理書桌這麼簡單的方法為甚麼能夠幫助你減壓，減輕強迫症，減少這種「要做的事情似乎無窮無盡，永遠也做不完」的感受呢？著名心理學家威廉・薩德勒醫生講述了一位患者的經歷。他正是用這個簡單的方法，避免了精神崩潰。這位患者是芝加哥一家大公司的高級管理人員。第一次來薩德勒醫生的辦公室的時候，他精神緊繃，臉上寫滿了擔憂。他知道自己很焦慮，但又不能不工作，只好向心理醫生尋求幫助。

薩德勒醫生說：「他正向我傾訴的時候，醫院剛好來電找我。我不喜歡拖延事情，所以當場做出決定。我習慣儘可能馬上着手解決問題。我剛掛掉電話，電話又響了，又是緊急事務。於是我花了點兒時間和對方討論。過了一會兒，我的同事接診了一位重症病患，來我辦公室徵詢意見，第三次打斷了我的問診。和同事談完後，我向這位患者道歉，很不好意思讓他等了那麼久。但是他卻看起來很愉快，表情像是換了一個人似的。」

這位患者對薩德勒醫生說：「不用道歉，醫生！就在剛剛等待的那十分鐘，我好像突然有點兒明白自己的毛病出自哪兒了。我打算現在就回辦公室，改變我的工作習慣。不過離開前，您介意我參觀一下您的書桌嗎？」

薩德勒醫生打開抽屜，所有的抽屜都空空如也，只有一些最基本的文具。患者開口問道：「請問您未處理的文件都放在哪裡呢？」

「都處理掉了。」薩德勒醫生說。「那沒回的信件呢？」

「都回覆了。」薩德勒醫生說，「我給自己定的規矩是一收到信就立刻向秘書口述回信，不回完信絕不把信放下。」

六週後，這位管理人員邀請薩德勒醫生去他的辦公室做客。他看上去變化極大，他的書桌也同樣如此。他打開抽屜給薩德勒醫生看，裡面沒有任何需要處理的文件。

這位管理人員說：「六週前，我有兩個辦公室，三張桌子，文件堆得像積雪一樣，工作永遠做不完。和您聊過之後，我回到辦公室，清理出一車報表和舊文件。現在我只留了一張桌子，一有事情立即着手處理，再也沒有堆積如山的待處理事項壓在我心頭，讓我這麼緊張了。最不可思議的是我徹底康復了，健康再也沒有出過問題！」

查爾斯・依文斯・休斯曾擔任美國最高法院的首席法官。他說過：「過勞不是致命的原因，揮霍和憂慮才是。」確是如此，對精力的揮霍和對工作永遠做不完的憂慮才是致命的原因。

良好工作習慣之二：按照輕重緩急處理事務。

全球城市服務公司創始人亨利・多爾蒂說，不管他開出多高的薪水，有兩種能力都堪稱世間難覓。這兩個無價的能力就是：一、思考的能力；二、做事區分輕重緩急的能力。

查理・洛克曼從底層起步，十二年間一路做到了派普索登公司總裁，年薪十萬美元，除此之外還有百萬美元的分紅。這位小伙子把他的成功歸功於亨利・多爾蒂認為世間難覓的那兩種能力。查理・洛克曼說：「很早以前我就養成了清晨五點起床的習慣。因為這是我一天中頭腦最清醒的時刻，我可以認真思考並且規劃日程，按照事務的輕重緩急安排工作次序。」

全美最成功的保險銷售員富蘭克林・貝特格可沒有等到第二天早晨五點才開始安排日程。他在當天晚上就做好計劃，給自己設定第二天的銷售目標。如果當天沒有完成目標，差額會一直累積計算。

　　經驗告訴我，一個人不可能做到永遠遵循重要性做事。但是我也知道，預先做好計劃比隨心所欲要好太多。

　　如果蕭伯納沒有嚴格要求自己先做重要的事情，他大概一輩子都只是個銀行出納，不會成為偉大的作家。他要求自己每天寫作五頁。這項計劃和他堅定的決心挽救了他的人生。雖然他在九年內的收入總共只有可憐的三十美元，相當於一天只有一美分入賬，但他始終堅持每天寫作五頁，九年間從未動搖。

良好工作習慣之三：遇到問題的時候，如果你已經掌握了決策所需的信心，就立即着手解決，不要拖延。

　　已故的豪威爾先生曾經是我的學生。他在世時告訴過我，他擔任美國鋼鐵公司董事會成員的時候，每次董事會總是曠日持久，討論許多問題，但很少做出決定。結果每位董事會成員會後都要帶一堆報表回家研讀。

　　後來豪威爾先生說服董事會每次會議只討論一個議題，而且一定要討論出結果，不得拖延決策。無論決議通過與否，哪怕最終的決策是了解更多細節，但是在討論下一個問題之前，必須有一個決策。豪威爾先生告訴我，效果驚人地可喜。事項表終於清空了，日程安排也清清爽爽。董事會成員再也不需要每晚扛一大堆報表回家，每個人心裡也不再有那種許多事情懸而未決引發的焦慮。

　　這個好習慣不僅適用於美國鋼鐵公司董事會，也同樣適用於你我。

良好工作習慣之四：學會組織、委任和監督指導。

　　許多企業家不懂得如何分派職責，堅持凡事親力親為，因而過

早地把自己送進了墳墓。混亂的瑣事讓他們疲憊不堪，每天都被緊迫、擔憂、焦慮和壓力緊追不停。我知道學會分派職責不是一件容易的事，我自己的親身體驗告訴我這是極為困難的，假如把職權委任給不合適的人，結果更是一場災難。但是企業家若想擺脫憂慮和疲勞，放鬆緊繃的神經，那麼再困難也應當學會把工作分派下去。

　　把生意一手做大的企業家如果不懂得組織、委任和監督指導，通常在五六十歲的年紀就會因為壓力和憂慮引發嚴重的心臟問題。想要證據嗎？看看當地報紙上的訃告你就知道了。

SECTION 27
厭倦會誘發疲勞、憂慮和不滿

　　疲勞的一大主要誘因是厭倦。舉個例子來說，有一位名叫愛麗絲的速記員。一天晚上，她疲憊不堪地下班回家，看上去像是累壞了似的，實際上她也確實是累壞了。她覺得頭疼，後背也疼，本想不吃晚飯直接睡覺，但媽媽勸她好歹吃一點兒，她只好勉強坐下來。這時電話響了 —— 是男朋友邀請她去舞會！她精神為之一振，眼神中閃耀着光芒。她衝上樓，穿上淺藍色禮裙，跳舞跳到凌晨三點。等她再次走進家門時，一點兒疲倦的感覺都沒有，反而興奮得睡不着覺。

　　八小時前愛麗絲看上去是那麼疲憊不堪，難道她是裝出來的嗎？當然不是。她覺得累是因為工作讓她感到厭倦，或許生活也讓她感到厭倦。世界上有成千上萬個愛麗絲，或許你也是其中之一。

　　心理因素比生理因素對倦怠的影響更大，這是眾所周知的事實。幾年前，約瑟夫・巴爾馬克博士在《心理學刊》上發表了一份研究報告。他做了若干揭示厭倦誘發疲勞的實驗，研究報告中記錄了實驗的過程和結果：巴爾馬克醫生讓一組學生做了一系列無聊的測試，結果學生們覺得又累又困，抱怨頭疼、眼睛疼、焦躁不安，甚至在某些測試時覺得腸胃不適。這難道是學生們想像出來的嗎？並不是。緊接着這些學生接受了新陳代謝測試，結果表明當人們感到厭倦無聊的時候，血壓下降，耗氧率降低；而一旦他們在工作中找到興趣和樂趣，新陳代謝水平會立即提高。

如果我們覺得正在做的事情有趣又讓人興奮，就很少會感到勞累。舉個例子，我最近去加拿大落基山脈的路易斯湖度假，一連幾天沿着科拉爾溪釣鮭魚。我在一人多高的灌木叢中艱難開路，跌跌蹌蹌地穿過七零八落的斷木，頻頻被絆倒。但是八個小時過後，我仍然不覺得累。為甚麼？因為我收穫了六條美洲鮭魚，內心興奮不已，很有成就感。假如我覺得釣魚很無聊，你猜我的感受會有何不同呢？在 7000 英尺的高海拔做這麼辛苦的體力活，我肯定早就筋疲力盡了。

即便是和登山這種高消耗的體力勞動相比，厭倦感也更容易讓人感覺疲憊。明尼阿波利斯農工儲蓄銀行的總裁 S.H. 金曼先生曾經給我講過一件事，恰如其分地佐證了這一點。1943 年 7 月，加拿大政府讓加拿大阿爾卑斯山俱樂部提供嚮導，幫助特種部隊訓練登山技能。當時金曼先生就是被選中培訓這些士兵的嚮導之一。他給我講了他和其他嚮導如何帶着這些年輕的士兵在冰川和雪原上進行漫長的跋涉，以及如何藉助繩索、狹小的立足處和不穩固的岩點攀上一座 40 英尺高的陡峭懸崖。當時嚮導們年紀最大的已五十九歲高齡，最小的也有四十二歲。他們登上了米迦勒峰、副總統峰和落基山脈小優鶴山谷中的其他無名山峰。十五小時的高強度攀登之後，那些身強力壯的年輕男人累得精疲力竭，而他們前不久才剛剛通過了六週的嚴酷突擊隊訓練。如此疲勞的原因是他們在突擊隊的訓練強度不夠大、肌肉不夠強健嗎？不，任何一個挺過突擊隊訓練的男人都會把這個荒唐的問題當成侮辱。他們筋疲力盡是因為厭煩登山。他們累壞了，許多人等不及開飯就昏睡過去了。那麼比這些士兵年長兩三倍的老嚮導也覺得累嗎？是的，他們身體上覺得很累，但精神上並不覺得疲憊。嚮導們照常用晚餐，聊當天的經歷聊

到深夜，一聊就是幾個小時。他們不覺得疲憊，是因為他們真心熱愛登山。

　　哥倫比亞大學的心理學家愛德華・索達克博士曾經做過關於疲勞的實驗，他通過讓年輕人保持興趣，成功地讓他們幾乎一週不用睡覺。據報道，索達克博士經過大量的研究工作之後得出了這樣的結論：「**厭倦是導致工作效率降低的唯一一個真正原因。**」如果你是腦力工作者，那麼讓你感到疲憊的大概不是你完成的工作，而是你沒有完成的工作。怎麼講呢？舉個例子，假設上週的某一天，你的工作一直被人打斷，沒時間回覆信函，約定的會談也取消了，不斷有新問題冒出來，所有事情都一團糟。你甚麼事情都沒做，回到家裡卻疲憊不堪，頭痛欲裂。第二天，一切都步入了正軌。你完成的工作量是前一天的四十倍，但下班的時候卻像雪白的梔子花一樣清清爽爽。你一定有過這樣的經歷，對不對？我也一樣。

　　這個例子告訴我們，我們的疲勞感往往不是工作造成的，而是憂慮、沮喪和抗拒引發的。

　　寫到這章時，正趕上傑羅姆・科恩的《演出船》復排，於是我去欣賞了這部輕鬆愉快的音樂劇。劇中的「棉花號」船長安迪有一句充滿哲理的台詞：「能夠做自己喜歡的事情的人都是幸運兒。」這些傢伙之所以幸運，是因為他們精力更充沛，幸福感更強，憂慮和疲憊更少。你的興趣在哪裡，活力就在哪裡。和一個嘮叨的妻子過十條街比和一個崇拜你的姑娘走 10 英里路要累得多。

　　那麼你能做哪些改變呢？奧克拉荷馬州塔爾薩石油公司的一位速記員是這樣做的。每個月她總要把好幾天的時間浪費在一項無聊的工作上：填寫石油租賃權表格並統計數據。這項工作實在太無聊，於是她下決心自己幫助自己，把這項工作變得有趣一些。她是

怎麼做的呢？她每天和自己比賽，每天上午數一遍完成的工作量，下午爭取打破上午的紀錄；每天她還會數前一天完成的總量，第二天努力超過前一天。結果如何呢？很快，她填完的無聊表格的數量就超過了部門裡所有的速記員。她從中得到了甚麼呢？表揚？感謝？加薪？升職？都沒有，但是這個方法如同精神上的興奮劑，幫助她預防了厭倦感釀成的疲憊。由於她盡己所能地把無聊的工作變得有趣，她有了更多精力和熱情，在業餘時間也能獲得更多的幸福感。我能證明這個故事的真實性，因為我娶了這個姑娘。

另一個速記員也發現「假裝工作很有趣」這個方法非常有用。掌握了這個方法之後，她再也不用和工作做鬥爭了。這位速記員威莉・高登小姐住在伊利諾州埃爾姆赫斯特南凱尼爾沃思大街 473 號。她在來信中講述了她的故事：

---- CASE ----

　　辦公室裡一共有四名速記員，每名速記員都負責給不同的同事聽錄信件，工作上難免有一些磕磕絆絆。一天，一個輔助部門的領導非要求我重新錄入一封長信，我忍不住說了自己的想法，告訴他這封信沒必要重新錄入，只要在原文上做一些修改就可以了。但是他竟然說如果我不願意重做，有的是願意幫他忙的人。我氣得直冒煙，不過當我開始重新錄入的時候，我突然想到，有許多人巴不得得到我正在做的這份工作，而且公司付我報酬就是為了讓我幫人錄入。這麼一想，我心情好多了。於是我下定決心，雖然我看不上這份工作，但我還是要像是真正樂在其中地那樣工作。於是我有了這個重大發現：如果我假裝享受工

作，我真的在某種程度上開始樂於工作了。我還發現當我享受工作的時候，我的工作效率也提高了，現在我幾乎不需要再加班。這種面貌一新的工作態度讓我漸漸在公司裡贏得了「好員工」的名聲。後來，當一位部門主管想招聘私人秘書的時候，他第一個想到的就是我。他說因為我承擔額外工作的時候從來不會給人臉色看。

原來改變心態能產生這麼大的力量，這個發現對我意義非凡，並且真的創造了奇跡！

—— CASE ——

恐怕威莉・高登小姐自己都沒有意識到，她使用的方法正是著名的「假裝」哲學。威廉・詹姆士說，**只要我們「假裝」勇敢，就會真的變勇敢；只要我們「假裝」快樂，就會真的變快樂。**如果你「假裝」對工作興趣滿滿，這種「假裝」會讓你真的對工作產生興趣，並且有助於減少疲憊、緊張和憂慮。

幾年前，哈倫・霍華德做了一個徹底改變他一生的決定：他下決心要把一份無聊的工作變得有趣。他的工作也確實很無聊，當同齡的男孩都在打球或是捉弄女生的時候，他卻在洗盤子、刷櫃檯，在高中食堂裡發冰淇淋。哈倫・霍華德瞧不起自己的工作，但是這份薪水對他又很重要，於是他決定把注意力放在冰淇淋上。他學習冰淇淋的製作方法和配料，研究為甚麼有些冰淇淋比其他的好吃。他了解冰淇淋相關的化學知識，並因而成為高中化學課上的天才優等生。他對食品化學的興趣越來越濃厚，高中畢業後被麻薩諸塞州立學院的食品工程專業錄取。後來，紐約可可交易所舉辦了一次面向大學生的論文競賽，題目為可可和巧克力的應用，優勝者將獲得

數百美元獎金。你覺得誰贏了呢？沒錯，正是哈倫・霍華德。那段時期工作機會很少，於是霍華德在自己家的地下室設立了一個私人實驗室，地址就在麻薩諸塞州埃爾姆赫斯特北普萊森特街 750 號。之後不久，新的法案規定了牛奶中的菌落數量。於是哈倫・霍華德同埃爾姆赫斯特的十四家牛奶廠商建立了合作，為這些公司測定牛奶的菌落數。由於業務繁忙，他還聘用了兩位助手。霍華德未來的發展會如何呢？到時候，現在主宰食品化工生意的商人都已退休，將被現在這些熱情主動的年輕人取而代之。二十五年後，哈倫・霍華德很可能成為業內的領軍人物，而那些高中時候從他的櫃檯上買冰淇淋的同班同學則很可能面臨失業，流落街頭，罵罵咧咧地詛咒政府，抱怨這輩子從來沒有人給過他們機會。若不是霍華德當初下定決心要把無聊的兼職變得有趣，他大概也永遠不會得到這個翻身的機會。

　　幾年前，有另一個年輕人同樣厭煩了無聊的工作。這個小伙子名叫山姆，他是工廠裡負責螺栓生產的車床工人。他很想辭職，但又怕找不到別的工作，只得把這份單調乏味的工作繼續做下去。既然如此，山姆決定把工作變得有趣些，於是和旁邊操作機器的技工發起了一個小比賽。他們原本一人負責用機器把零件表面打磨光滑，一人負責把螺釘直徑打磨合適。現在他們階段性地交換機器，看誰能生產出更多螺釘。山姆的速度和準確度給工頭留下深刻印象，很快就給他調換了更好的工作。而這只是晉升的開始。三十年後，這個全名叫作山姆・沃克萊的小伙子成為鮑爾溫機車廠的總裁。假如他當初沒有下決心把無聊的工作變得有趣，他大概一輩子都只是當初那個車床工人。

　　著名的廣播新聞分析員卡滕伯恩告訴過我他是怎麼把單調的工

作變得有趣的。二十二歲那年，為了得到橫渡大西洋的機會，他在運牛船上打工，給小牛餵食餵水。騎自行車在英國轉了一圈之後，他飢寒交迫地到了巴黎。他典當了相機，用換來的五美元在《紐約先驅報》的巴黎版上刊登了一則應聘廣告，找到了一份立體鏡銷售員的工作。如果你現在年過四旬，你大概對那種老式立體鏡有點兒印象。把立體鏡舉到眼前，能看到裡面有兩張一模一樣的圖片。而當眼睛聚焦到圖片上時，奇跡發生了 —— 立體鏡中的兩個透鏡把兩張平面圖片轉變成了三維圖像，畫面頓時有了立體感和驚人的透視感。言歸正傳，卡滕伯恩開始在巴黎挨家挨戶兜售立體鏡。一開始他連一句法語都不會講，但一年後，他掙到了五千美元佣金，一舉成為全法國當年收入最高的銷售員。卡滕伯恩告訴我，這段經歷和他之前在哈佛大學的學習一樣重要，幫助他培養了成功必備的素質。他的信心源自哪裡呢？他告訴我，有了這段經歷，他甚至有能力把美國的《國會議事錄》賣給法國的家庭主婦。這段經歷不僅令他對法國生活有了細緻入微的了解，還為他積累了無價的經驗，讓他成為電台的歐洲新聞解說員。那麼當初他在不會說法語的情況下，是怎麼成為金牌銷售的呢？原來他請僱主用標準法語寫下銷售推廣語，然後背下這些句子。他挨家挨戶按響門鈴，對開門的家庭主婦重複他背熟的推銷詞。他的口音太差了，以至於聽起來有點兒滑稽。他給家庭主婦看立體鏡裡的畫面，如果對方提了問題，他就會聳聳肩說：「美國人……美國人。」然後他會摘下帽子，指指他貼在帽子裡的法語推銷詞。這時對方往往會大笑起來，於是他也跟着大笑，並給對方看更多的圖片。卡滕伯恩把這段往事講給我聽的時候，感慨說這份工作很不容易。他告訴我，他之所以能撐下來，靠的是讓工作變得有趣的決心。每天早晨開工前，他都會對着鏡子裡

的自己打氣說：「卡滕伯恩，要想填飽肚子，你就得做下去。既然必須做下去，為甚麼不高高興興地做呢？每次按門鈴的時候，不妨把自己想像成聚光燈下的演員，開門的人就是你的觀眾，她正站在那兒看着你呢。畢竟你幹的這事兒就像舞台劇一樣滑稽嘛。所以幹嗎不多投入一些熱情和興趣呢？」卡滕伯恩先生告訴我，正是每天早晨鼓勵自己的這些話，把這份他一度痛恨並害怕的工作變成了一場有趣並且獲利頗豐的冒險。我問他對於渴望成功的美國年輕人有沒有甚麼建議，他說：「有的，要每天早晨給自己打打氣。我們總在強調早上起來要做些運動，讓自己從半夢半醒的狀態中清醒過來，所以很多人早起都有走動一下的習慣。但是我們清晨需要更多的精神運動和頭腦運動，讓自己迅速進入戰鬥狀態。所以，每天給自己鼓鼓勁兒吧。」每天給自己鼓勁聽起來會不會有些幼稚？不，正相反，這是良好心理素質的核心。「**思想塑造人生。**」馬可·奧勒留 18 世紀前在《沉思錄》中寫下的這句名言，在當今依然成立。和自己對話能夠把思想引向勇氣、幸福、力量和平靜。和自己聊聊生活中那些讓你感激的事情，你就可以讓心靈逍遙歌唱。積極的思維方式能夠把任何工作都變得沒那麼討厭。老闆總想讓員工熱愛工作，這樣他們就能掙更多錢。不過先別管老闆想要甚麼，想想看熱愛工作能讓你自己得到甚麼。記得提醒自己，在工作中找到樂趣能夠讓生活的幸福感加倍。既然你每天要把一半時間花在工作上，如果你在工作中找不到樂趣，那麼在其他地方也很難找到。記得提醒自己，對工作的興趣會讓你的心靈遠離憂慮，而且長遠來看很可能帶來加薪升職的機會。就算沒有這些實質性的回報，也能把你的疲勞感降到最低，讓你從容地享受閒暇時光。

Section 28
如何從失眠的焦慮中解脫

　　晚上睡不好的時候你是不是會很擔心？那麼這個事實大概會引起你的興趣——著名的國際律師森姆·安特默一輩子都沒睡過一夜好覺。讀大學期間，他深受哮喘和失眠的折磨。他發現二者都無法治癒，於是決定退而求其次，把失眠當作優點來利用。睡不著的時候，他不再輾轉反側，焦慮到崩潰，而是立刻起床學習。結果如何呢？他把所有的課業榮譽攬入囊中，並成為紐約城市大學的傳奇畢業生。

　　成為執業律師後，安特默的失眠症仍未痊癒，但他已經不會為此憂慮了，而是覺得「順其自然就好」。雖然睡眠時間少得可憐，他的健康卻並未受損。他像紐約其他律師新秀一樣勤奮，甚至比他們還要勤奮，因為其他人睡覺的時候他也在工作。

　　二十一歲時，安特默的年薪就高達七萬五千美元。他出庭的時候，其他年輕律師紛紛慕名而來，想要偷學他的方法。1931 年，他在單起訴訟上入賬整整一百萬美元現鈔，大概是有史以來最高的律師費了。

　　失眠症始終纏着他不放。他每晚閱讀到凌晨，五點起床開始口述信函。大多數人剛起床上班的時候，他白天的工作已經完成大半了。這位幾乎沒睡過一晚好覺的先生活到了八十一歲高齡。假如當初他因為失眠而煩躁焦慮，他的人生走向大概完全不同。

　　我們把人生三分之一的時間用於睡眠，但沒人了解睡眠的意義

是甚麼。我們知道這是一種習慣和天生的修復能力，但是我們不確定每個人究竟需要幾小時睡眠，甚至不知道我們是否真的需要睡眠。這是異想天開嗎？並不是。第一次世界大戰期間，一個名叫保爾・克恩的匈牙利士兵不幸中彈，子彈射穿了他的大腦額葉。他從重傷中康復後，再也無法入眠。醫生嘗試了各種鎮靜劑、麻醉藥甚至催眠術，保爾・克恩依舊無法入睡，甚至感覺不到一絲睏意。醫生斷言他活不長了，但是保爾・克恩卻讓醫生的診斷成了笑話。他找到了工作，多年來一直健康狀況良好。他也會躺下來閉目養神，只是無法睡着。他的案例至今仍是醫學上的一個謎，顛覆了我們對睡眠的許多認知。

　　一些人對睡眠的需求高於其他人。意大利指揮家托斯卡尼尼一天只需要睡五小時，而美國總統卡爾文・柯立芝需要的睡眠時間是前者的兩倍多，每天要睡十一小時。換句話説，托斯卡尼尼一生的五分之一用於睡眠，而卡爾文・柯立芝卻有一半人生是在睡夢中度過。

　　為失眠這件事擔憂給你造成的傷害遠遠大於失眠本身。舉個例子來説，我的一個學生伊拉・桑德納被長期失眠折磨得幾乎要自殺。他住在新澤西州里奇菲爾德公園歐沃派克大街 173 號。伊拉・桑德納告訴我：

---·!·- CASE -·!·---

　　我真覺得自己要瘋了。我原來睡得很沉，就算鬧鐘響了我都聽不見，早晨總是遲到。老闆警告我上班要準時，我知道如果我再這樣睡過頭，遲早得丟了工作，所以很焦慮。

　　我跟朋友們講了這件事，一個朋友建議我睡覺前把注意力集中在鬧鐘上。失眠就這樣開始了！那個該死的鬧鐘滴答滴答滴答的聲音簡直讓我得了強迫症，讓我整晚翻來覆去睡不着。天亮的時候，我覺得自己生病了，病因就是疲倦和焦慮。這種情況持續了八週，我遭受的折磨簡直無法用語言形容，再這樣下去真的要瘋了。有時我在屋裡走來走去，一走就是幾個小時，真想從窗口跳出去一了百了！

　　最後我去見了從小熟識的醫生。他對我說：「伊拉，我幫不了你，誰都幫不了你，只有你自己才能解決這件事。晚上照例上床睡覺，如果睡不着，也別亂想。告訴自己：『我才不在乎睡不睡得着。就算是躺到天亮又有甚麼關係呢？』別睜眼睛，對自己說，『只要我躺得好好的，不亂想，我就是在休息。』」

　　我照他的話做了，只過了短短兩週，我就能睡着了。不到一個月，我就恢復了每天八小時睡眠，緊繃的神經也漸漸恢復了正常。

-·-·-CASE-·-·-

　　可見折磨伊拉·桑德納的並不是他的失眠，而是他對失眠的擔憂。

　　芝加哥大學的克萊特曼教授堪稱睡眠研究第一人，在睡眠這個課題上，他是世界級的權威學者。他說還沒有人被失眠奪取生命。當然，或許有人因為失眠陷入焦慮，抵抗力降低，導致細菌侵襲，但這是焦慮而非失眠本身造成的。

　　克萊特曼教授還說，那些擔心失眠的人通常沒有意識到，他們的實際睡眠時間比自己想像的要多。信誓旦旦地宣稱「整晚合不上眼」的人很可能睡了幾個小時，而自己卻沒有察覺。夏拔史賓莎是 19 世紀最卓越的思想家。那時他是個老單身漢，獨自住在一間寄宿公寓中。他總是逢人就抱怨自己的失眠，周圍人都厭煩了這個話題。他用耳塞堵住耳朵，阻擋噪音，放鬆神經，有時甚至用鴉片輔助入睡。一天晚上，他和牛津大學的塞斯教授同住一間旅館房間。第二天早晨，史賓莎抱怨說他一整晚都沒合過眼。然而事實上，整晚沒合眼的是塞斯教授——史賓莎的呼嚕聲讓他一宿沒睡着。

　　良好睡眠的首要條件是安全感。我們需要相信，某種比我們強大的力量會在夜晚守護我們，直到天明。西賴丁救濟院的湯馬士·希斯洛普醫生在英國醫學會的致辭中強調了這一點。他說：「我從多年實踐經驗中得知，最好的睡眠藥方就是祈禱。我純粹是從醫生的角度得出這個結論的。有祈禱習慣的人會發現，祈禱是最有效的精神鎮靜劑，能夠平復緊繃的神經。」

　　「交給上帝……然後放手。」珍妮特·麥克唐納告訴我，當她沮喪不安，無法入睡的時候，她總能從《詩篇》第 23 篇中得到安全感：「耶和華是我的牧者，我必不致缺乏。他使我躺臥在青草地上，領我在可安歇的水邊……」

　　如果你沒有宗教信仰，那麼就辛苦一點兒，試着用物理方法放鬆吧。《從緊張中釋放》一書的作者大衛·哈羅德·芬克醫生說過，最好的方法是同你的身體說話。據芬克醫生所言，所有催眠術的秘訣都是語言暗示。如果你總是無法入睡，那是因為你給身體傳遞了失眠的信號。解決這個問題的方式就是反催眠，你可以告訴你的身體和肌肉：「放輕鬆，放輕鬆……鬆弛下來，休息一下。」我們都知

道，當肌肉處於緊張狀態的時候，心緒和神經也無法放鬆。因此，如果想要恢復睡眠，就應當從放鬆肌肉開始。芬克醫生提出了這些建議：在膝蓋下面放一個枕頭，在手臂下面墊上小靠墊，放鬆腿部和臂部的緊張感。隨後，依次讓下頷、眼睛、手臂和腿部放鬆。這樣一來，我們還不知道究竟是甚麼奏效了，就已經睡着了。我親自嘗試過這個方法，所以我知道它很有效。

如果你有睡眠問題，不妨讀一讀芬克醫生這本《從緊張中釋放》，我在之前的章節中也提到過這本書。這是我知道的唯一一本既生動有趣，又對失眠有實際療效的著作。

失眠的最佳解藥是讓身體感到疲勞，你可以嘗試園藝、游泳、網球、高爾夫、滑雪或是消耗體力的勞動。美國作家西奧多・德萊塞就是這樣做的。當他還是個默默無聞的年輕作家時，他飽受失眠困擾，所以在紐約中央鐵路找了份護路工的工作。一整天夯道釘、鏟碎石的勞動下來，他總是倒頭便睡，累得連晚飯都沒力氣吃。

身體足夠疲累的時候，連走路都能睡着。舉個例子，我十三歲那年，父親要運一整車豬仔到密蘇里州的聖約瑟夫。由於他有兩張免費火車票，就把我也帶上了。那時的我連人口超過四千的小鎮都沒去過，更別提聖約瑟夫這種人口超過六萬的大城市了。因此我興奮不已，城市裡六層高的摩天大樓和有軌電車在我眼裡彷彿神跡。直到現在，我閉上眼睛，電車的形象和聲音仍然清晰如昨。度過了我人生中最興奮的一天之後，父親帶我坐火車回到雷文伍德。我們凌晨兩點才到站，下火車後還要徒步 4 英里才能回到農場的家。我講這個故事是想說：那天我實在累壞了，走路的時候不僅睡着了，還做了夢。後來我也經常在馬背上睡着。所幸我現在還能活着給大家講這個故事！

　　人們筋疲力盡的時候，不管面對颶風下雨，還是戰爭威脅，都能夠安心酣眠。著名神經學家福斯特・甘迺迪博士曾經告訴我，1918年，英國第五軍隊撤退的時候，他親眼看到士兵累得直接躺倒在地，像陷入昏迷一樣沉沉睡去。甘迺迪博士用手翻他們的眼皮，他們都醒不過來。他還說他注意到人睡着的時候，瞳孔總會向上轉動。「從那以後，」甘迺迪博士說，「我有睡眠問題的時候，就會試着向上轉轉眼珠，我發現幾秒鐘之後我就會產生睏意，哈欠連天了。這是一種我無法控制的條件反射。」

　　從來沒有人以不睡覺這種方法自殺，也沒有人做得到。不論人的意志力有多強，天性都會迫使人睡覺。人類忍耐飢渴的能力甚至也遠勝於忍耐睏倦的能力。

　　提到自殺，我想起亨利・林克醫生在他的著作《重新發現人類》中提到的一個案例。林克醫生是心理公會副主席，曾經和許多焦慮抑鬱的患者深談過。在《論戰勝恐懼與憂慮》一章中，他提到了一位想要自殺的患者。林克醫生知道勸說只能讓情況更糟糕，於是他這樣對患者說：「如果你無論如何都不想活了，至少要選一種英勇的方式，可以試試繞着街區奔跑，直到倒地身亡。」

　　患者照做了，不止一次，而是好幾次。每次他都感覺比前一次更好，至少精神狀態如此。第三天夜裡，他身體極其疲憊（也極其放鬆），以至於睡得像豬一樣，這也是林克醫生一開始的意圖。在那之後，他加入了一個運動俱樂部，開始參加各種競技比賽。很快，他就感覺好多了，再也沒有輕生的念頭。

　　想要擺脫失眠引發的焦慮，請參照下面五個規則：

1. 按照森姆・安特默的做法，如果睡不着，就起床工作或者閱

讀，直到有睏意為止。

2. 請記住，沒有人會因為缺少睡眠而死。為失眠擔心對你造成的傷害遠大於失眠本身。

3. 嘗試祈禱，或像珍妮特・麥克唐納那樣重複《詩篇》第23篇。

4. 放鬆身體。讀一讀《從緊張中釋放》這本書。

5. 多鍛煉，讓身體疲憊到無法保持清醒。

預防疲勞，保持精力的六種方法

原則 1

不要等到累了才休息。

原則 2

學會在工作時小憩。

原則 3

家庭主婦要學會如何在家裡休息，進而保持青春。

原則 4

培養下述四個良好的工作習慣：

①清理書桌上所有資料，只留下和手頭工作相關的文件。
②按照輕重緩急處理事務。
③遇到問題的時候，如果你已經掌握了決策所需的信心，就立即
　着手解決，不要拖延。
④學會組織、委任和監督指導。

原則 5

以工作熱情擊敗憂慮和疲勞。

原則 6

請記住，沒有人會因為失眠而死，為失眠擔心對你造成的傷害遠大於失眠本身。

CHAPTER 08

怎樣找到令你快樂的事業並取得成功

HOW TO FIND THE KIND OF WORK IN WHICH YOU MAY BE HAPPY AND SUCCESSFUL

人生最重要的決定

　　這一章旨在幫助那些尚不清楚自己想做甚麼工作的年輕人。如果你是這樣的人，閱讀這一章或許會對你未來的人生產生深遠的影響。

　　未滿十八歲的年輕人大概很快就會面臨人生中最重大的兩個決定。這兩個決定將會徹底改變你的命運，不僅會影響你未來的幸福、收入和健康，也會成就你或是擊垮你。

　　究竟是哪兩個重大決定呢？

　　1.　你將如何謀生？成為農民？郵差？化學家？護林員？速記員？販馬商？大學教授？還是開個自己的漢堡攤？

　　2.　你會選誰成為你孩子的父親／母親？

　　無論哪個決定都像是賭博。哈利·愛默生·福斯迪克在著作《堅持到底的力量》中寫道：

　　　　每個孩子在選擇職業的時候都是賭徒，賭注是自己的一生。

　　選擇職業的時候，怎樣才能降低風險？請繼續往下讀，我們會盡己所能地為你找出解決方案。

　　首先，試着找到你的興趣所在。大衛·古德里奇是輪胎製造商古德里奇公司的董事會主席，我問他事業成功的先決條件是甚麼，他的答案是「享受工作」。他說：「如果你喜歡你在做的事情，哪怕工作再長時間，你都不會覺得這是工作，反而覺得像是消遣。」

愛迪生就是一個很好的例子。這個幾乎從未受過教育的報童長大後改變了整個美國。他一天要工作十八小時，吃住都在實驗室裡，卻並不覺得辛苦。「我一生中從未工作過一天，」他說，「我的工作等同於娛樂。」

難怪他如此成功！

查爾斯・施瓦布也向我表達過同樣的看法。他說：「只要充滿激情，做任何事情都能成功。」

但假如你連自己想做甚麼都沒有概念，你又怎麼會對工作產生熱情呢？埃德娜・克爾夫人曾經為杜邦公司招聘過上千名僱員，現在擔任美國日用品公司的勞資關係助理總監。她告訴我：「竟然有這麼多年輕人不知道他們內心真正想要做甚麼，真是可悲。我認為最可憐的就是那些只為薪水工作，其他一無所獲的人。」克爾夫人說連大學畢業生都會這樣對她說：「我有達特茅斯學院的學士學位（或是康奈爾大學的碩士學位），您這兒有甚麼我能做的工作嗎？」他們不知道自己能做甚麼，也不知道自己想做甚麼。難怪有這麼多能力出眾的年輕人懷抱夢想走進社會，卻漸漸變成了垂頭喪氣甚至精神失常的中年人。事實上，找到合適的職業對健康也至關重要。約翰・霍普金斯大學的雷蒙德・佩爾博士和幾家保險公司聯合做了一個課題，研究長壽的影響因素都有甚麼。「合適的職業」在佩爾博士的結論中位於前列。他大概會贊同湯馬士・卡萊里的這句話：**「找到一生事業的人是幸運的。他們不再需要其他幸福。」**

前不久，我和保羅・博因頓聊了一個晚上。他是美孚石油公司的人力資源總監。過去二十年間，他面試過的申請者超過七萬五千人，還曾經寫過一本名為《找工作的六種途徑》的著作。我問他：「現在的年輕人找工作時最容易犯的錯誤是甚麼？」「他們不知道自己想

幹甚麼。」他說。人們用來思考買哪件衣服的時間竟然遠多於思考職業的時間，這真是讓人震驚。衣服只能穿幾年，職業卻決定了未來，關係着人一生的幸福和安寧啊！

那麼你能做些甚麼呢？不妨試試「職業指南」這種專業輔助手段。它有可能幫到你，也有可能妨礙你 —— 這要取決於職業諮詢師的能力和個性。這個新工具尚在初級階段，遠未發展完善，但是前景廣闊。如何利用這個新學科呢？請向你所在的社區尋求專業的就業指導和職業測試。

這種指導只是建議，決定權仍在你自己。請記住，即使是專業諮詢師，也並不會永遠正確。他們彼此之間都有可能產生分歧，甚至犯下荒謬的錯誤。舉個例子，曾經有個職業指導諮詢師建議我的一位學生從事寫作，只因為她的詞彙量驚人。多荒謬啊！寫作哪有這麼簡單。要想把自己的思想和情感準確地傳遞給讀者，你並不需要大量詞彙，但卻需要想法、經歷、信念、例證和熱情。建議這個姑娘去當作家的諮詢師只在一件事上取得了成功 —— 他成功地把一個快樂的小速記員變成了一個垂頭喪氣的偽小說家。

我想說的是，即便是職業指導專家也像你我一樣，有可能犯錯。你最好多諮詢幾位，然後用常識來檢驗他們的結論。

你或許會奇怪，為甚麼我會在一本論述憂慮的書中專門用一整章談職業。如果你知道世間有多少憂慮、遺憾和挫折是由討厭的工作釀成的，你就不會再感到奇怪了。不妨去問問你的家人、鄰居甚至上司有沒有類似的經歷。智者約翰・斯圖爾特・穆勒說，那些與工業社會格格不入的人是「社會的最大損失」。話雖沒錯，但這些煩透了工作的「格格不入的人」也是世界上最不快樂的人。

你一定聽說過在部隊中精神崩潰的士兵吧，他們真是去錯地方

了。我指的不是那些在戰爭受傷，而是在日常任務中崩潰的人。當代最偉大的心理學家威廉・梅寧哲博士曾經在戰爭時負責部隊的精神科。他說：「部隊充分驗證了選拔與任命的重要性，以及讓合適的人做合適的事情的重要性。對自己的工作抱有信念是至關重要的。如果一個人對他做的事情毫無興趣，甚至認為自己被安排在錯誤的位置，自己做的事情沒人讚賞，才華被浪費，那麼必定會導向精神疾病或有誘發精神疾病的可能性。」

出於同樣的原因，人同樣會在職場上精神崩潰。如果商人厭惡自己做的生意，也很可能會親手毀了它。

來看看菲爾・詹森的例子吧。菲爾的父親讓他在自己開的洗衣店裡打工，希望兒子能夠繼承家業。但是菲爾對洗衣店毫無興趣，他在店裡整天磨洋工，多一點兒工作都不肯做，有時候乾脆就玩兒失蹤。父親傷心不已，覺得自己養了個胸無大志的廢物，在員工面前抬不起頭來。

有一天，菲爾告訴父親，他想去機械修理店找份工作，當一名機修工。甚麼？兒子竟然想拋下家業，去當工人？老父親震驚不已。但是菲爾主意已定。他穿上油膩的髒工作服，幹起活來比在洗衣店勤快數倍，不僅自願加班，甚至一邊工作一邊愉快地吹着口哨！他主動學習工程學，研究發動機的原理，整天和機器打交道。1944 年，當菲爾・詹森辭世的時候，他已經成為波音飛機製造公司的總裁，正在着手研發後來在戰爭中起到關鍵作用的轟炸機。如果他一直守着家裡的洗衣店，他和洗衣店的命運又會如何呢？我想，大概他父親的生意就此毀了。

我想告誡年輕人的是，即使冒着和家人鬧翻的風險，也不要迫於家裡的壓力接手不想做的事情。只做你真正想做的工作！不過，

也別完全把父母的建議當作耳旁風。他們的生活經驗比你豐富得多，也因此具有只有經過歲月的洗刷才能歷練出的智慧。但是歸根到底，你才是最終的決策者。不管是快樂還是難熬，工作都是你自己的。

說了那麼多，究竟該如何選擇職業呢？下面就是我的忠告：

1. 研讀下述五個關於怎樣選擇就業指導諮詢師的建議。這些忠告出自哥倫比亞大學的哈利・基特森教授，他是美國頂尖的就業指導專家，因此這些信息十分可靠。

（1）對那些號稱能夠預測職業的神奇法術敬而遠之，包括骨相學、占星、性格分析、筆跡占卜等。這類方法並沒有用。

（2）如果對方說只要做個測試就能夠判斷你應該選擇哪種職業，不要相信他。這樣的人違背了就業諮詢師的基本原則。就業諮詢師必須綜合考慮就業者的生理狀況、社會背景和經濟條件，在就業者可選擇的機會範圍內提供服務。

（3）選擇那些具備職業信息庫，並且在諮詢過程中使用信息庫的諮詢師。

（4）全面透徹的就業指導服務往往需要多次面對面的交流。

（5）不要僅通過郵件進行就業諮詢。

2. 遠離供大於求的熱門領域。謀生的方式多種多樣，然而年輕人卻一窩蜂地盲從扎堆。結果怎樣呢？一所學校裡有三分之二的男孩就業選擇局限在五種 —— 兩萬種職業中的五種 —— 而女孩中有五分之四同樣如此。難怪一些領域人滿為患並且競爭激烈，難怪擔憂、焦慮和不安全感在白領階層不斷蔓延。在決定擠進法律、新聞、電台、電影等被認為是「金飯碗」的領域之前，最好慎重考慮。

3. 遠離掙錢概率只有 10% 的工作。以銷售人壽保險為例，

每年有不計其數找不到工作的人頭腦發熱地去當保險推銷員，卻不懂得提前想想做這行的成功概率有多小。怎麼解釋呢？聽聽富蘭克林・貝特格先生怎麼說吧。他在費城房地產信託大廈工作。二十年來，貝特格先生穩坐美國保險銷售的第一把交椅。他說，有 90% 的推銷員入行第一年就會因挫敗感而放棄；在留下來的人當中，每十人中有一個人能夠完成總業績的 90%，而餘下的九個人爭奪餘下 10% 的生意。換而言之，如果你打算進入這行，有 90% 的概率你會在一年內失敗退出。就算你堅持下來，也有 90% 的概率只能勉強填飽肚子，而掙到上萬年薪的概率只有 1%。

　　4. 在決定投身於某個領域之前，先花幾週甚至幾個月的時間充分了解這個行業。如何了解呢？和那些做這行數十年的人聊聊。這樣的交談會對你的未來產生不可估量的影響。我自己就深有體會。二十歲出頭的時候，我曾經向兩位年長的職場人士尋求就業建議。如今回過頭來看，這兩次交談正是我職業道路的關鍵轉折點。我很難想像如果沒有這兩位前輩的指導，我的人生會變成甚麼樣。

　　怎樣才能得到這樣的交談機會呢？舉個例子，假如你想成為建築師，決定入行前，你應該花幾週時間拜訪你所在城市的建築師。從電話黃頁上很容易查到他們的姓名和工作地址，有時不用預約就可以直接拜訪他們的辦公室。如果你想提前預約，可以給他們寫一封類似這樣的信：

　　　　能冒昧請您幫我個小忙嗎？我需要得到您的建議。我今年十八歲，想成為一名建築師。但在做決定之前，我想徵求一下您的意見。

　　　　如果您工作繁忙，不方便在工作時間拜訪，如您能准許我在

您家叨擾半小時，着實感激不盡。

我想向您當面請教下述問題：

（1）如果能夠重新選擇，您還會選擇成為建築師嗎？

（2）在對我的基本情況有所了解之後，您覺得我是否適合從事建築這一行？

（3）建築業是否已經人才過剩？

（4）如果我大學學習建築學，四年後找工作是否困難？入行的時候應該從哪裡起步？

（5）如果我工作能力還不錯，前五年的薪資大概在甚麼水平？

（6）成為建築師的優勢和劣勢分別是甚麼？

（7）假如我是您的孩子，您是否會建議我進入建築業？

如果你比較靦腆，不敢獨自面對「大人物」，下面兩個建議或許能幫到你：

第一，找一個同伴和你同去，兩個人一起能互相打氣。如果找不到合適的同齡人，不妨請父親陪你。

第二，請記住，徵詢對方的建議是對他的一種讚美，你的請求會讓他倍感榮幸。成年人都非常樂於給年輕人傳授經驗，建築師會把你的到訪視為一件幸事。

如果你不願意寫信約對方，不妨徑直去對方的辦公室拜訪，告訴對方如能得到他的建議，你將感激不盡。

假如你約了五位建築師，但他們都沒有時間見你（這不太可能發生），那就再約五個人。他們之中總有人願意見你，並且給你無價的建議。有了這些建議，你就不會浪費多年時間盲目摸索或陷入

沮喪。

請記住，職業選擇關乎你的一生，不僅至關重要，而且影響深遠。因此，在行動之前，先花時間充分了解。只有這樣做，才能避免半輩子的時間在懊悔中度過。

如果有條件的話，不妨在物質上報答願意花時間給你建議的那位前輩。

5. 很多人認為世界上只有一種職業適合自己，這種想法是錯誤的。人人都能勝任不止一種職業，當然也可能會有許多不擅長的工作。以我自己為例，如果我在下面這些領域深入鑽研，我相信我會熱愛我的工作，並且有很大概率取得成功：農業、果木栽培、科學農業、醫藥業、銷售、廣告業、報紙編輯、教育、林業。相反，這些工作一定會讓我悶悶不樂，碌碌無為：記賬、會計、工程、經營酒店或工廠、建築、機械貿易和其他上百種工作。

CHAPTER 09

如何減少
財務方面的煩惱

HOW TO LESSEN YOUR
FINANCIAL WORRIES

SECTION 30
70% 的憂慮與金錢有關

如果我知道怎樣讓所有人擺脫財務煩惱，我大概早就進白宮給總統出謀劃策了，而不是坐在這裡寫作。不過我的確有個方法可以幫助你：我會介紹權威人士對這個問題的看法，提出一些實用的建議，並且告訴你哪些書能給你更多指導。

根據《婦女家庭》雜誌的一項調查，人們 70% 的憂慮與金錢有關。蓋洛普民意調查公司的創始人佐治・蓋洛普經過研究，得出了這樣的結論：大部分人相信，只要收入提高 10% 就能解決他們的財務煩惱。可能在某些情況下這個結論是成立的，但是仍有大量例證與之相悖。舉個例子，寫到這一章的時候，我採訪了財務專家埃爾茜・斯台普頓女士。她為紐約沃納梅克百貨公司和金貝爾百貨公司的顧客及員工提供服務，有多年財務諮詢經驗。同時她還擔任獨立諮詢師，向那些被錢所困的人提供幫助。向她求助的人跨越各個收入階層，有年收入不到一千美元的搬運工，也有年薪超過十萬美元的高層管理者。她是這樣告訴我的：「大部分人的財務憂慮並不是錢能解決的。收入的增加只帶來了消費升級，不僅沒有解決任何問題，反而徒增煩惱，這樣的例子我見得太多了。」她接着說道：「金錢煩惱的源頭並不是錢掙得不夠多，而是大部分人不知道怎樣明智地花錢。」（讀到這裡，你大概對這句話嗤之以鼻，對不對？姑且認為斯台普頓女士指的「大部分人」裡不包括你，指的是你的親朋好友吧）

　　有些讀者大概會想：「這個叫卡耐基的傢伙要是像我這樣有那麼多賬單要付，有那麼多家人要養活，他就不會這樣站着説話不腰疼了。」我想説，我也有我的財務危機：我曾經在密蘇里州的玉米田和乾草堆裡每天幹十小時農活，唯一的願望就是不用再忍受這種筋疲力盡的痛苦。而這樣的辛勤勞動換來的報酬是多少呢？一小時一美元？五十美分？連十美分都不到！一整天的苦工換來的只有每小時五美分的微薄薪水。

　　我曾在沒有洗手間也沒有自來水的房子裡一住二十年，也睡過零下 15 攝氏度的房間；我曾為了省五美分的車錢每天走數英里路，也穿過有破洞的鞋和打補丁的褲子；我曾去飯館點最便宜的菜，也因為沒有錢熨衣服，每晚把褲子塞在床墊下壓平。

　　但即使在這些最艱苦的時刻，我也省吃儉用地擠出一分兩分，希望未雨綢繆地攢下一些錢。貧困的經歷讓我明白，若想避免債務危機，就要學會大公司的做法 —— 學會做預算，並且嚴格執行。但是大部分人不懂得這個道理。萊昂・希姆金是我的好友，也是本書出版公司的總經理。他指出，大部分人對於錢非常盲目。他認識的一位記賬員處理公司賬目的時候得心應手，卻在個人理財方面一塌糊塗。假如週五中午發了薪水，他就會在路過商場時衝動地買下櫥窗裡的外套，覺得反正兜裡有錢，想都不想他的房租、水電費和其他要靠薪水付掉的固定成本。但是他也清楚得很，假如公司做生意的時候也這樣糊裡糊塗地拍腦袋做決策，早晚都要破產。

　　在理財方面，要把自己的收入當作公司賬目來管理。雖然怎樣處置財產是你個人的私事，但它像管理生意一樣重要。

　　理財有哪些原則？如何做預算計劃？不妨參考下述 11 個原則：

原則 1：堅持記賬。

五十年前，倫敦的阿諾德・本涅特立志成為小說作家的時候，他還是個窮困潦倒的小伙子。所以他把自己的每筆開支都記錄下來，精確到每枚六便士硬幣的去向。他會不會常常產生疑問，自己的錢都去哪兒了？不，他一清二楚。記賬讓他受益良多，當他日後成為擁有私人遊艇的富豪之後，他依舊保持着這個習慣。

約翰・洛克菲勒同樣有記賬的習慣。每晚做完祈禱上床睡覺的時候，他都清楚地知道每分錢的去向。

我們最好同樣把自己的開銷都記下來。要記一輩子嗎？倒是沒這個必要。理財專家建議我們至少堅持記一個月，三個月最好，精確到每分錢。了解了自己的消費習慣，我們就能制定預算了。

如果你已經知道自己的收入都花在了哪裡，那你在理財方面簡直是萬里挑一的好榜樣。斯台普頓女士告訴我，有人來找她諮詢的時候，她會先花幾個小時了解對方的收支明細，並且一一記錄下來。每當對方看到她記下來的賬目總額時，總會難以相信地驚叫道：「我的錢竟然都這麼花掉了？！」看到自己的賬目，你可能也會有這樣的反應呢！

原則 2：按自己的需求合理制定預算。

斯台普頓女士告訴我，即便兩個家庭一樣住在郊外、養育了同樣多小孩、房子相鄰、收入相當，他們的家庭預算也很可能完全不同。為甚麼呢？因為每個人的需求不同。斯台普頓女士說，預算是因人而異的私事。

按照預算理財並不是為了讓生活變得毫無樂趣，而是給我們物質上的安全感。物質上的安全感會消除憂慮，進而轉化為情感上的

安全感。「有預算有計劃的人往往更容易快樂。」斯台普頓女士下了這樣的結論。

那麼如何着手呢？首先，按照我的建議，先列出所有開銷。然後向專業理財師尋求建議。在人口超過兩萬的大城市，很容易找到願意幫你做免費諮詢的家庭理財機構。他們會幫助你解決金融問題，幫你制定合適的家庭預算。

原則 3：學會明智地消費。

這個原則意味着把金錢的價值最大化。所有大公司都有專業買手和採購專員，他們的職責就是為公司做出最合理的採購決策。你作為個人財產的唯一管理者，為甚麼不嘗試一下他們的方法呢？

原則 4：量入為出。

斯台普頓女士告訴我，她最怕為那些年收入五千美元的家庭做預算諮詢。我問她為甚麼，她説：「因為五千美元是大多數美國家庭的目標。整個家庭會朝着這個目標努力多年，收入也會有相應的穩健增長。但當他們的家庭收入真的實現了這個目標的時候，他們就覺得自己已經完成任務了，消費進而開始失控。他們在郊區買別墅，覺得『這樣能省下房租錢』。他們買新車、新傢具、新衣服——如你所料，這樣很快就會入不敷出。雖然收入達到了目標，但由於胡亂揮霍，他們並沒有以前快樂。」

這很能理解，我們都想享受更好的生活。但是長遠來看，怎樣收穫更多幸福呢？是養成控制開銷的好習慣，還是讓賬單堆滿郵箱，等着債主找上門來？

原則 5：如果需要借錢，藉這個機會累積信用額度。

如果你遇到緊急情況需要借錢，人壽保險、國防債券和儲蓄存單其實就是你口袋中的錢。不過如果通過保險金貸款，你需要確認你的保險有儲蓄功能，即保險單的貨幣價值是多少。有些叫作「定期人壽保險」的險種只具有一段時期內的保障功能，而沒有儲蓄功能，顯然這類保險不能用於貸款。所以記得要問清楚，購買保險前，先確認在你需要籌資的時候，這份保險是否具有貨幣價值。

假如你既沒有保險，也沒有債券，但是有房、車或其他抵押品，你該去哪兒借錢呢？當時是去銀行！銀行受到嚴格的規章制度監管，需要在社區中維護美譽度，利息也是法律規定的固定值，會對客戶一視同仁。如果你在財務上遇到困境，銀行會和你討論並制定適合你的計劃，幫助你走出債務和陰霾。請允許我重複一遍，如果你有抵押品，請選擇去銀行貸款！

但是，假如你是那千分之一沒有抵押品、沒有房產、除了工資之外沒有任何擔保的人，該怎麼辦呢？請珍視生命，記住這個告誡吧：千萬不要去那些在報紙上刊登誘人廣告的貸款公司！廣告把這類公司包裝得像聖誕老人一樣慷慨，但是別信那套！不過也有一些公司誠實可信，遵紀守法。這些公司為需要緊急籌款的人們提供幫助。由於他們面臨的風險更高，募資成本更高，因此利息高於銀行。但是在和貸款公司交涉之前，可以先去銀行和他們的員工聊聊，請他們推薦可靠的貸款公司。否則的話 —— 我不想嚇唬你，但是下面這件事是真實發生過的：

明尼阿波利斯市的一家報刊曾經做過一項深度調查，研究貸款公司是否嚴格依據拉塞爾‧塞奇基金會制定的規章制度運營。我認識參與了那次調查的記者道格拉斯‧勒頓，他現在供職於《你的人

生》雜誌。道格拉斯・勒頓告訴我，那些貧困階層的債務人面對的壓榨讓人毛骨悚然，五十美元的貸款會利滾利，最終高達三四百美元。工資被強行與債務綁定，而通常債務人會因此被公司開除。當債務人最終無力償還貸款的時候，放高利貸的人就會以「評估傢具價值」為名闖進家門，把債務人的家當一掃而空。一些只貸了少額貸款的人還了四五年都還不清。這些事情是聳人聽聞嗎？按道格拉斯・勒頓的話來說：「我們不斷把這些高利貸案件移交法院，案件多得讓法官告饒，我們的報紙甚至不得不專門成立了一個仲裁部門，應對上百起類似案件。」

高利貸怎麼會有這麼高的利息呢？答案就在所有隱藏費用和額外的訴訟費中。和貸款公司打交道一定要記住，如果你百分百確信自己可以迅速還清貸款，那麼你的利息會較為合理，只要付清就不會遇到甚麼麻煩。但如果你需要續借，利滾利之後的高額欠款連愛因斯坦都算不清。道格拉斯・勒頓告訴我，有時候這些額外的費用高達初始借款的 2000%，比銀行費用高五百倍！

原則 6：為疾病、火災等意外情況做好保障。

保險只收取相對較少的費用，卻能夠在所有意外情況下為你提供一份保障。你不用連在浴缸裡滑倒和風疹這類小事都上保險，但是我建議你為人生的重大不幸打個預防針。和這類事情會花費的錢和心血相比，保險費並不算貴。

我認識的一位女士去年住了十天醫院，出院時賬單上只有八美元。為甚麼這麼少呢？她提前購買了住院醫療保險。

原則 7：不要讓你的人壽保險以大額現金形式結算給受益人。

如果你希望通過人壽保險讓家庭受益，千萬不要讓保險公司以一大筆現金的形式兌付。

「有錢的新孀婦」通常會發生甚麼情況呢？我想請馬里恩・艾博里夫人來回答這個問題。作為人壽保險協會女性部門的負責人，她在全美國的婦女俱樂部做巡迴演講，傳授使用人壽保險的智慧。她的辦公地點在紐約市東 42 街 60 號。她建議使用人壽保險為家人提供生活保障，但不要讓保險一次性償付一大筆保險金。她告訴我，曾經有一位孀婦獲得兩萬美元保險金後，把這筆現金借給兒子做汽車配件生意。不料兒子經商失敗，這位母親也一貧如洗。還有一位孀婦被房地產銷售員的花言巧語哄騙，把大部分保險金都投資土地。當時銷售員信誓旦旦地保證土地價值一年之內就會翻番，不料三年後，她賣掉這塊土地的時候，價值只有當初的十分之一。另一位孀婦獲賠了一萬五千美元保險金，然而一年後卻不得不求助兒童福利協會幫忙撫養她的孩子。類似這樣的悲劇還有成千上萬。

「假如女性有兩萬五千美元可支配金額，平均不到七年就會把它花光。」紐約郵報的金融編輯西爾維亞・波特在《婦女家庭》雜誌中下了這樣的結論。

多年前，《星期六晚郵報》在社論中提道：「由於大部分孀婦對商業一無所知，也沒有理財專家指導，因此很容易被那些刻意接近她們的精明推銷員哄騙，把丈夫的人壽保險投資在不可靠的股票中，大家都聽說過這類事情。由於家人輕信那些以坑蒙拐騙為生的騙子，男人一生省吃儉用、忘我奉獻積攢下來的積蓄，被輕易地一捲而空，任何一個律師或銀行家都能舉出許多這樣的例子。」

如果你想為家人提供保障，不妨聽取世界上最睿智的金融家摩根的建議。他在遺囑中聲明把財產留給十六位繼承人，其中有十二

位女性。他是否留給她們一大筆現金呢？並沒有，他以信託基金的形式保障這些女性終生都有月收入。

原則 8：讓孩子養成正確的金錢觀。

我永遠不會忘記在《你的生活》雜誌中學到的一課。作者斯特拉在文章中講述了她幫助女兒樹立金錢觀的方法。斯特拉為九歲的女兒額外申請了一本支票，而自己扮演兒童儲蓄銀行的角色。每週女兒收到零花錢時，都會先把錢存在媽媽那裡。然後這一週每當她想要一兩分錢的時候，就寫一張支票，這樣她清楚地知道自己的開支和餘額。小姑娘不僅從中得到了樂趣，也學會了對自己的存款負責。

這是個絕妙的方法。如果你家也有學齡兒童，不妨考慮用這種方法教會孩子如何理財。

原則 9：開源節流，用烤箱掙點外快吧。

如果你按照預算理性消費，但還是覺得捉襟見肘，你可以選擇焦躁地抱怨，也可以做點兒兼職計劃。怎麼做呢？掙錢的方法本質上是滿足目前尚未飽和的市場需求。住在紐約傑克森高地 83 街 37 號的內莉·施佩爾夫人就是這樣做的。

施佩爾夫人的丈夫過世了，兩個孩子都已經成家，她獨自住在空蕩蕩的三室一廳的公寓裡。一天，她在雜貨店的冷飲櫃檯吃冰淇淋的時候，發現冷飲櫃檯正在銷售的甜食餡餅看起來很不好吃。於是她問店主願不願意從她這裡買些真正的自製餡餅。店主試着訂了兩個。「雖然我廚藝很好，」施佩爾夫人說，「但是在搬到紐約之前，我家裡有傭人，我這輩子親手烤過的餡餅不超過十個。拿到訂

單後，我請鄰居家的主婦教我烤蘋果餡餅，然後自己做了一個蘋果的，一個檸檬的。我的自製餡餅在顧客中大獲好評，於是雜貨店第二天又訂購了五個。漸漸地，其他的冷飲櫃檯和快餐櫃檯也開始找我訂購餡餅。兩年間，我平均一年烤了五千個餡餅，所有工作都是我自己一個人在狹小的廚房裡完成的。現在我一年淨賺一千美元，成本只有餡餅的原料而已。」

施佩爾夫人的自製點心越來越供不應求，於是她搬出自家廚房，開了一個點心店，僱了兩個女孩幫她烤餡餅、蛋糕、麵包和蛋卷。即使在戰爭期間，顧客也願意排一個小時的長隊買她家的點心。

「我這輩子從來沒有這樣快樂過，」施佩爾夫人説，「我每天在店裡忙碌十二至十四個小時，但是從不覺得疲倦，因為在我眼中這並不是工作，而是一場生活的冒險。我想通過自己的努力給周圍的人帶來一點兒快樂。母親和丈夫的離去給我的生活留下了巨大的空虛，如今工作填補了這片空白，讓我沒有時間再感到孤單或憂愁。」

我問施佩爾夫人，廚藝較好的女性能否在人口超過一萬的大城市裡用同樣的方法掙外快，她肯定地説：「當然沒問題啦！」

奧拉・斯奈德夫人也會給出同樣肯定的回答。她生活在伊利諾州梅塢市，這是一個三萬人的城鎮。她用自己家的廚房和只花了十美分的原料開始了自己的小買賣。丈夫病倒後，她得獨自扛起養家糊口的責任。但是怎麼做呢？她是家庭主婦，沒有工作經驗，沒有資本，也沒有一技之長。她試着用蛋清和糖烤製糖果，然後來到學校附近，把糖果賣給放學的孩子，一美分一塊。「明天多帶幾分錢吧，」她對孩子們説，「我每天都會帶着自製糖果過來。」斯奈德夫人不僅賺到了錢，也為生活增添了新的樂趣，讓自己和孩子們都很開心，不再有時間煩惱。

這個安靜瘦弱的小鎮家庭主婦並未滿足於此，她決定把生意擴大到大城市芝加哥，聘請代理商幫忙銷售她的自製糖果。她怯生生地和一個賣花生的意大利人搭話，對方不置可否。他的顧客想要的是花生，不是糖果。於是斯奈德夫人請對方試吃，意大利人很喜歡，決定幫她代銷，第一天就掙到了錢。四年後，斯奈德夫人在芝加哥開了一間八英尺寬的小糖果店。她晚上做糖，白天銷售。這位腼腆的家庭主婦從自己家的廚房起步，如今擁有了十七間門店，其中有十五間都開在芝加哥繁華的盧普區。

我想說的是，無論是紐約的施佩爾夫人還是伊利諾州的斯奈德夫人，在財務壓力面前都沒有一味愁眉不展，而是積極應對。她們的小生意從自己家的廚房開始，因此不用顧慮管理費、租金、廣告和薪水開支。這樣的女性永遠不會被財務壓力擊垮。

看看周圍，你會發現許多尚未被滿足的市場需求。比如你擅長烹飪，可以考慮在自己家開設烹飪課程，住在附近的年輕女孩都是你的潛在學員。

除此以外，還有許多圖書教授在業餘時間掙錢的方式，不妨去圖書館借來一讀。無論男女老幼，面前都有很多創業機會。不過我有一個小忠告：除非你天生擅長推銷，否則不要以登門拜訪的形式推銷你的生意。大部分人都厭惡這種形式，因此很容易搞砸。

原則 10：永遠不要賭博。

那些把發財的希望押在賽馬或老虎機上的人讓我震驚不已。我認識一個靠經營老虎機發家的人，對於那些天真地幻想能夠擊敗這種作弊機器的賭徒，他的言語之間充滿蔑視。

我還認識全美最知名的賽馬經紀人，他是我的成人教育課程的

學生。他告訴我，雖然他對賽馬這行了如指掌，但也無法通過賭馬掙到錢。然而每年愚蠢的人們押在賽馬上的錢高達六十億美元，是1910年美國國債的六倍。這位賽馬經紀人還說，毀掉一個人的最佳方法就是讓他去賭馬。我問他根據內幕消息，賭馬有多大概率會輸，他回答說：「就算你有造幣廠，也一樣會輸光。」

　　如果非要賭博不可，也要學聰明一些，至少要了解賠率有多大。通過甚麼途徑了解呢？不妨讀一讀《如何計算概率》這本書。作者奧斯瓦德‧雅各比是橋牌和撲克方面的權威，他是一流的數學家、專業統計學家，也是保險公司的精算師。這本書用兩百十五頁講述了賭馬、輪盤賭、花旗骰、老虎機、換牌撲克、加勒比海撲克、合約橋牌、競叫皮納克爾牌以及股票交易的賠率。書中還提到了許多其他活動的數學概率。作者的初衷並不是教你賭博賺錢，也沒有摻雜任何個人利益，只是指出在這些常見的博彩方式中賺錢的概率有多少。一旦你了解了賠率，你就會同情那些把辛苦掙到的薪水扔進賭博中的可憐人。如果你正躍躍欲試，這本書會讓你冷靜下來，它為你省下的錢是買書錢的上百倍，甚至上千倍。

原則 11：如果財務狀況無法改善，至少對自己好一些，不要為了無法改變的事情鬱鬱寡歡。

　　如果財務狀況一時無法改變，至少我們能夠改變自己的心態。請記住，每個人都面對着各自的財務問題。貧困階級憂慮自己無法邁入小康，小康家庭憂慮自己無法比肩中產階級，而中產階級憂慮自己無法躋身富裕階級。

　　美國歷史上的一些名人也都曾為錢所困。林肯和華盛頓連赴任就職總統的路費都要四處籌借。

如果得不到想要的一切，也不要終日鬱鬱寡歡。看開些，對自己好一點兒。「不懂得知足的人即使擁有全世界也無法得到幸福。」偉大的古羅馬哲人塞內卡曾經這樣說過。

請記住，即使整個美國都是你的私人莊園，你一天也只能吃三餐，睡在一張床上。

想要減少財務憂慮，請遵照下述十一個原則：

1. 堅持記賬；
2. 按自己的需求合理制定預算；
3. 學會明智地消費；
4. 量入為出；
5. 如果需要借錢，藉這個機會累積信用額度；
6. 為疾病、火災等意外情況做好保障；
7. 不要讓你的人壽保險以大額現金形式結算給受益人；
8. 讓孩子養成正確的金錢觀；
9. 開源節流，用烤箱掙點兒外快吧；
10. 永遠不要賭博；
11. 如果財務狀況無法改善，至少對自己好一些，不要為了無法改變的事情鬱鬱寡歡。

CHAPTER 10

32 個戰勝憂慮的真實故事

How I Conquered Worry (32 True Stories)

1/ 我遭遇了六記重拳

C.I. 布萊克·伍德
戴維斯商學院經營者
奧克拉荷馬州奧克拉荷馬市

1943 年的那個夏天，整個世界的重擔彷彿突然壓到我一個人肩上。

在那之前的四十年間，我過着無憂無慮的平順生活，日常的煩惱無非是每位丈夫、父親和生意人都會遇到的那些瑣碎事。我通常能夠從容化解這些問題，但是突然之間，生活給了我六記重拳。我整夜在床上輾轉反側，害怕天亮又要面對這些問題：

　　1. 由於男孩子們都上前線打仗了，我經營的商學院正在破產的邊緣掙扎。女孩子不用上學就可以在軍工廠找到工作，收入還遠高於我們學校的畢業生。

　　2. 我的大兒子也應徵入伍，我像全天下的父母一樣日夜擔心着自己的孩子。

　　3. 奧克拉荷馬市近期開始大面積徵收土地，預備建造機場，而父親留給我的祖宅就在規劃用地的正中央。政府只會補償房屋價值的十分之一，更糟的是，我將無家可歸。由於住房緊張，我擔心找不到地方給一家六口遮風避雨。我擔心我們很可能要住到帳篷裡去，甚至連買不買得起帳篷都不知道。

　　4. 我家附近正在挖排水渠，導致我家的水井乾涸了。由於土

地即將被徵收，挖口新井就等於白扔五百美元，非常不划算。因此兩個月來，我每天都要早起去很遠的地方，用木桶背水回來，餵養家裡的牲畜。我擔心戰爭結束前我要一直這麼辛苦了。

5. 我家離商學院有 10 英里，而我的加油卡是 B 級，這意味著按規定我不能買新輪胎。所以我整天擔心我那輛老福特車上的破輪胎罷工，讓我沒辦法去上班。

6. 我的大女兒提前一年從高中畢業了。她一心想要讀大學，但我沒錢供她繼續唸書。如果她知道這件事，一定會心碎。

這天下午，我在辦公室裡憂心忡忡地枯坐良久，覺得我是世界上最煩惱的人。我把這些麻煩事一一列在紙上。如果能找到解決辦法，我很願意和這些煩惱做鬥爭，但問題是它們似乎完全超出了我的能力範圍。我一籌莫展，只得把這張清單收了起來。幾個月過去了，我都忘記自己還列過這麼一張清單。

一年半以後，我整理文件的時候，又看到了這張紙。我興致勃勃地讀了又讀，心中感慨良多 —— 曾經讓我茶飯不思的這六個煩惱竟然無一發生！

以下就是事情的後續：

1. 我對破產的擔憂毫無意義，因為不久後，政府開始補貼願意招收退伍士兵的院校，我的商學院很快招滿了學生。

2. 我對長子的擔憂毫無意義，因為他毫髮無損地從前線回家了。

3. 我對土地徵收的擔憂毫無意義，因為在離我家 1 英里的地方發現了油田，用這片土地建機場的成本太高，徵收取消了。

　　4.　我對缺水的擔憂毫無意義，因為當我得知我家的土地不會被徵用的時候，我花錢挖了一口新的深井，從此不必再擔心用水。

　　5.　我對汽車爆胎的擔憂毫無意義，因為我給輪胎做了翻新，開車時也十分小心，輪胎一直撐到現在。

　　6.　我對女兒唸書的擔憂毫無意義，因為在大學開學前的兩個月，我奇跡般地找到了一份審計的業餘兼職，這份工作讓我有能力供女兒唸大學。

　　我以前常常聽人說，我們擔心的事情 99% 都不會發生，當時我只是嗤之以鼻。直到我翻出一年半前那個苦悶的下午寫下的清單，我才懂得了這句話的深意。

　　我很感激與這六個煩惱做鬥爭的那段日子，雖然徒勞無功，但那段經歷教會了我畢生難忘的一課，讓我知道為沒發生的事情煩惱有多麼愚蠢。那些尚未發生的事情不在我們的掌控範圍內，並且或許永遠都不會發生。

　　請記住，今天就是你昨天在擔心的那個明天。不妨問問你自己：我怎麼知道我在擔心的這件事必定會發生呢？

2/ 從悲觀到樂觀只需一小時

羅傑・W. 巴布森
著名經濟學家
麻薩諸塞州韋爾茲利山巴布森公園

　　每當我人生不順，情緒陷入低落的時候，我都能夠在一小時之內趕走憂慮，立刻讓自己變成一個樂觀主義者。

　　我的方法是這樣的：我走進書房，徑直來到放着歷史類圖書的書架前，閉上眼睛任意拿起一本書。無論它是普萊斯考特的《征服墨西哥》還是蘇維托尼烏斯的《羅馬十二帝王傳》，我都會隨機翻開一頁，讀上一個小時。讀得越深入，我越能夠認識到這個世界的苦難。戰爭、饑荒、貧困、瘟疫……天災人禍在歷史的字裡行間肆虐，文明在危機中蹣跚前行。每次讀了一小時歷史書之後，我都會意識到現狀再糟，也比歷史上那些艱難的時刻要好太多。這讓我有能力以正確的態度面對煩惱，並且相信世界儘管多災多難，但越來越好。

　　這個方法值得用一整章來詳述。讀讀歷史書吧！縱觀上下五千年歷史，看看你的煩惱在永恆的世界面前有多麼微不足道。

3/ 擺脫自卑

埃爾默・湯馬士
美國參議員
奧克拉荷馬州

　　十五歲那年，憂慮、恐懼和自我意識折磨着我。我身高 1 米88，體重只有 107 斤。和同齡人相比，我個子太高，又瘦得像麻

秆。雖然長得高，但是我身體羸弱，不管是棒球還是田徑都比不過其他男孩。他們總是嘲笑我，叫我「麻秆」。我煩惱得不敢見人，也確實很少見到別人。我家的農場離主幹道很遠，周圍環繞着參天大樹，從家走半英里才能看到路，我經常整整一週除了家人見不到任何人。

如果我任憑自己沉浸在恐懼和憂慮中無法自拔，我大概早就敗給了生活。那時我總為自己瘦弱的身體怨天尤人，對任何事情都提不起興趣，心中充滿了說不出的羞愧與恐懼。我的母親是個學校老師，所以她懂得我的感受。她告訴我：「孩子，你必須好好學習，既然身體成為你的障礙，你就應當用頭腦謀生。」

然而父母沒有能力供我唸大學，我只能靠自己。我整個冬天都在森林裡獵捕負鼠、臭鼬、貂和浣熊。春天我把獸皮賣掉，換來了四美元，又用這些錢買了兩隻小豬。我用剩菜和玉米餵養牠們，第二年秋天賣了四十美元。籌足學費，我去印第安納州丹維爾市的中央師範學院唸書，每週要付一美元四十美分餐費，五十美分住宿費。我穿着母親做的棕色襯衫（因為她覺得棕色不顯髒）、父親給的不合身的外衣和不合腳的長筒橡膠靴。鞋子本來就大，由於穿得太久，靴子外側的鬆緊帶又失去了彈性，穿在腳上總是要掉。我不好意思和其他同學來往，成天一個人躲在房間裡學習。我最大的願望就是脫下這些丟臉的衣服，堂堂正正地去商店買些合身的新衣。

不久後發生了四件事。這些事情幫助我擺脫了憂慮和自卑，其中一件事甚至完全改變了我的人生，給了我勇氣、希望和信念。這四件事是這樣的：

　　1. 在師範學校上了八週課之後，我就在資格考試中取得了

三等證書，獲得在鄉村公立學校教書的資格。雖然證書的有效期只有半年，但是卻證明了我的價值。這是在母親之外，我第一次得到他人的認可。

2. 幸福山谷的一個鄉村學校決定僱傭我，薪水每天兩美元，一個月能拿到四十美元。這是我第二次獲得他人的認可。

3. 一拿到第一份薪水，我就買了些能穿出門的新衣服。雖然只花了幾美元，但那時的激動卻是如今幾百萬美元也比不上的。

4. 我人生的真正轉折點發生在一年一度的帕特南鄉村集市，這也是我與自卑的鬥爭取得的第一次重大勝利。母親鼓勵我參加集市上的公共演講比賽。一開始，這個想法對我來說簡直是天方夜譚。我連跟別人說話的勇氣都沒有，更別提當着一群人演講了。但是母親對我的信心讓我覺得心裡難過，她把人生的全部希望寄託在我身上，堅信我未來一定能出人頭地。而正是她的信念鼓勵我報名參賽。我選擇的演講題目是「美國的人文與藝術」。雖然我對這個命題一無所知，但是這不要緊，我的觀眾對此也一無所知。

我記得我寫了辭藻華麗的演講詞，對着大樹和牛群一遍遍地背誦。我太想為了母親好好表現，演講的時候充滿了感情。得知自己榮獲一等獎的那一刻，我簡直震驚萬分。觀眾的掌聲和歡呼聲包圍了我。曾經叫我「麻秆」的那些男孩走過來拍拍我的肩膀，對我說：「我就知道你能行，埃爾默！」母親擁抱着我，眼中噙着淚。如今回首過去，我意識到在那次演講比賽中獲勝是我一生的轉折點。當地報紙在頭版頭條報道了我的事跡，斷定我的未來一定前程遠大。我載譽而歸，成了周圍人關注的焦點，讓我的自信

心倍增。

我知道假如沒有贏得那次比賽，我大概永遠也不會成為參議員。那次比賽開拓了我的眼界，讓我第一次發現了自己的潛力，還為我的大學生活提供了全年獎學金。

從那以後，我愈加渴求更多的教育。1896 年至 1900 年，我邊教書邊唸書。為了支付德堡大學的學費，我當過侍應生、火爐工、除草工、記賬員，夏天在麥田和玉米田裡務農，還在道路施工的時候跑去當運碎石的臨時工。

1896 年，我只有十九歲，卻已經做了二十八場演講，為總統候選人威廉‧詹寧斯‧布賴恩拉票。為布賴恩助選的熱情喚醒了我從政的願望，促使我在德堡大學攻讀了法律和公共演說兩個專業。1899 年，我代表大學來到印第安納波利斯參加和巴特勒學院的辯論賽，辯題是「美國參議員應由普選產生」。在那之後，我又贏得了幾次演講比賽，並且成為 1900 屆大學年報《幻景》和校報《守護神》的主編。

在德堡大學獲得文學學士學位之後，我響應政治領袖霍勒斯‧格里利「到西部去」的號召，去了西南部的奧克拉荷馬州。當基奧瓦族、科曼奇族和阿帕切族的印第安保留地開放之後，我認領了一塊地，在勞頓市開了一間律師事務所。我在奧克拉荷馬州參議院任職十三年，在國會下議院工作四年。五十歲那年，我終於實現了一生的志向，於 1927 年 3 月 4 日被選為奧克拉荷馬州參議員。由於奧克拉荷馬及印第安人保留區於 1907 年 11 月 16 日成為美國的第四十六個州，我有幸繼續獲得州參議院、國會和美國參議院的民主

黨黨內提名。

　　我講這個故事絕不是為了吹噓自己的成就，那都是過眼雲煙，沒人會感興趣。回首往昔，當我穿着父親扔掉的衣服和不合腳的長筒橡膠靴走在學校裡時，心裡的窘迫幾乎摧毀了我的人生。我只希望我的經歷能夠給那些同樣為憂慮和自卑苦惱的可憐的孩子們一些勇氣和信念。

　　（原版編者註：年少時為不合身的衣服而難堪的埃爾默．湯馬士，後來被選為美國參議院最佳着裝人士）

4/ 住在真主的花園中

R.V.C. 博德利
湯馬士．博德利爵士的後裔，牛津大學圖書館創始人，
著有《撒哈拉的風》《使者》等十四部著作

　　1918 年，我遠離自己熟悉的世界，來到非洲西北部，同阿拉伯人一起住在撒哈拉沙漠中。當地人稱撒哈拉為「真主的花園」，我就在這座花園住了七年。我學會了遊牧民族的語言，穿得同他們一樣，吃得同他們一樣，像他們一樣生活，而他們的生活方式兩千年來幾乎從未改變。我養了羊，和阿拉伯人一起睡在帳篷裡。我還深入了解了他們的信仰，並隨後寫了一本關於穆罕默德的書 ——《使者》。

　　和牧羊人一起浪跡天涯的那七年，是我一生中最寧靜最滿足的時光。我的人生經歷很豐富。我在巴黎出生，父母是英國人。我在法國住了九年，隨後在英國伊頓公學唸書，之後又考入桑德赫斯特的皇家軍事學院。作為英國軍官，我在印度駐守了六年。在履行軍

人的職責之餘，我和當地人一起打馬球、狩獵，探秘喜馬拉雅山。第一次世界大戰期間，我在前線衝鋒陷陣，並在戰爭進入尾聲的時候作為副武官參與了巴黎和平會議。當時的所見所聞令我在震驚之餘深感失望。在西部前線浴血奮戰的那四年，我堅信我們是為拯救文明而戰。然而在巴黎和會上，我卻看到自私的政治家要掀起第二次世界大戰。每個國家都只顧着攫取自己的利益，國與國之間充滿敵意與對抗，秘密外交的陰謀在會上重現。

　　戰爭、軍隊和社會讓我厭倦，人生中第一次，我為了未來何去何從而徹夜難眠。英國政治領袖勞萊・佐治鼓勵我從政。我正考慮接受他的提議，卻發生了一件奇怪的事情——我巧遇了人稱「阿拉伯的勞倫斯」的泰德・勞倫斯。和他的交談只有短短三分鐘，卻決定了我之後七年的人生的走向。勞倫斯是第一次世界大戰中最具浪漫主義的偶像，他和阿拉伯人一起住在沙漠裡，並且建議我也試試看。

　　一開始，這個建議聽上去像是天方夜譚。但我已經下定決心要離開軍隊，走出自己的路。勞工市場上有成千上萬失業者在找工作，僱主不願意僱用像我這樣的軍官。所以我聽從了勞倫斯的建議，去撒哈拉和阿拉伯人同住。我很高興當時做了這個決定。這些阿拉伯人教會了我如何戰勝憂愁。和所有虔誠的穆斯林一樣，他們都是宿命論者。他們相信穆罕默德在《可蘭經》中寫下的每個字都是真主阿拉的啟示，因此對《可蘭經》中的這句「真主創造了人類，和人類的一切行為」深信不疑。他們平靜地對待生活，即使遇到挫折也不慌不忙，從不自亂陣腳。他們知道注定的事情必會發生，除了真主，沒有人能夠改變任何事情。不過這並不代表面對災難時要坐以待斃。有一次，灼熱的西洛可風向撒哈拉沙漠襲來，怒吼着徘

徊了三天三夜。風暴裏挾着撒哈拉的沙子橫掃上百英里，跨越地中海，一直飄到法國的羅納谷。燥熱的西洛可風彷彿要把我的頭髮燒焦，讓我喉嚨乾渴，眼睛灼痛，齒縫裡都是沙子。我覺得自己像是站在玻璃廠的熔爐面前，整個人瀕臨崩潰，只是勉強維持神志。然而阿拉伯人卻並沒有抱怨。他們只是聳了聳肩，説道：「這是天意。」

但風暴一過，他們就立刻採取行動。他們知道小羊羔在這樣惡劣的條件下無法存活，只好宰殺了所有的小羊羔，希望以此拯救母羊。沒有小羊拖累的羊群被趕向南方，尋找水源。牧羊人冷靜地做着一切應當做的事情，沒有憂慮，沒有抱怨，也沒時間為損失感到難過。部落首領説：「不算太糟，我們並沒有失去一切。感謝真主，我們還有一小半羊，可以重新開始。」

我記得還有一次，我們駕車橫跨沙漠的時候，一個輪胎爆了。司機忘記提前把備胎補好，所以我們只有三個輪胎了。我又慌又氣，情緒激動地問阿拉伯人該怎麼辦。他們提醒我生氣也無濟於事，只會讓人更燥熱。「爆胎是真主阿拉的旨意，沒有人可以改變。」他們説。所以我們開着一個輪胎扁了的車緩緩前進。沒過多久，車又停了下來 —— 汽車沒油了！首領只是淡淡地説了一句：「這是天意。」沒人埋怨忘記帶足燃料的司機，大家只是心平氣和地下車徒步，一路上還唱起歌來。

和阿拉伯人生活的那七年讓我相信，歐美國家的無序、癲狂和神志不清是被稱為「文明」的這種疲憊焦慮的生活的產物。

住在撒哈拉沙漠的那段時間，我無憂無慮。我在真主的花園中得到了心靈的平靜和身體的安康。許多人絕望地找尋，卻尋不着。

1919 年 8 月那個炎熱的午後，假如我沒有和「阿拉伯的勞倫斯」談話，那麼我之後的人生將會完全不同。回首過去，正是這些

在我控制之外的事件一次次改變了我人生的走向，阿拉伯人稱之為「真主的旨意」。不管稱它為甚麼，它都會對你產生影響。如今我已經離開撒哈拉十七年了，但我依然保持着從阿拉伯人那裡學到的順勢而為的心態。這種人生哲學對心理的安撫效果遠勝於任何鎮靜劑。

雖然你我既不是伊斯蘭教徒，也不是宿命論者，但當灼熱的風暴向人生襲來的時候，就讓我們學會接受不可改變的事情吧。然後，努力拾起生活的碎片，重新向前。

5/ 趕走憂慮的五個方法

威廉・里昂・費爾普斯教授
耶魯大學

費爾普斯教授過世前不久，我曾有幸和他傾談過一下午。下面是我根據那次訪談筆記整理的費爾普斯教授趕走憂慮的五個方法。

—— 戴爾・卡耐基

1. 二十四歲那年，我突然視力下降，只要閱讀三四分鐘，雙眼就像針刺一樣疼痛。不看書的時候，眼睛也敏感得一點兒風都受不了。紐黑文市和紐約市最好的眼科醫生對此都束手無策。每天晚上太陽落山後，我枯坐在屋子裡最黑暗的角落，除了等着睡覺，甚麼也做不了。我嚇壞了，害怕因此丟掉教書的飯碗，只能去西部當伐木工。然而奇怪的事情發生了，證明了精神力量對於身體疾患具有神奇的效果。那個漫長而痛苦的冬天，我雙眼狀況最糟糕的時候，我接到邀請，去大學給本科生做一次演講。

　　演講廳的天花板上裝着巨大的環狀煤氣燈，強烈的光線讓我雙眼灼痛。坐在講台上等待的時候，我不得不低頭看着地板。但是在三十分鐘的演講過程中，我卻絲毫感受不到痛苦，甚至連眼都不用眨。然而當會議結束時，我的眼睛又開始疼起來。

　　這次經歷證明，亢奮的精神戰勝了身體疾患。我想，如果某件事情能夠讓我專注得比三十分鐘更久，比如一週，我的眼疾大概就能痊癒了。

　　後來我又有了一次相似的經歷。坐船出海的時候，嚴重的腰痛讓我走不了路，哪怕只是站起來都會誘發劇烈的痛楚。在這種狀況下，我受邀在船上做了一次講座。一開口說話，疼痛就離開了我的身體。我站得筆直，行走自如，滔滔不絕地講了一個小時。講座結束後，我輕輕鬆鬆地走回艙房，以為自己已經痊癒了。但是疼痛的緩解只是暫時的，剛一走進房間，腰痛就再次襲來。

　　這些經歷讓我了解到精神力量的重要性，同時也教會我，在有能力享受生活的時候，應當盡情珍惜。如今，我把每一天都當作人生的第一天和最後一天來對待。每天的生活冒險都讓我感到興奮，而處於興奮狀態中的人永遠不會為煩惱所困。我熱愛教育事業，並且寫了一本名為《教學之趣》的書。對我而言，教學並不只是一份職業或一門藝術，而是我的全部激情所在。我愛教育，就像畫家熱愛繪畫或歌唱家熱愛歌唱一樣。每天早晨一睜眼，我心裡想的就是學生們快活的面龐。我始終認為，若想在人生中取得成就，激情是首要因素。

　　2. 我發現趕走煩惱的另一個方法是讀一本引人入勝的書。年屆六旬的時候，我一度抑鬱了許久。那段時間，我閱讀了大衛·亞歷克·威爾遜的不朽著作《卡萊里的一生》。我沉浸在這本書的閱讀中，以至於把自己的抑鬱情緒拋在腦後。

3. 另一段情緒低落的時間裡，我強迫自己每天都讓身體動起來。我每天早晨打五六場激烈的網球，然後洗澡、吃午飯，下午再打十八洞高爾夫。週五晚上，我跳舞直至第二天凌晨一點。我發現在大量流汗的時候，沮喪和煩惱也一同溜走了。

4. 我很早就懂得在匆忙、焦慮和高壓下工作是一件愚蠢的事。我一直都奉行威爾伯・克羅斯的哲學。他擔任康乃狄克州州長的時候，曾經告訴我：「手邊有太多事情要做的時候，我會先坐下來放鬆一個小時，抽抽煙斗，甚麼都不做。」

5. 有時候，耐心和時間是憂慮的解藥。當我遇到困擾的時候，會換個角度這樣問自己：「兩個月以後，現在的壞運氣就煙消雲散了，那我現在為甚麼還要為這件事憂慮呢？不如現在就用兩個月之後的心態來面對這件事吧！」

費爾普斯教授的五個方法小結如下：

1. 充滿激情，活得有滋有味。「把每一天都當作人生的第一天和最後一天來對待。」

2. 讀一本有趣的書。「我一度抑鬱了許久……閱讀了《卡萊里的一生》……我沉浸在這本書的閱讀中，以至於把自己的抑鬱情緒拋在腦後。」

3. 運動。「另一段情緒低落的時間裡，我強迫自己每天都讓身體動起來。」

4. 工作的時候心態放鬆。「我很早就懂得在匆忙、焦慮和高壓下工作是一件愚蠢的事。」

5. 遇到困擾的時候，換個角度這樣問自己：「兩個月以後，現在的壞運氣就煙消雲散了，那我現在為甚麼還要為這件事憂慮呢？不如現在就用兩個月之後的心態來面對這件事吧！」

6/ 熬得過昨天，就熬得過今天！

> 多蘿西・迪克斯

　　我曾經在貧困和病痛的深淵中掙扎求生。人們問我怎麼熬過來的時候，我總會這樣回答：「我熬得過昨天，就熬得過今天。我不允許自己去想明天會怎樣。」

　　我體會過困苦、掙扎、焦慮和絕望的滋味。我總是被迫工作到身體透支。過去的生活就像是戰場的遺跡，充滿死去的夢想、破碎的希望和幻滅的信念的殘骸。我與命運搏鬥，勝率渺茫，徒留滿身傷痕，憔悴地漸漸老去。

　　但是我並不可憐自己。我不會為昨日種種傷心落淚，也不嫉妒那些不用經歷這一切的女人。因為我真真切切地活過，而她們僅僅是生存而已。我舉起生活的酒杯一飲而盡，而她們只是輕啜了杯上的浮沫。我知道她們一輩子也不會知道的事情，我見過她們一輩子也無法見到的風景。只有那些雙眸被淚水洗過的女人，才能擁有寬廣的視野，才能深刻地懂得世界。

　　我從這座名為艱辛的學校中畢業，學到了那些養尊處優的女人無法體會的哲理。我學會了活在當下，不再為了明天的煩惱連今天都過不好。對未來的憂慮讓人們變得懦弱，而我卻懂得不再畏懼。經驗讓我明白，當我恐懼的事情真正到來之時，我就會被賦予迎接它的能力和智慧。再沒有甚麼小煩惱能夠左右我的心情。如果你曾經親眼看着幸福的大廈轟然倒塌，變成一片廢墟，諸如傭人忘記放桌巾或是廚子弄灑了湯這樣的小事又有甚麼關係呢？

　　我同樣學會了不要對人抱有過高的期待。不太真誠的朋友和

愛講閒話的親戚同樣能讓我得到快樂。更重要的是，我學會了幽默感。在同一件事面前，你可以選擇痛哭流涕，也可以選擇一笑了之。如果一個女人遇到困難沒有歇斯底里，只是笑着打趣，那麼再沒有任何事情能傷得了她。那些艱辛困苦並不讓我感到遺憾。正是這些經歷讓我觸摸到真實的人生，真切地活過每一天。為此付出的代價是值得的。

　　多蘿西‧迪克斯用「活在今天的艙室中」這一方法戰勝了憂慮。

7/ 我本以為自己看不到第二天的黎明

　J.C. 彭尼

　　1902 年 4 月 14 日，一個年輕人用五百美元現金和價值百萬美元的決心在凱默勒開了一家紡織品商店。凱默勒是懷俄明州的一個礦業小鎮，人口只有一千，劉易斯與克拉克遠征隊在這裡留下大篷車的軌跡。這個年輕人和妻子住在商店樓上的閣樓裡，用大紙箱當桌子，小箱子當椅子。妻子幫丈夫站在櫃檯後招待顧客的時候，他們的孩子正裹在毯子裡在櫃檯底下睡覺。如今，當初的小商店已經成為全球最大的紡織品連鎖店 —— J.C. 彭尼商店，這個年輕人的名字從此家喻戶曉，一千六百家分店遍佈全美各州。我最近同彭尼先生共進晚餐的時候，他向我講述了人生中最驚心動魄的一刻。

—— 戴爾‧卡耐基

多年前，我的人生經歷過一段低谷。那段日子裡，我充滿憂慮

和絕望。我的煩惱與公司無關，我的生意一直很穩定，並且蒸蒸日上。真正的問題在於 1929 年大蕭條之前，我做了一些不明智的承諾，這給我帶來了日後的麻煩。有些時候人們明明對發生的事情無能為力，卻要因此背上黑鍋。我煩惱纏身，整夜睡不着覺，甚至誘發了帶狀疱疹 —— 一種十分痛苦的紅色皮疹。我向埃爾默・埃格爾斯頓醫生求助，他是我高中時代在密蘇里州的同學，現在在密西根州凱洛格療養院工作。他警告我我的病情嚴重，必須立刻臥床休養，並要嚴格遵照醫囑治療。不料治療卻不見效果，我的身體一天比一天虛弱。我身心俱疲，陷入絕望，看不到一絲光明，甚至找不到活下去的理由。我覺得自己在這個世界上連一個朋友都沒有，甚至連家人都與我作對。一天晚上，埃格爾斯頓醫生給我開了止痛藥，但是藥效很快過去了，我痛苦地醒來，堅信這就是我最後一個晚上了。我下了床，給妻兒寫了訣別信，説我再也見不到第二天的陽光了。

　　第二天清晨醒來，我驚訝地發現自己還活着。我走下樓梯，聽到小教堂裡傳來的歌聲。每天早晨，那裡都舉行禱告儀式。直到現在，我都記得當時那首讚美詩：「天父必看顧你。」我走進教堂，一顆傷痕累累的心沉浸在歌聲、聖經解讀課和祈禱文中。突然間，奇怪的事情發生了。我無法解釋，只能稱之為奇跡。我感到自己被從黑暗的牢籠中提起，擁入溫暖明亮的光之中，彷彿從地獄走入了天堂。我第一次感受到天父的力量。我突然意識到，我應當對自己造成的煩惱負責，而天父和他的愛會幫助我。從那天開始，憂慮遠離了我的生活。如今我已經七十一歲，而我一生當中最激動最燦爛的二十分鐘，就發生在那天清晨的教堂中：「天父必看顧你。」

　　J.C. 彭尼學會了如何立刻應付煩惱，因為他發現了最完美的解藥。

8/ 煩惱就去健身吧

科洛內爾・埃迪・伊根
紐約律師、紐約州競技委員會羅氏獎學金主席、前奧林匹克輕量級世界冠軍

　　每當我為某件事煩心或者鑽牛角尖的時候，運動能夠幫我趕走這些煩憂。我有時跑步，有時去郊外遠足，有時打半小時沙袋，有時去健身房打壁球。不管做甚麼，運動都能讓我精神面貌煥然一新。週末我會做更多運動，比如打高爾夫、打板網球，或是去阿迪朗達克山脈滑雪。身體上的疲倦會讓我的思緒暫時遠離法庭，當我重新回到工作崗位上的時候，往往頭腦清醒，精力充沛。

　　在紐約工作期間，我也會忙裡偷閒去耶魯俱樂部健身房運動一小時。打壁球或是滑雪的時候，人們會忙於眼前的事情，沒有工夫憂慮。於是煩惱的高山就變成矮小的山丘，迅速被行動和思想撫平。

　　我發現憂慮的最佳解藥就是運動。煩惱的時候，少用腦，多運動，結果會讓你大吃一驚的。這個方法對我很有用，每次我一開始運動，憂愁就消失得無影無蹤了。

9/ 走出焦慮

吉姆・伯索爾
馬勒公司工廠主管
新澤西州澤西城鮑德溫大街 180 號

十七年前，我在維吉尼亞州黑堡的軍事學院讀書的時候，就以焦慮失常在學校裡出了名。我的焦慮嚴重到需要送醫。由於焦慮發作得過於頻繁，學校醫務室甚至給我留了一個床位。護士一見到我走進醫務室，就會跑過來給我打針。所有的事情都讓我憂慮，有時我甚至都忘了自己到底在為哪件事憂慮。我物理考試和幾門其他課程都沒及格，但是成績至少要是「良」才能畢業，因此我擔心學院把我掃地出門；我患了急性消化不良和胃潰瘍，因此擔心我的健康；我沒錢給女朋友買東西，也不能經常帶她去舞會，因此擔心她會嫁給其他學員。這些無形的煩惱讓我憂心忡忡，日夜心神不寧。

絕望中，我向教企業管理課程的杜克・貝爾德教授傾訴了我的問題。

和貝爾德教授交談的十五分鐘對我的影響超過了大學的這四年，對我的健康和幸福產生了深遠影響。他對我說：「吉姆，你應當坐下來，冷靜地面對現實。如果你能把一半用於擔心的時間用在解決問題上，你就不會再有任何煩惱了。憂慮只是你自己養成的一個壞習慣。」

他教給我改變憂慮習慣的三個步驟：

步驟一：判斷引起憂慮的事情是甚麼；

步驟二：找出問題的根源；

步驟三：立刻着手解決問題。

見過貝爾德教授之後，我做了一些積極的計劃。我不再糾結於物理考試掛了科這件事，而是直接問自己為甚麼沒通過考試。當時我是《維吉尼亞科技工程師》的主編，我知道掛科不是因為我笨。

我意識到掛科是因為我對物理根本不感興趣。作為一名工業工程師，我覺得這門課對我的實際工作毫無幫助。但是現在我改變了自己的態度。我對自己說：「如果學校的教授們把物理這門課程列為畢業的先決條件，我又有甚麼資格質疑他們的智慧呢？」

我重修了物理，把抱怨和憂慮的時間用於勤奮學習，順利通過了考試。

為了解決財務問題，我找了好幾份兼職，其中包括在學校的舞會上賣飲料。我還向父親借了一筆錢，畢業之後很快就歸還了。

愛情的憂慮也迎刃而解。為了不再擔心我心愛的姑娘嫁給別的學員，我向她求了婚。她現在是伯索爾夫人了。

如今回過頭來看，我當時的問題核心就在於不願意直面現實。一旦找出問題的根源，煩惱也就煙消雲散了。

吉姆・伯索爾學會了通過分析問題來戰勝憂慮。他正是使用了本書中提到的方法。

10/ 這句話給了我生活的勇氣

約瑟夫・R. 西族博士
新不倫瑞克神學院院長（美國歷史上最悠久的神學院，1784年建立）

多年前的那段日子，我的人生充滿幻滅與未知，似乎一切都不受自己掌控。一天清晨，我偶然翻開《新約全書》，目光落到這句話上：

「那差我來的，與我同在。上帝沒有撇下我，讓我獨自一人。」從那一刻開始，我的人生就此改變，一切都不再相同。每一天，我都對自己默誦這句話。這些年來，有許多人來向我尋求幫助，我都會轉告他們這句話。從我的目光與這句話接觸的那一刻開始，它就成了我的依靠。我與這句話同行，並且從中汲取了安寧與力量。對我而言，這句話就是信仰的本質，也是人生意義的基礎。它是我人生的信念。

11/ 從人生的低谷中爬起來

泰德・埃里克森
國家上釉壓模公司南加州代表
加利福尼亞州貝爾弗勞爾南科努塔街 16237 號

　　我曾經是一個杞人憂天的人，但如今再也不是了。1942 年夏天的經歷讓我的人生從此遠離憂慮，也讓任何煩惱都變得無足輕重。

　　多年來，我一直夢想在阿拉斯加的漁船上過一個夏天。於是1942 年，我到阿拉斯加卡迪亞克應聘，上了一條三十二英尺的鮭魚船。這種尺寸的漁船隻配備三名船員：負責監督指導的船長、船長助手和一個苦力，苦力通常是斯堪的納維亞人。我就是那個苦力。

　　由於捕撈鮭魚必須順應潮汐，因此我一天得工作二十小時。我這樣連續工作了一個星期，洗船、放齒輪、在狹小的船艙裡用柴火煮飯，所有其他人不願意做的髒活累活都交給我，發動機的熱氣和煙薰得我幾乎生病。我洗碗、修船、把鮭魚送到聯絡船裡，聯絡船再把鮭魚送到罐頭廠。我的靴子裡總是有水，但是我沒時間清理，雙腳一直泡在水裡。但和我的主要工作比起來，這些都是小菜一碟。我的主要工作是把腳放在船頭，用力把浮子和網拉回。聽上去

很簡單，但實際上，漁網沉得超乎想像，不管我怎麼使勁，它都紋絲不動。我沒有拉動漁網，船卻因為反作用力而越來越近 —— 我竟然拉動了船！這份工作我堅持了幾週，到工期結束時，我自己也快完蛋了，渾身上下疼了好幾個月。

當我終於有機會休息的時候，也只能睡在食品櫃上一個潮濕得結了塊的破床墊上。我把床墊裡的一大塊濕海綿墊在後背，睡得像是整個人被推搡了一天一樣 —— 我確實是被精疲力竭地推搡了一天。

如今我反而很感謝精疲力竭的那段時間，正是那段經歷幫助我停止了憂慮。現在我遇到問題的時候，不會感到煩悶，而是問自己：「埃里克森，這件事有當初拉網那麼費勁嗎？」而我的回答一定是：「不可能，沒有任何事會比拉網還費勁了！」所以我就會振奮起來，鼓足勇氣面對這件事。我相信時不時地有一段苦悶的經歷對人是有益的。這樣的經歷讓人知道自己有能力熬過人生谷底，也讓日常的煩惱變得無足輕重。

12/ 我曾是全世界最蠢的人

珀西‧H. 懷廷
戴爾‧卡耐基總經理
紐約州紐約市東 42 街 50 號

我因為各種疾病「死」過的次數比任何人都多。

我的臆想症與他人不同。我父親開了一間藥店，我從小在藥店中長大。我每天都和醫生護士聊天，所以我知道許多別人不知道的可怕疾病的名稱和症狀。所以我的臆想症與他人不同 —— 我真的會有症狀！只要我擔心自己患了某種病，一兩個小時之後，我就會發

現自己真的有這種病的症狀。還記得有一次，在麻薩諸塞州大巴靈頓，嚴重的白喉疫情席捲了我住的小鎮。受感染的家庭紛紛來藥店裡找我買藥。於是我恐懼的事情發生了──我堅信自己也被傳染了白喉。睡覺的時候我輾轉反側，愁得渾身不適。我派人去請醫生，醫生檢查之後對我說：「是的，珀西，你被傳染上了。」確診之後我反倒覺得解脫了，不再疑神疑鬼，所以我又回去睡覺了。誰知第二天早晨起來，我的症狀消失了，健康得不能再健康。

好長一段時間，我因為經常患上不同尋常的疾病而收穫了許多關心和同情，單單是破傷風和狂犬病就讓我收到過好幾次死亡通知書。後來，我專注於各種「普通小病」──癌症和肺結核是我的「特長」。

現在說來都是笑談，但對當時的我而言簡直是人生災難。這些年來，我活得戰戰兢兢，覺得自己時刻在死亡的邊緣徘徊。開春該買換季的衣服時，我會問自己：「你大概都活不到穿新衣服出門，還要浪費這個錢嗎？」

不過現在，我很高興宣佈我的進步：過去十年，我再也沒有「死」過。

我是怎麼「痊癒」的呢？通過自嘲，我把自己從荒誕的臆想中解放出來。每次我發現可怕的症狀有兆頭了，我就會這樣笑話我自己：「喂，懷廷，過去二十年你一直為了這樣那樣的疾病死去活來的，但現在你卻健康得不能再健康了。你也去保險公司買了新的人壽保險。懷廷啊，是時候笑話笑話你這個愛焦慮的蠢貨啦！」

我發現一個人在自嘲的時候就沒空煩惱了。從那以後，我再也沒有憂慮過。

問題的關鍵就在於：不要太把自己當回事。對於那些愚蠢的煩惱，試着一笑置之，這些憂慮就會煙消雲散了。

13/ 給自己留點餘地

真·柯利
全球最受人喜愛的牛仔歌手

　　我發現人的大部分煩惱都與家庭矛盾和金錢有關。我很幸運，我太太來自奧克拉荷馬的小城鎮，和我背景相仿，並且和我有同樣的興趣愛好。我們都堅守婚姻的原則，因此把家庭矛盾降到最低。

　　通過下面兩個方式，我把財務煩惱同樣降至最低。第一，凡事做到百分之百的誠信。如果不得已需要借錢，就不要少還一分錢。不誠信引發的煩惱比任何事情都多。第二，當我做新投資的時候，我總是留有餘地。軍事專家說，打勝仗的首要原則就是保證補給。我意識到在個人的戰役中，這一原則也同樣適用。在我長大的德克薩斯州和奧克拉荷馬州，旱季來臨時，耳聞目睹的都是貧窮。我們艱難謀生，父親不得不把馬車開到集市上，用馬匹換些糧食勉強度日。我不想這樣過日子，於是在鐵路公司找了份車站管理員的工作，並在業餘時間學習電報。不久後，舊金山鐵路部門剛好需要一位替補電報員，只要有員工生病、請假或是缺人手，我就被派去換班。當時我的月薪是一百五十美元。後來，當我開始尋求更好的機會時，我也始終覺得鐵路工作能夠給我經濟上的安全感。因此我總是給自己留着這條退路。這就等同於我的供給鏈，除非我在新的職位上牢牢站穩腳跟，否則我總會為自己留有餘地。

　　舉個例子吧，1928年，我還在奧克拉荷馬州切爾西市擔任替補電報員。有天晚上，一個陌生人走進來發電報。他聽到我正彈着吉他唱歌，稱讚我唱得很棒，說我應該去紐約發展，找份演藝或者電台相關的工作。我自然受寵若驚，而當我看到他在電報上簽的名字的時

候，我不由得屏住了呼吸 —— 他正是大名鼎鼎的歌星威爾·羅傑斯。

　　我沒有立即殺到紐約去，而是慎重地考慮了九個月。最後我想，反正去紐約也不會有甚麼損失，說不定有機會發展，不妨去碰碰運氣。由於在鐵路工作，我有鐵路直通卡，省了一筆交通費。所以我帶了三明治和水果當飯，在火車上坐着睡覺。

　　於是我到了紐約。我租了帶傢具的房間，每週花五美元。整整十個星期，我在自動售貨機上買速食充飢，在大街上漫無目的地遊蕩，卻一無所獲。如果沒有那份鐵道的工作保底，我大概早就愁出毛病了。當時我已經在鐵道工作了五年，老員工有停薪留職的特權，但停工時間也不能超過九十天。在紐約待了七十天之後，我不得不趕回奧克拉荷馬復職，以保證我的「供給鏈」不斷掉。我勤勤懇懇地工作了幾個月，攢了些錢，又跑回紐約碰運氣。這一次時來運轉了。一天，我在錄音棚等着面試的時候，彈着吉他給前台的女孩唱了首歌：《珍妮，我夢見了丁香時節》。正唱着，這首歌的作者納特·希爾德克勞特剛巧走進辦公室。他自然很高興聽到有人唱他寫的歌。於是他給我寫了介紹信，送我去維克多唱片公司灌了張碟。當時我既拘謹又難為情，表現得不怎麼樣。在工作人員的建議下，我又回到奧克拉荷馬州的塔爾薩市，白天在鐵路工作，晚上在電台節目中唱歌。這樣的安排對我而言很理想，我能在唱歌的同時保證我的供給，沒有任何後顧之憂。

　　我在塔爾薩市的 KVOO 電台唱了九個月。那段時間，我和吉米·朗寫了一首名為《我白髮蒼蒼的父親》的歌，沒想到一炮而紅。美國唱片公司總裁亞瑟·賽瑟利邀請我錄唱片，唱片大獲成功，於是我又錄了更多唱片，每張唱片收入五十美元。後來，芝加哥的 WLS 電台邀我在節目中唱歌，週薪四十美元。在 WLS 唱了四年後，

我的薪水漲到九十美元。此外，我還通過每晚在劇院演出掙了三百美元外快。

1934年，一次機會為我開啟了人生的更多可能性。那一年成立了旨在掃清電影不文明行為的高尚聯盟組織。於是荷里活製片人決定轉而製作牛仔影片，他們想找一位新式牛仔 —— 會唱歌的那種。那時，美國唱片公司的老闆正好也是共和影片的合夥人。他告訴同事：「如果你們想找唱歌好的牛仔，我們唱片公司倒是有一位。」於是我就這樣闖入了電影界，開始拍攝牛仔電影，週薪一百美元。雖然我很懷疑自己做這行能否成功，但是我並不憂慮。我知道就算不行，我也可以重拾老本行。

我在銀幕上的成功大大超過我的預期。如今我年薪一萬美元，參演影片另有半數利潤入囊。我知道這樣的機會不會總有，但我也從不擔心。不管發生甚麼，就算我重新變得一貧如洗，我也隨時可以回到奧克拉荷馬州，在舊金山鐵路找到工作。我一直保護着自己的這條供給鏈。

14/ 我聽到一個聲音

E. 斯坦利・瓊斯
美國最活躍的演講者，最著名的傳教士

我人生中有四十年在印度傳教。一開始，這項偉大使命帶來的壓力和當地炎熱的氣候讓我覺得難以忍受。大腦疲勞和神經衰弱折磨着我，第八個年頭結束的時候，我已經崩潰了若干次。我聽從安排，回美國休假一年。在回美國的船上，我在主持週日早禮拜的時

候又一次崩潰了，船上的醫生命令我整個行程都臥床休息。

　　回美國休整了一年之後，我在重返印度的途中取道菲律賓首都馬尼拉，為大學生主持福音佈道會。佈道會的高強度讓我又心理崩潰了好幾次。醫生警告我，如果回到印度，我會有性命之虞。我不顧他們的警告，堅持回到了印度，但心頭卻始終籠罩着烏雲。終於到了孟買的時候，我身心俱疲，直接躲到深山裡休養。幾個月後，我重返平原想繼續工作，但卻對自己無能為力。我又一次崩潰了，被送回山裡繼續休養。重返工作的結果依舊是發現自己做不到。我精疲力竭，心力交瘁，擔心我的餘生就此成為廢人。

　　如果再得不到幫助，我大概只能放棄傳教士生涯，回美國找個農場邊工作邊養身體。那段日子真是我人生中最黑暗的時光。那時我正在勒克瑙主持佈道會，一天晚上祈禱的時候，發生了一件事徹底改變了我的人生。祈禱時我並沒有刻意去想自己的煩惱，但是我彷彿聽到一個聲音在說：「對於我召喚你來承擔的這個使命，你準備好了嗎？」

　　我回答說：「主啊，我已經達到極限，筋疲力盡了。」

　　這個聲音又說：「如果你願意把苦惱交付給我，不再擔憂，就讓我解決這件事吧。」

　　我立即回答：「主啊，我願意聽從你的指引。」

　　那一刻，安寧充盈着我的內心，瀰漫到我的全身。我知道這件事結束了，迎接我的將是豐富充盈的生活。那一晚，獨自走在回家的路上，我的腳步輕盈得幾乎要跳起來，腳下的每一寸土地都是聖地。那之後的數日裡，我幾乎感覺不到疲倦。我從白天工作至深夜，過了睡覺時間也一點疲勞的跡象都沒有。安寧和休憩充盈着我，我知道那是耶穌基督對我的恩賜。

　　我曾經猶豫是否應當把這段經歷公之於眾，起初我有些畏懼，

但是我覺得我應該講出來,把成功或失敗交由大家評判。在那之後的二十多年,我的工作更加艱苦,但是老毛病再沒有犯過。我的健康狀況從來沒有這樣好過。不僅是身體,我的心靈似乎都達到了新的境界。那次經歷過後,我的生活上了更高的層次,而我要做的只是打開心扉接受它。

過去這些年,我遊遍世界,經常一天做三次演講,還在空閒時間寫了《印度之路的耶穌基督》和其他十一部著作。與此同時,我從未缺席過任何約定的工作。曾經困擾我的煩惱已經消失很久,如今,在我六十三歲這一年,我精力充沛,心中充滿了服務他人的喜悅。

我經歷的改變或許經不起理性的解釋,但是這沒有關係。生命如此宏大,不應當去剖析、加工或貶低這段經歷。

我只清楚地知道一件事:三十一年前,在勒克瑙的那一夜,我的人生被徹底改變了。那天,我在虛弱和沮喪的深淵中聽到一個聲音說:「如果你願意把苦惱交付給我,不再擔憂,就讓我解決這件事吧。」而我答道:「主啊,我願意聽從你的指引。」

15/ 警長走進我家前門

霍默・克羅伊
小說家
紐約州紐約市平赫斯特街 150 號

我生活中最苦澀的一天發生在 1933 年。那天,警長從前門走進來,而我從後門黯然離去。從那一刻起,我在長島森林山斯坦迪什街 10 號的家再也不屬於我了。我們一家人已經在這裡一起生活

了十八年，我看着孩子們在這裡長大，做夢也沒有想到會發生這樣的事情。十二年前，我以為自己站在世界之巔。荷里活出高價購買了我創作的小說《水塔以西》的影視改編權。我帶着家人在國外逍遙了整整兩年，像那些悠閒的富豪一樣，夏天在瑞士消暑，冬天在法國蔚藍海岸避寒。

我在巴黎住了六個月，創作了新書《他們得去巴黎瞧瞧》。這本書同樣被搬上了大銀幕，威爾・羅傑斯是男主角，這是他的首部有聲電影。荷里活高價邀我留在影視圈，為威爾・羅傑斯量身定做電影劇本，但我拒絕了。我回到紐約，沒想到麻煩就此開始。

我漸漸覺得自己還有好多尚未被開發的潛能，開始幻想自己在商界叱咤風雲。有人告訴我，約翰・雅各布・阿斯特在紐約投資土地掙了百萬美元。我不以為然地想：阿斯特是誰？不過是一個做小買賣的新移民罷了，說話還有口音呢！連他都能做成，我為甚麼不行？我要發財了！我甚至開始看那些遊艇雜誌。

那時的我真是無知者無畏。我對房地產的了解就像愛斯基摩人對火爐一樣一竅不通。那我是怎麼得到啟動資金，義無反顧地投身投資領域的呢？很簡單，我抵押了房子，買下森林山幾塊最好的建築用地。我盤算着等土地價格上漲就高價出手，從此過上豪奢的生活 —— 而我之前連塊巴掌大的土地都沒賣過。那些在辦公室的格子間裡為了微薄的薪水拚命幹活的人讓我覺得可憐。我洋洋得意地告訴自己，上帝並沒有把投資的天賦賜給每個人。

然而突然之間，大蕭條像堪薩斯的颶風一樣向我襲來，我就像弱小的雞舍一樣在龍捲風中顫抖。

我每個月要把二百二十美元的血汗錢扔進不動產公司的血盆大口。剛還了錢，下個月就又逼近了。除此以外，我還要為抵押出去

的房子還貸款，並想辦法擠出飯錢。我整日憂心忡忡，試着寫幽默短文給雜誌投稿，但這種絕望的嘗試就像《聖經》中的《耶利米哀歌》一樣可悲。我賣不掉任何東西，寫的小說也被拒稿，很快就分文不剩了。除了一台打字機和牙齒裡的純金填充物，我連能典當的東西都沒有。牛奶公司很早就停止送奶了，燃氣公司也停了燃氣。我們只能去買了一個廣告頁上那種戶外露營用的小爐子。我得手動把汽油泵上來，爐子才會像暴躁的山羊一樣嘶嘶地吐出小火苗。

家裡唯一的取暖裝置就剩下壁爐了，可是煤塊也燒盡了，賣煤的公司還把我們告上法庭。三更半夜，我偷偷摸摸地去富人在建的新宅子撿木板和廢料。而我原本的計劃是成為他們中的一員啊！

我心煩意亂，愁得整夜睡不着覺。我半夜爬起床，踱步幾個小時，累得筋疲力盡，才能勉強睡上一會兒。

我失去的不僅是我購買的那些土地，還有我傾注其中的全部心血。銀行停了我的貸款，沒收了我的家，把我和家人趕到大街上。

最後我們總算想方設法弄到了一點兒錢，勉強租了個小公寓。

1933 年最後一天，我們搬進了公寓。我坐在箱子上，環顧四周，想起了母親常說的那句話：「不要為已經打翻的牛奶掉眼淚。」但這不是牛奶，而是我的全部心血啊！

我坐了一會兒，然後告訴自己：「好，我已經跌入谷底，也已經熬到現在了。情況不可能再糟，接下來唯一的方向就是向上。」

我開始思考抵押貸款沒從我這兒奪走的東西。我還擁有健康，擁有朋友。我會重新振作，不會再為過去苦惱。我要每天把母親那句話對自己重複幾遍。

我把用來憂慮的精力投入到工作中，境況漸漸地有了改善。對於曾經經歷的痛苦，我現在幾乎充滿感激。這段經歷給了我力量、

勇氣和自信。我嘗過了跌入谷底的滋味，知道它不能擊垮我，也知道我們擁有的能力遠遠超過自己的想像。如今，再遇到小麻煩的時候，我總會提醒自己那一年坐在箱子上對自己說的話：「我已經跌入谷底，也已經熬到現在了。情況不可能再糟了，接下來唯一的方向就是向上。」

　　這個故事的本質是甚麼呢？接受已發生之事，不要為打翻的牛奶哭泣。如果你已經跌入低谷，接下來唯一的方向就是向上。

16/ 最難對付的敵人

▌ **傑克・登普西**

　　在職業拳擊比賽生涯中，我發現憂慮是比任何重量級拳手更難對付的敵人。如果不想辦法戰勝憂慮，憂慮會蠶食我的活力，影響我的成功。所以我漸漸摸索出一套方法，其中的一些策略如下：

　　為了激勵自己在賽場上的鬥志，我會在比賽前給自己打氣。比如說，與菲爾波對戰的時候，我反覆告訴自己：「沒有甚麼能阻止我。他傷不了我。他的出拳對我無效，我不會受傷的。不管怎樣，我都要勇往直前！」這種積極的暗示佔據了我的頭腦，對我非常有幫助，讓我甚至感覺不到對方的出拳。在職業生涯中，我曾經嘴唇破裂，眼皮受傷，肋骨折斷，菲爾波也曾經把我打出拳擊台，把場邊記者的打字機撞得粉碎。但是我完全感覺不到菲爾波的哪怕一下重擊。只有一次我感覺到了 —— 那一晚萊斯特・詹森打折了我的三根肋骨。不過當時我並未覺得疼痛，只是因為影響了呼吸才有感覺。開誠佈公地說，除了這一擊，在拳擊台上，我從未感受過

任何痛楚。

　　另一個方法是不斷提醒自己，煩惱是沒有用的。我最焦慮的時候通常是臨近大比賽之前的訓練期間。一到晚上，我就躺在床上翻來覆去，擔心到失眠。我害怕第一回合的時候就打斷手、扭傷腳踝或是傷到眼睛，失去回擊的能力。一發現自己陷入這種緊張情緒中，我就會起床走到鏡子前，跟自己聊聊天。我告訴自己：「為沒發生的事情擔心真是太傻了。你擔心的事情可能永遠不會發生。人生苦短，只有短短幾年，盡情享受生活吧。」我又告訴自己：「健康比甚麼都重要。健康比甚麼都重要。」我提醒自己失眠和憂慮會毀了我的健康，並且日復一日、年復一年地一遍遍重複這些話。這種態度最終改變了我的心態，把我的憂慮沖刷得一乾二淨。

　　第三個方法，也是最好的方法，就是祈禱。做賽前訓練的時候，我每天都祈禱好幾次。在拳擊台上，我也會在每一回合鈴響之前祈禱。祈禱給了我勇氣和信心。用餐前和就寢前我也不會忘記感謝上帝。我的禱告收到了多少次回應呢？成千上萬次！

17/ 我祈求上帝不要送我去孤兒院

凱思琳・霍爾特
家庭主婦
密蘇里州大學城羅斯街 1074 號

　　孩提時代，我的生活充滿恐懼。我母親有心臟問題，我很多次看見她暈倒在地，我們都非常擔心她有性命之虞。當時我們住在密蘇里州沃倫頓市的小城鎮，我知道所有失去母親的小女孩都會被送到鎮上的中央衛理公會孤兒院。一想到這一點，我就驚懼不安。六

歲那年，我每天都祈禱：「親愛的上帝，請讓我媽媽活得久一點，再久一點，讓我長大成人，不用去孤兒院吧。」

二十年後，我的哥哥邁納受了重傷，整日忍受着劇痛的折磨，兩年後他離開了我們。當時他不能自主進食，也無法翻身。為了緩解他的痛苦，我每隔三小時就要為他注射嗎啡，我堅持了兩年，不分晝夜。那時我正在沃倫頓市的中央衛理公會大學教音樂。鄰居們一聽到我哥哥痛苦的呻吟，就會打電話到大學找我，我就會暫停音樂課，趕回家給哥哥注射嗎啡。每晚睡覺前，我都會上好鬧鐘，確保自己每三個小時起床照顧哥哥。冬天的夜晚，我會放一瓶牛奶在窗外，牛奶會凍成雪糕。鬧鐘響的時候，窗外的那罐雪糕給了我額外的起床動力。

為了讓自己不要自怨自艾或怨天尤人，我做了兩件事。第一，我每天工作十二到十四小時，沒時間再想自己的困難；第二，當我覺得難過的時候，我會一遍遍告訴自己：「聽着，只要你還能吃，能走，不受病痛折磨，你就是世界上最幸福的人了。不管發生甚麼，都不要忘記這一點！不要忘！」

我下決心要盡自己一切努力，培養一種感恩的心態。每天早晨起來，我都會感謝上帝讓我的境遇沒有變得更糟；我決定不管面對多少困難，我都要做整個沃倫頓市最快樂的人。也許我還沒有成功達到目標，但是我確實成為鎮上最懂得感恩的姑娘，大概沒有人像我這樣無憂無慮。

這位密蘇里州的音樂教師運用了本書中的兩個方法：她讓自己忙得沒時間擔心，並且懂得珍惜自己的福分。同樣的方法或許對你也有幫助。

18/ 解憂良方

卡梅隆・西普
雜誌撰稿人

　　我在加利福尼亞州的華納兄弟電影公司愉快地工作了許多年。我供職於宣傳部門，負責寫華納兄弟旗下明星的特稿投放給報紙雜誌。

　　我很快晉升成為助理宣傳總監。確切地說，由於行政政策的調整，我的名銜實際上是聽起來更響亮的「行政助理」。我得到了配有私人冰箱的巨大的獨立辦公室，有兩位秘書輔助，並且管理着七十五名員工，其中包括作家、開發人員和電台工作人員。我心花怒放，直接去買了一身新套裝。我開始居高臨下地和人談話，設置歸檔系統，全權做決策，並且像其他管理人員一樣潦草吃過午餐就匆匆回去工作。

　　我自以為整個華納兄弟的公共關係政策都要依賴我一個人。我還相信比提・戴維斯、奧麗薇・夏蕙蘭、占士・格尼、愛德華・羅賓遜、埃洛・弗林、堪富利・保加、安・謝麗丹、雅麗絲・史媚和艾倫這些明星的個人生活和公共形象全都掌握在我一人手中。

　　然而不到一個月，我就發現自己患了胃潰瘍，甚至有可能是胃癌。

　　當時電影宣傳者協會組建了戰時協助委員會，我出任委員會主席。我很熱愛這份工作，也很喜歡在例會的時候和朋友們見面。但是這些聚會卻漸漸成了我的負擔。每次聚會後，我都感到嚴重身體不適，常常要在回家的路上把車停在路邊，喘口氣才能繼續開車。要做的事情太多，時間又太緊張。戰時協調工作非常重要，我卻能

力不足。

　　我太老實了 —— 而這也是我一生最大的心病。我身體出了毛病，失眠，精神緊張，變得消瘦，而痛苦卻絲毫沒有減輕。

　　一個做廣告的朋友向我推薦了一位知名的內科醫生。他說廣告圈有許多人去找他看病。

　　這位醫生說話言簡意賅，只詢問了我哪裡不舒服和做甚麼工作兩個問題。他似乎對我的工作比對我的病痛更感興趣。但是我很快放了心。接連兩週，我每天都被安排接受各種檢查，問診、探針、X射線、熒光鏡輪番上陣。終於我被醫生叫回去聽診斷結果。

　　「西普先生，」醫生悠閒地靠在椅背上，遞給我一支煙，「我們已經做了徹底的檢查。這些檢查當然是必要的，但是我第一次問診的時候就已經確定您並沒有胃潰瘍。

　　「我也知道，以您的個性和您的工作類型，如果我不給您看檢查結果，您是不會相信的。那就讓我們一起看看吧。」

　　他給我看了檢查結果和X光片，向我逐一解釋，證明我沒有患胃潰瘍。

　　醫生又開口說道：「雖然你花了不少錢做這些檢查，但這是值得的。我的處方只有一個：別再操那麼多心了。」

　　我正要開口反駁，他攔住了我：「我知道你一時半會兒還做不到，所以我會給你一些幫助。我給你開的這種藥含有顛茄成分，你每天想吃多少就吃多少，吃完了我還可以再給你開。這種藥有助於放鬆，而且對你沒有傷害。

　　「但是請你記住：其實你並不需要吃藥，只要停止憂慮就可以了。

　　「如果你再這樣煩惱下去，很快又得回來找我。到時候我又要收

你一大筆診療費了，你自己看着辦吧！」

　　我希望他的告誡能夠馬上奏效，讓我立刻停止憂慮。但事實上我一感到焦慮就開始吃藥，接連吃了幾個禮拜。這種藥真的很管用，我一吃藥就會覺得好多了。

　　但是對藥品的依賴讓我很看不起自己。我已經是個大人了，我像林肯一樣高，體重將近兩百磅，卻要像瘋女人一樣必須依賴小白藥片讓自己放鬆。當朋友問我為甚麼要吃藥的時候，我很不好意思告訴他們真相。漸漸地，我學會自嘲，告訴自己：「聽着，卡梅隆·西普，你簡直像個傻瓜一樣。你太把自己和那點兒工作當回事了。在你接手宣傳工作之前，那些明星就已經享譽全球了。就算你今天突然死掉，華納兄弟和這些藝人離開了你照樣可以正常運轉。看看艾森豪威爾、馬歇爾將軍、麥克阿瑟、詹姆士·杜立特和海軍上將金吧，這些在前線衝鋒陷陣的軍人都不用吃甚麼藥片，而一個小小的戰時委員會主席的職務卻讓你胃痛得非要吃藥不可。」

　　於是我漸漸擺脫了藥片，並且以此為傲。我把這些藥扔進下水道，每晚準時回家，在晚餐前小憩一會兒，漸漸找回了正常的生活。我再也沒有去看那位醫生。

　　當初的診療費看似昂貴，但實際上我的收穫遠超診金。他教會了我放鬆自己。我更感激的是，他當初並沒有嘲笑我，也沒有輕描淡寫地說沒有甚麼好擔心的，而是認真對待我，給我留足了面子。他給我心靈的死胡同打開了一個出口，但是我和他彼此都心知肚明，真正的解藥並不是那些愚蠢的小藥片，而在於心態的改變。

　　這個故事建議我們讀一讀本書第七章，試着放鬆自己，或許你可以擺脫藥片。

19/ 洗碗帶來的靈感

威廉‧伍德牧師
密西根州夏利華縣赫爾伯特街 240 號

幾年前，嚴重的胃痛折磨着我。我疼得睡不着覺，每晚會醒來兩三次。父親因胃癌去世後，我很害怕自己也同樣患了胃癌或胃潰瘍。所以我去密西根州佩托斯基市的伯恩診所做檢查。胃科專家利爾加醫生給我做了熒光鏡和 X 射線檢查，給我開了幫助睡眠的藥，並向我保證我的胃沒有問題。他説我的胃痛是由精神壓力引發的。鑒於我是牧師，他問我的第一個問題是：「你們教會執事會裡是不是有甚麼難纏的老頑固？」

他的意思我早就心知肚明 —— 我給自己的壓力太大了。除了每個禮拜日的佈道會，我還承擔了教堂的其他各種活動。此外，我還擔任紅十字會會長和吉瓦尼斯俱樂部主席。每週我還要主持兩三場葬禮和其他活動。

常年在高壓下工作讓我得不到充分休息。我總是緊張、匆忙，漸漸對所有事都感到焦慮，生活變得一片混亂。於是我接受了利爾加醫生的建議，每週一休息一天，漸漸減輕肩上的負擔，減少參加活動的頻率。

有一天，清理書桌的時候，我突然靈光一現。我看着桌子上的一摞佈道詞和便箋，知道它們已經是過去式了，於是把它們一張張揉起來扔到廢紙簍裡。突然，我停下來問自己：「比爾，你為甚麼不像扔廢紙那樣把自己的憂慮一起處理掉呢？把過去的煩惱揉成一團，扔到廢紙簍裡吧！」有了這個啟發，我感到突然卸下了肩上的重擔。從那以後，我把這個想法變成了一項原則，要求自己把所有

無法改變的煩惱統統扔進廢紙簍中。

　　之後的某一天，我妻子洗碗的時候，我在旁邊幫忙擦盤子。看着妻子邊唱歌邊洗碗，我突然又有了一個新想法。我心想：「比爾，看看你妻子多開心。結婚十八年，她也做了十八年家務了。假如結婚的時候她看到未來十八年要洗的這些髒盤子摞得像小山一樣，一定會被嚇跑的。」

　　於是我告訴自己：「妻子不把洗碗當成負擔，是因為她一次只洗一天的碗。」我找到了自己的問題根源。我不僅在洗今天的碗，還想着昨天的碗和那些還沒髒的碗。

　　我突然意識到自己有多可笑。每個禮拜日早晨，我站在講壇上教導人們應當怎樣生活，而自己在緊張和憂慮之中奔波不停。我為自己感到羞恥。

　　如今，憂慮已經不再是我的心病了。我不再胃疼，也不再失眠。我學會了把過去的憂慮揉成一團，扔進廢紙簍，也不再為明天的「髒盤子」操心。

　　你是否還記得本書之前引用的這句話 ——「明日的負擔與昨日的負擔疊加在一起，會讓背負二者的今日步履踉蹌」。那麼為甚麼還要這樣做呢？

20/ 讓自己忙起來吧

戴爾・休斯
公共會計師
密西根州貝城南歐幾里德街 607 號

　　1943 年，我被送進新墨西哥州阿爾伯克基的退伍軍人醫院。我

折斷了三根肋骨，肺部也被刺穿。在夏威夷群島參加海軍兩棲登陸演習的時候，我正準備從駁船上跳下來登陸沙灘，一個大浪襲來，掀翻了駁船，把我重重地拍到沙灘上。摔折的肋骨刺穿了我的右肺。

在醫院躺了整整三個月之後，醫生告訴我，我一點兒恢復的跡象都沒有。這簡直是我人生遭遇的最大的打擊。我認真思考良久，意識到憂慮妨礙了我的康復。受傷前我原本活潑好動，但三個月來我每天躺在床上，除了胡思亂想無事可做。我越想就越擔心，擔心是否還能實現理想，擔心我會不會變成殘疾，甚至擔心我還能不能娶妻生子，過上正常的生活。

我請求醫生把我搬到隔壁病房。這間病房被戲稱為「鄉村俱樂部」，因為這間病房裡的病人想做甚麼就可以做甚麼。

在「鄉村俱樂部」，我對合約橋牌產生了興趣。我花了六週時間學習入門技巧，和其他人切磋，並且閱讀卡伯特森關於橋牌的著作。六週後，我幾乎每晚都在打橋牌，雷打不斷。我還愛上了油畫，每天下午三點到五點，我都跟着一位老師學習。我畫得越來越棒，你幾乎都能看出來我畫的是甚麼了。我還嘗試了肥皂雕刻和木雕，讀了幾本相關圖書後，我的興趣愈加濃厚。我忙得沒有時間再為自己的身體狀況憂慮，甚至還擠出時間閱讀紅十字會發給我的心理圖書。過了三個月，所有醫護人員都來祝賀我「取得了奇跡般的康復」。這真是我有生以來聽過的最暖心的話語，讓我快樂得想要大叫。

我想說的是，當我躺在床上無所事事，整日為未來擔心的時候，我一點兒康復的跡象都沒有。是我自己用憂慮損害了身體健康，就連折斷的肋骨都久久不能癒合。一旦我通過橋牌、油畫和木雕轉移了注意力，醫生就宣佈我「取得了奇跡般的康復」。

現在，我的生活健康快樂，肺部也再健康不過了。

還記得蕭伯納是怎麼說的嗎？「痛苦源自有時間琢磨自己是不是快樂。」保持活力，讓自己忙起來吧！

21/ 時間會抹平一切

小路易斯・T. 蒙坦特
市場銷售分析師
紐約州紐約市西 64 街 114 號

十八歲到二十八歲原本應當是人生中最多彩多姿的十年，但憂慮讓我損失了這十年大好光陰。

是我自己沒有珍惜這些寶貴的時光，怨不得別人。

工作、健康、家庭、自卑……一切都讓我感到憂慮。遇到熟人，我甚至會焦慮得躲到馬路對面。因為太害怕被人冷落，就連在街上偶遇朋友，我也假裝沒看到。

我怕見陌生人，一有陌生人在場我就驚慌不安。由於沒勇氣向僱主表述我擅長做甚麼，我兩週內失去了三個工作機會。

然而八年前的一天，我用了一個下午的時間戰勝了憂慮，並且自那之後就極少再為任何事擔心。那天下午，我到比爾的辦公室拜訪他。我的困擾在他面對的麻煩面前簡直是小巫見大巫，而他卻是我見過的最樂觀的人。他在 1929 年掙了大錢，後來賠得分文不剩；1933 年他東山再起，但很快又賠光了；1937 年又是大起大落的一年。他經歷過破產，被債主和宿敵找上門來。有些人在這麼大的困難面前大概早就崩潰輕生了，他卻雲淡風輕地笑着面對。

坐在他辦公室裡的時候，我是多麼羨慕他啊，多麼希望上帝讓

我成為他那樣的男子漢。

我們正聊着，他拋給我一封早上剛收到的信，説：「讀讀看。」

這封信字裡行間充滿了憤怒，還充斥着讓人難堪的質問。如果這封信的收信人是我，我肯定會情緒失控。我問他：「比爾，你打算怎麼回信呢？」

比爾説：「這個嘛，讓我告訴你一個小秘訣吧。下次你再遇到甚麼讓你煩憂的事情，你就拿出紙筆，把這件煩心事仔仔細細地寫下來。然後你把這張紙放到書桌右下方的抽屜裡，過幾週再拿出來看。如果那時候這件事還在困擾你，就把這張紙放回抽屜，再等上兩週。這張紙安安穩穩地放在抽屜裡，不會改變；但與此同時，那件煩心事卻有可能改變許多。只要你有耐心，再困難的事情最終都會像氣球一樣自己爆掉。」

比爾的建議給我留下了深刻的印象。多年來，我一直遵從他的建議，結果真的極少再為甚麼事感到憂慮了。

時間是煩憂的解藥。不妨等等看，說不定你擔心的事情很快就會化解了。

22/ 直面最壞結果

約瑟夫·L. 賴安
皇家打印機公司外事部主管
紐約州長島市羅克維爾中心賈德森街 51 號

幾年前，我在一場訴訟中成為證人，這件事讓我感到嚴重的憂慮和緊張。訴訟結束後，我在坐火車回家的途中突發心力衰竭，呼吸困難，身體一下子垮了。

　　到家後，醫生給我打了一針。我癱坐在起居室的沙發上，連走到臥室床上的力氣都沒有。恢復意識後，我看到教區牧師竟然已經站在我面前，準備臨終祈禱了。

　　我看着家人臉上的哀傷神情，知道自己命數已盡。醫生告訴我妻子，我大概活不了三十分鐘了。我心跳微弱，醫生警告我不要說話也不要動，連手指都不能動。

　　我不是聖人，但我懂得不應和上帝爭辯。所以我閉上雙眼默默地想：「就按照你的旨意吧……如果命已至此，就按照你的旨意吧。」

　　我剛一想到這句話，就全身放鬆了。我不再恐懼。我問自己現在能發生的最壞結果會是怎樣。最壞的情況大概就是痙攣發作，痛苦不堪，然後一切就都結束了。我將見到造物主，獲得永恆的寧靜。

　　我躺在沙發上等了一個小時，但是並沒有感到疼痛。於是我又問自己，如果我活下去了，我該怎樣度過我的一生。我下決心要重新找回活力，盡全力恢復健康，不再用壓力和憂慮折磨自己。

　　這件事過去已經四年了。看到心電圖顯示的康復程度，我的醫生感到十分驚訝。如今我對生活充滿熱情，再也不自尋煩惱了。但是我可以誠實地說，若不是經歷過瀕死的體驗，並下決心改變，我大概也不會是現在的我。如果我沒有接受最壞的結果，我大概早就自己把自己嚇死了。

　　賴安先生如今生活無憂，是因為他運用了第二章的原則 —— 直面最壞的結果。

23/ 擺脫憂慮的壞習慣

奧德韋‧蒂德
高等教育董事會董事長
紐約州紐約市

憂慮是一種習慣，一種我多年前就已經擺脫掉的壞習慣。我的成功很大程度上要歸功於以下三件事：

首先，焦慮是一種自毀，而我忙到沒時間沉浸在憂慮中。我身兼三項工作，每一項的強度幾乎都等同於全職工作 —— 我在哥倫比亞大學教課，同時擔任紐約市高等教育董事會董事長，此外還是哈珀‧柯林斯出版集團旗下經濟與社會學圖書部門的主管。高強度的工作讓我沒時間自怨自艾或鑽牛角尖。

其次，我很專注。當我從一項工作轉向另一項工作的時候，我會把之前縈繞在腦海中的問題立刻拋開。我發現交替工作能夠提高工作效率並且放鬆身心，讓頭腦更清醒。

最後，我要求自己一離開辦公室，就把所有問題拋在腦後。每天總會有許多問題懸而未決，如果我每晚帶着這些問題回家，為這些問題煩心，不僅對我自己的健康沒有好處，反而會影響我處理問題的能力。

奧德韋‧蒂德是「四種良好工作習慣」方面的大師。你還記得是哪四種習慣嗎？

24/ 樂觀使人長壽

▎**康尼・馬克**

我打職業棒球已超過六十三年。19 世紀 80 年代我剛入行,打比賽都沒有薪水。我們在空地上打球,經常會被地上的鐵罐頭和馬項圈絆倒。比賽結束後,我們把帽子遞給觀眾募捐。由於寡居的母親和年輕的弟弟妹妹都靠我養家,這份微薄的收入對我來説只是杯水車薪。有時,棒球隊不得不舉辦草莓晚餐或是室外聚會才能勉強維持下去。

那時我有好多煩心事。我們球隊已經連續七年墊底,沒有任何棒球經理的成績這麼糟糕。我也是唯一一個在八年間輸了八百場比賽的棒球經理。一連串失敗讓我愁得吃不下飯睡不着覺。不過二十五年前,我學會了戰勝憂慮。如果不是那時候停止了憂慮,我大概早就離開人世了。

我出生的時候,林肯還是總統呢。回望漫長的一生,我相信是下述方法幫助我戰勝了憂慮:

1. 我認識到憂慮是沒有用的。憂慮不僅幫不到我,還會毀了我的職業生涯。

2. 我提醒自己憂慮會毀了我的健康。

3. 我忙着安排賽程,為未來的勝利而努力,沒時間去想輸掉的比賽。

4. 我制定了一項規則,賽後二十四小時之內絕口不提隊員在比賽中犯的錯誤。早年間,我習慣和隊員一起在更衣室裡換衣服。每次輸球,我都忍不住批評隊員的表現,有時甚至會為了失利而大

吵起來。然而當眾批評隊員只會令他難堪，徒增我的煩惱，也讓對方產生抗拒情緒。既然我沒辦法在賽後管住自己的嘴，只好要求自己在賽事失利後不要去見隊員。直到第二天，我才會和隊員一起分析比賽。那時我已經冷靜下來，隊員犯的錯誤似乎也沒有那麼嚴重了，我可以心平氣和地和隊員們討論，他們也更聽得進去意見。

5. 我試着用讚揚的方式激勵隊員，表揚每個人的閃光點，不吹毛求疵打擊他們的士氣。

6. 我發現我越疲倦就越憂慮，所以每晚我會保證十小時睡眠，並在下午小憩一會兒。哪怕只休息五分鐘，也對恢復體力有很大幫助。

7. 我相信努力工作能夠讓我遠離憂慮並且長壽。我已經八十五歲了，除非記憶力跟不上了，否則我不打算退休。當我開始反覆講同一個故事的時候，我才會承認自己老了。

康尼・馬克從來沒有讀過《如何戰勝憂慮》這本書，所以他自己找出了一些規律。你不妨也試着把那些對你有幫助的方法寫在下面。

我發現這些方法能夠有效防止憂慮：

1. _____
2. _____
3. _____
4. _____

25/ 一次一個，先生們，一次一個

約翰・霍默・米勒
《審視自我》一書作者

　　多年前，我意識到逃避問題無濟於事，然而改變心態能夠有效地趕走憂慮。我發現憂慮並非源自外界，而是源自我的內心。

　　隨着一年年過去，我大部分的煩惱會隨着時間漸漸化解。事實上，我發現自己擔心的事情通常過了一週時間就很難想起來了。所以我給自己定了個規矩：除非問題已經存在一週以上，否則不要為它煩憂。當然，如果讓我每次都把問題拋在腦後，一週都不想起來，我也無法完全做到，但是我至少可以不讓它控制我的心情。給自己規定的七天過去後，要麼問題已經自行解決了，要麼我已經改變了心態，煩惱不再讓我覺得那麼困擾。

　　威廉・奧斯勒爵士的哲理對我幫助極大。他不僅是偉大的醫生，同樣也是偉大的藝術家，他懂得世間一切藝術形式中最偉大的一種 —— 生活的藝術。他的一句箴言對我擺脫憂慮產生了莫大的幫助。威廉爵士在一次為他舉辦的晚宴上曾經說過：「如果說我今日有所成就，那一定是得益於專注當下的工作並且全力以赴，把其他的交給未來。」

　　我的父親常常向我提起一隻年邁的鸚鵡，這隻鸚鵡說的話成為我處理問題的指南針。這隻鸚鵡是賓夕法尼亞州一個狩獵俱樂部門口的吉祥物，父親告訴我，每當俱樂部會員經過門口的時候，這隻鸚鵡都會一遍遍重複地唯一會說的這句話：「一次一個，先生們，一次一個。」父親讓我懂得，面對問題也要這樣處理：「一次一個，先生們，一次一個。」一次只處理一個問題這一方法讓我在責任的巨

大壓力和沒完沒了的事務面前能夠保持沉着冷靜。「一次一個，先生們，一次一個。」

我們再次驗證了這一戰勝憂慮的基本原則：「活在當下的密室中。」不妨翻到本書開頭，重新讀一讀那一章吧！

26/ 只看綠燈

約瑟夫・M. 科特
伊利諾州芝加哥市法戈街 1534 號

從小到大，我都是一個愁眉苦臉的人。我的憂慮多種多樣，有些是真實的，有些是想像的。偶爾我發現自己竟然沒有憂慮的時候，我又開始擔憂自己是不是漏掉了甚麼事。

但是兩年前，我開始了全新的生活方式。我全面分析自己的缺點和極少的優點，進行了一次大膽透徹的自我道德審視，終於清楚地意識到憂慮的根源。

那就是，我無法只為今天而活。我總是為昨天感到懊惱，為明天感到憂懼。

「今天就是我昨天擔憂的那個明天」，這句話我聽過很多遍，但一點兒用都沒有。有人建議我試着做二十四小時計劃，因為只有當下這二十四小時在我的控制之內。他們說只要照做，我就能夠讓自己充分利用每一天，忙到完全沒時間再擔心昨天或明天。這個建議很有道理，但不知道為甚麼，我就是沒辦法把這些該死的理論付諸實踐。

有一天，我突然靈光乍現，找到了問題的答案。你猜我是在哪

兒找到的？1945 年 5 月 31 日下午 7 時，在西北鐵路上找到的。為甚麼我記得這麼清楚呢？因為這是我人生中最重要的一小時。

當時我正要帶一些朋友去乘火車。他們剛度假結束，要乘「洛杉磯城市號」火車返回。當時還在戰爭期間，車站人潮擁擠。我沒有陪妻子上車送行，而是沿着軌道向車頭方向漫步。我看看閃閃發亮的火車頭，又看看鐵軌前方那個巨大的信號燈。一開始燈光是黃色，一會兒就轉成了明亮的綠色。與此同時，火車司機搖響鈴鐺，我聽到了一句熟悉的話語：「各位乘客請上車。」幾秒鐘後，巨大的火車駛出車站，踏上了 2300 英里的旅程。

我腦海中奇跡般地靈光一閃，思緒漸漸明朗。火車司機給了我苦苦追尋許久的答案。在漫長的旅途中，他只有看到綠燈才能繼續行駛。如果我是他，我肯定希望旅途中一路綠燈，暢行無阻，但這當然不可能。然而荒謬的是我竟這樣苛刻地要求自己的人生。我坐在人生的站台裡，不做任何努力，只是無謂地希望未來一路暢通。

我的思緒繼續飛馳。那個火車司機只關注眼前，不會擔心幾英里開外的問題。前方也許有延誤，也許會被迫減速，但這不正是信號系統的意義所在嗎？黃燈代表減速，放輕鬆；紅色代表有危險，請停步。信號系統確保火車旅程安全無憂。

我問自己：「為甚麼不給自己的人生也設置一套信號系統呢？」而答案是，其實我已經有了。上帝為我設置了這套信號系統。在他的掌控下，這套信號系統不會出錯。我開始尋找我的綠燈。去哪裡找呢？既然上帝創造了綠燈，不如問問他。

現在我每天早上都會通過禱告尋找當天的綠燈指示。有時我會遇到黃燈，讓我放慢腳步；有時我會遇到紅燈，讓我在崩潰前稍作休息。自從兩年前發現了信號燈的秘密之後，我就再也沒有憂慮

過。這兩年來，我遇到了七百個綠燈，人生的旅途從此暢通無阻。我不再擔心在人生的下一個路口會遇到甚麼顏色的信號燈，因為不管它是甚麼顏色，我都知道應當如何應對。

27/ 洛克菲勒延年益壽的秘密

　　約翰·洛克菲勒在三十三歲那年積累了他的第一桶金。四十三歲，他一手創建了標準石油公司，這個偉大的壟斷性集團創造了新的輝煌。然而五十三歲那年，他卻被憂慮擊垮了。憂慮和高壓的生活節奏毀掉了他的健康。他的傳記作者約翰·K.溫克勒寫道，五十三歲的洛克菲勒「看上去像木乃伊一樣枯槁」。

　　某種不知名的消化疾病讓洛克菲勒掉光了頭髮和眼睫毛，只剩下一點點淡淡的眉毛。溫克勒說：「洛克菲勒的病情十分嚴重，甚至一度靠人奶勉強維持生命。」醫生診斷他有禿頭症，這種形式的禿頂一開始通常是精神壓力誘發的。光禿禿的頭頂看起來十分嚇人，洛克菲勒不得不靠帽子遮掩。不久後，他定製了售價高達五百美元的假髮，從那之後再也沒有摘下過這頂銀色的假髮。

　　洛克菲勒原本有鋼鐵一樣強悍的體格。他在農場長大，有一副寬厚的肩膀，身姿挺拔，步伐輕快，走起路來虎虎生風。

　　然而在正值盛年的五十三歲，洛克菲勒卻身姿萎靡，步履蹣跚。洛克菲勒另外一位傳記作家約翰·T.弗林寫道：「他看着鏡中的自己，只看到一個老態龍鍾的面龐。工作永不間斷，憂慮永無休止。那些中傷、謾罵、失眠的夜晚與缺乏運動和休息」讓洛克菲勒付出了代價，擊垮了這位商界巨子。雖然他成為全世界最富有的人，但

每天的飲食卻連窮苦人都不如。當時他每週的入賬高達一百萬美元，但是他能吃下的食物連兩元錢都用不了。醫生只允許他吃酸奶和幾塊餅乾。他面無血色，瘦得皮包骨頭，只靠用錢買來的最好的醫療服務勉強維持生命。

是甚麼讓他走到了這一步？憂慮、打擊和高壓生活方式。他親手把自己送到了墳墓邊上。早在二十三歲那年，他就形成了冷酷堅定的個性。那些了解他的人說：「除非做成了一筆好買賣，他對任何事情都無動於衷。」如果掙了大錢，他會得意洋洋地把帽子拋在地上跳起吉格舞；但如果虧了錢，他竟會愁出病來。有一次，他通過水路運輸價值四萬美元的糧食，但沒給貨物上保險，因為他覺得一百五十美元的保險費不值當。不料當天晚上，劇烈的龍捲風席捲了伊利湖。第二天早晨，洛克菲勒的合夥人佐治・加德納抵達辦公室的時候，看見他正在焦慮地踱來踱去，擔心貨物蒙受損失。

「快，」洛克菲勒顫抖着說，「快去看看現在上保險還晚不晚！」加德納火速趕到上城，買了保險。但當他返回辦公室的時候，他發現洛克菲勒的焦慮更嚴重了。因為就在他買保險的時候，洛克菲勒收到電報，得知貨物避開了龍捲風，已經成功抵達目的地。而洛克菲勒因為「損失」的這一百五十美元陷入了更嚴重的焦慮，不得不回家臥床休息。想想看吧，那個時候他公司每年的毛利率高達五十萬美元，他卻為區區一百五十美元擔心得一病不起！

他沒時間休息，也沒時間度假，除了掙錢和在主日學校授課之外沒時間做任何事情。他的合夥人佐治・加德納花兩千美元和其他三個人合夥買了一艘二手遊艇。洛克菲勒得知後大吃一驚，並且拒絕坐他的遊艇。一個星期六下午，加德納發現洛克菲勒還在辦公室裡工作，請求道：「來吧，約翰，咱們出海玩玩。這對你有好處。暫

時把生意放在一邊，找點兒樂子吧！」洛克菲勒卻瞪着他警告説：「佐治‧加德納，你真是我見過的最奢侈浪費的人。你這樣做不僅是在透支你在銀行的信用，也連累了我的信用。你要知道，這種做法會影響我們的生意。我不想坐你的遊艇，我連看都不想看到它！」整個星期六下午，洛克菲勒都枯坐在辦公室裡工作。

這種幽默感的缺乏和短視貫穿了洛克菲勒的整個職業生涯。多年後他承認：「我這輩子每天晚上睡覺前都在擔心，我的成功很可能只是暫時的。」

儘管坐擁百萬美元的產業，洛克菲勒卻每天晚上都在擔心損失自己的財產，難怪憂慮會毀了他的健康。他沒有時間度假，不去劇院，不玩牌，也不出席任何派對。正如馬克‧漢納所言，他簡直成為金錢的奴隸：「其他方面都很理智，唯獨對賺錢狂熱。」洛克菲勒曾經對俄亥俄州克利夫蘭的一位鄰居承認自己「希望被人喜愛」，但是他生性多疑，不近人情，幾乎沒人喜歡他。大名鼎鼎的企業家摩根原本有機會同洛克菲勒合作，但他輕蔑地説：「我不喜歡這個人，所以不想和他打交道。」洛克菲勒的親哥哥恨他入骨，以至於把自己早夭的孩子從祖墳裡挪走了，説：「我的親骨肉在洛克菲勒的土地上無法安息。」洛克菲勒的員工和同事在他面前戰戰兢兢，而諷刺的是洛克菲勒同樣也害怕他們 —— 怕他們在公司之外「走漏風聲」。

洛克菲勒對人性毫無信心。他和一位私人石油精煉商簽署十年合同後，要求對方不得透露給任何人，連妻子都不行。「閉上嘴，幹你的活去！」這就是他的座右銘。在事業的巔峰期，當黃金像維蘇威火山的金色岩漿一樣源源不斷地進入他的保險箱的時候，他的私人世界卻崩塌了。媒體紛紛抨擊標準石油公司的強盜式暴利、與鐵路公司的暗中勾結和對競爭者的無情碾壓。在賓夕法尼亞州的油

田裡，約翰・洛克菲勒成為所有人憎恨的對象。那些被他壓榨的工人把他的肖像掛起來唾罵，許多人想在他的細脖子上掛上繩索，把他吊在樹上。憤怒的信件湧入他的辦公室，威脅要毀了他的生活。

洛克菲勒不得不僱了保鏢，以防仇敵報復。他試着無視這排山倒海的仇恨，一度冷笑着說：「你可以打擊我，辱罵我，但我還是會走我自己的路。」但是他發現他自己終究只是凡人，受不了仇恨和憂慮。他的身體漸漸垮了。疾病這個新敵人從內部開始攻擊他，讓他茫然無措。一開始「他對身體偶爾的不適秘而不宣」，想對疾病置之不理，但是卻無法掩飾失眠、消化不良和禿頂這些身體上的反應。終於，醫生把這個問題擺在他面前：要麼選擇金錢和半生的憂慮，要麼選擇生活，只能二選一。醫生警告他，如果再不退休養老，很快就是死路一條。於是他只得選擇了退休。但是在他退休之前，憂慮、貪婪和恐懼已經毀掉了他的健康。

美國最富名望的女性傳記作者伊達・塔貝爾見到洛克菲勒的時候大吃一驚，這樣寫道：「他的臉蒼老得可怖，簡直是我見過的最老態龍鍾的人。」

老態龍鍾？麥克阿瑟將軍英勇地奪回菲律賓的時候，比洛克菲勒還年長幾歲呢。但洛克菲勒卻衰老得讓伊達・塔貝爾感到同情。當時伊達・塔貝爾正在撰寫一部有力的著作，抨擊標準石油這個「吸血蟲」企業和它代表的強權。她不喜歡洛克菲勒，但當她看到洛克菲勒在演講台上熱切地望着聽眾的時候，她說：「我突然產生了一種之前從未有過的感受，隨着時間的流逝，這種感受越來越強烈。我為他感到可悲。我看到了他的恐懼，而再沒有比與恐懼如影隨形更可怕的事情了。」

醫生試圖挽救洛克菲勒壽命的時候，給他定了三個規矩。從那

之後，洛克菲勒一直嚴格遵守。這三個規矩是：

1. 避免憂慮。無論發生甚麼，都不要煩惱。
2. 放鬆身心。多去戶外做些溫和的運動。
3. 飲食有度。吃到七八分飽即可。

約翰·洛克菲勒遵守了這些規定，這些規定也拯救了他。退休後他開始學習打高爾夫，並熱衷於園藝。他和鄰居閒聊、打牌，甚至唱歌。他的心態也漸漸地改變了。溫克勒寫道：「在飽受病痛折磨的白天和無數個失眠的夜裡，洛克菲勒有足夠時間思考。」他開始想其他人。有生以來他第一次不再想自己能掙多少錢，而是開始思考金錢能為他人帶來多少幸福。洛克菲勒開始投身慈善。這並不是一件簡單的事。當他給教堂捐款的時候，神職人員怒斥他的錢是「髒錢」。但是他堅持行善。他聽說密西根湖湖畔的一所規模很小的大學經營艱難，由於貸款過多正面臨倒閉，他就出手百萬美元把這所學校從困境中解救出來，把它一步步打造成如今世界聞名的芝加哥大學。他關心黑人的遭遇，給塔斯基吉學院等黑人大學捐款，並為黑人化學家佐治·華盛頓·卡弗的研究提供資金援助。他同樣為十二指腸病的治療提供幫助。十二指腸病的權威查爾斯·W. 斯泰爾斯醫生說過：「十二指腸病在南方肆虐，只要區區五十美分的藥品就能夠讓病患痊癒，但是誰會為病人提供藥錢呢？」洛克菲勒提供了藥錢。他捐款百萬美元用於十二指腸病，撲滅了美國南部人民面臨的最大威脅。他做的遠不止這些。他成立了偉大的國際基金 —— 洛克菲勒基金 —— 在世界範圍內與疾病和愚昧做鬥爭。

寫到他的這項成就，我思緒萬千。我很可能欠洛克菲勒基金一條命。我還記得當我 1932 年去中國的時候，霍亂正在中國肆虐。中國的農民像草芥一樣被紛紛奪去生命。在這種恐怖氛圍中，我們

得到機會，在北平的洛克菲勒藥學院接受了抵抗瘟疫的疫苗。

中國人和外國人體質相同，我們這才保住性命。那時我第一次真正理解了洛克菲勒的百萬美元為這個世界帶來了怎樣的改變。

洛克菲勒基金開創了歷史先河，對社會的價值獨一無二。洛克菲勒知道世界各地充滿遠見的先驅都在發起革命，做科學實驗、建立大學、與疾病對抗，然而這類高尚的運動卻常常因為缺乏資金而無法繼續。洛克菲勒決定幫助這些人類先鋒，不是管理他們，而是提供資金支持他們的事業。今天我們應當感謝洛克菲勒為盤尼西林及其他許多重要的科學發現提供了資助。我們還應當感謝洛克菲勒讓孩童遠離脊膜炎的威脅，而此前脊膜炎的致命率高達80％。人類在對抗瘧疾、結核病、流行性感冒、白喉以及諸多疾病上取得的進展同樣應當歸功於洛克菲勒。

洛克菲勒從中又收穫了甚麼呢？當他致力於慈善事業的時候，是否找到了內心的安寧？是的，他終於得到了真正的滿足。「如果公眾覺得年過六旬的他依舊介懷人們對標準石油的攻擊，」艾倫‧凱文斯說，「那他們就大錯特錯了。」

洛克菲勒的心態變得輕鬆愉快，再也不會為憂慮所困。面對事業上最大的一次打擊時，他也不再會愁得整夜睡不着覺了。

當時，他建立的這座龐大的石油帝國面臨「歷史上最重的罰金」。美國政府裁定標準石油是壟斷性企業，違反了反托拉斯法。這場訴訟歷時五年。全美最好的律政精英都投入到這場歷史上最漫長的訴訟之中，但最終標準石油還是輸了這場官司。

當凱納‧索芒廷‧蘭第斯法官做出裁決時，洛克菲勒的辯護律師擔心這位年邁的老人很難接受這個結果。但他們不知道老洛克菲勒已經不再是之前的自己。那天晚上，律師致電洛克菲勒，小心翼

翼地告知他庭審結果，並且關心地説：「衷心希望這個結果不會影響您的心情，洛克菲勒先生，希望不要影響您的睡眠。」

老洛克菲勒作做何回答呢？他當即朗聲説道：「別擔心，詹森先生，我會睡個好覺的。希望也不會影響您的心情。晚安！」

這還是那個曾經為了一百五十美元輾轉反側的洛克菲勒嗎？是的，洛克菲勒用漫長的時間學會了戰勝憂慮。他曾經在五十三歲時走到墳墓邊緣，但是最終他活到了九十八歲高壽。

28/ 這本書讓我的婚姻遠離暗礁

無名氏

我不喜歡匿名，但是我要分享的這個故事太私密了，所以不能用真名。戴爾・卡耐基先生可以為這個故事的真實性作證。十二年前，我把這個故事告訴了他。

大學畢業後，我在一家大型工業集團工作。五年後，公司把我派到太平洋彼岸擔任遠東代表。啟程的前一週，我結了婚，我的妻子是世界上最可愛最甜美的女人。但是我們的蜜月簡直是一場悲劇。我們對對方都很失望，特別是她。這原本應是人生最激動人心的一次旅行，然而到了夏威夷的時候，旅行宣告失敗。如果不是想在老朋友面前留一點兒面子，妻子傷心得差點兒自己回美國。

我們一起在東方度過了痛苦的兩年。那時我抑鬱得甚至想過自殺。然而有一天，我偶然讀到的一本書改變了一切。我一直都喜歡讀書，一天晚上，我拜訪遠東的一些美國朋友的時候，看到他們的藏書中有一本凡・德・維爾德博士寫的《理想婚姻》。看書名像是

一本偽善說教的書，不過我出於好奇還是打開了它。這本書開誠佈公地探討了婚姻中的性事，但一點兒都不粗俗。

如果有任何人建議我讀一本探討性事的書，我肯定會覺得受到了侮辱。讀這種書？我自己都能寫一本了！但是我自己的婚姻如此失敗，我只好屈尊讀一讀這本書。於是我鼓起勇氣問主人能不能把這本書借走一閱。後來我妻子也讀了這本書。老實說，這本書成為我人生重要的轉折點。它把一場悲劇的婚姻變成了充滿幸福喜悅的陪伴。如果我有百萬美元，我會毫不猶豫地買下這本書的版權，把它送給成千上萬的新婚夫婦。

著名心理學家約翰・B. 沃森博士曾經說過：「性既是生活中最重要的課題，也是世間男女的幸福觸礁的原因。」

沃森博士的言論雖然聽起來偏激，但我相信這確是事實。如果他是對的，那為甚麼社會要允許成千上萬對性事無知的人結為伉儷，親手摧毀了幸福的可能？

若想知道婚姻究竟出了甚麼差錯，我們應當讀一讀 G.V. 漢密爾頓博士和肯尼思・麥高恩博士合著的《婚姻出了甚麼問題？》。漢密爾頓博士用了四年時間研究婚姻中的問題，把研究成果寫進了這本書。他說：「如果有哪位心理醫生聲稱婚姻的摩擦與性事不和諧沒有關係，那他可就太大意了。如果性關係和諧，那麼婚姻中的其他摩擦很容易被忽略。」

我自己的悲劇經歷證明他是對的。

這本書拯救了我的婚姻。如今美國大部分公共圖書館或書店中都能找到凡・德・維爾德博士的這本《理想婚姻》。如果你想給新婚夫婦準備一份小禮物，不要送他們甚麼餐具，送他們一本《理想婚姻》吧。這本書對他們幸福的幫助會遠遠大於世界上的任何餐具。

29/ 不知道如何休息等同於慢性自殺

保爾・桑普森
直郵廣告公司
密西根州懷安多特市西克莫街 12815 號

六個月前，我開足了馬力在生活的軌道上衝刺。我總是精神緊繃，從來不會放鬆自己。每天晚上收工回家，我都筋疲力盡，憂慮不安。為甚麼？因為從來沒有人告訴過我：「保羅，你這樣做等於慢性自殺。為甚麼不慢下腳步，放鬆放鬆？」

每天早晨，我飛快地起床，飛快地用餐，飛快地剃鬚，飛快地著裝。我緊抓着方向盤，把車開得飛快，就好像我不抓着方向盤，它就會飛出窗外一樣。我匆匆工作，匆匆趕回家，甚至連晚上睡覺也分秒必爭。

底特律的一位著名心理專家告誡我要放鬆（順便一提，他教給我的放鬆的方法和本書第 24 章所述相同）。他告訴我無論是在工作、開車、用餐還是準備入睡，我都不能忘記放鬆。他還説，不懂得放鬆神經就等同於慢性自殺。

從那以後，我開始在生活中練習放鬆。晚上睡覺之前，我會先有意識地放鬆身體和呼吸。過去我早上起來的時候總是疲憊不堪，如今精神飽滿，這是一個很大的進步。現在我吃飯和開車的時候也會試着放鬆下來。當然，我開車的時候很警覺，但我學會了用頭腦而不是用神經開車。最重要的放鬆地點是工作的時候。我經常停下手邊的工作，檢查自己是不是完全放鬆了。電話鈴聲響起來的時候，我不再一躍而起，緊張兮兮地抓起電話；和同事討論的時候，我也變得心平氣和。

　　結果如何呢？我的生活愉快多了，再也不會受到精神壓力和憂慮的困擾。

30/ 生命的奇跡

約翰・伯格夫人
明尼蘇達州明尼阿波利斯市科羅拉多街 3940 號

　　憂慮擊垮了我。我思緒不安，充滿困惑，覺得生活毫無樂趣可言。我精神緊繃，晚上睡不着覺，白天也無法放鬆。三個年幼的孩子分別住在親戚家，都不在我身邊。我丈夫剛從部隊退伍，去了另一個城市，打算開一家律師事務所。那時正值戰爭後的恢復時期，不安全感和不確定性真真切切地向我襲來。

　　我的精神狀況威脅着我丈夫的事業、孩子們對正常的家庭生活的渴望，也威脅着我自己的健康。我丈夫租不到合適的辦公室，只能自己建房。我知道他們都指望着我快快恢復健康，但我越努力嘗試，越害怕失敗。隨後，這種恐懼發展成了對一切責任的逃避。我連自己都無法信任，覺得自己是徹頭徹尾的失敗者。

　　當我走投無路，找不到任何辦法的時候。母親對我說的話讓我至今感念，永遠無法忘記。她鼓勵我鼓起勇氣回擊。她批評我太容易放棄，不懂得控制自己的神經和心態。她激將我爬起床，為我擁有的一切而戰。她一針見血地指出我總是輕易向困難繳械投降，習慣退縮而不是面對，逃避生活而不是努力把生活過好。

　　於是從那天起，我重拾戰鬥的勇氣。那個週末，我告訴父母他們不用再照顧我，我要親自照顧我的家人。我真的做到了。我獨自

照顧兩個年幼的孩子，自己的精神狀態也開始改善，吃得香，睡得好。一週後，父母回來看望我的時候，發現我正一邊熨衣服一邊唱歌。在生活這場戰役中，我開始佔據上風，重新找回了幸福感。我永遠也忘不了生活教給我的這一課。如果困難看起來不可逾越，面對它，向它宣戰吧！不要放棄！

從那之後，我強迫自己去工作，並且沉浸在工作中。我們一家人終於團聚了，我帶着孩子搬進了丈夫的新家。我下決心要為這個溫暖的家庭成為一個堅強快樂的母親。我忙着做家庭計劃，為丈夫和孩子精打細算，唯獨忘了考慮自己。我忙得沒有時間再關注自己。而真正的奇跡就這樣發生了。

我越來越健康，每天早上起床都充滿了生活的幸福感，愉快地開始規劃新的一天。儘管也有不如意的時刻，疲憊時也難免感到沮喪，但是我會告訴自己不要亂想。漸漸地，不如意越來越少，最終徹底消失了。

時隔一年，如今我擁有事業成功的丈夫、美麗的家和三個活潑健康的孩子，哪怕一天在家忙上十六個小時，我都不覺得累。最重要的是我終於擁有了寧靜的內心。

31/ 挫折

▎ **費倫茨・莫爾納**

匈牙利劇作家曾言：工作是最好的麻醉劑。

五十年前，身為物理學家的父親贈予我的箴言讓我受用至今。那時我正在布達佩斯大學攻讀法律，一次重要考試的失利讓我覺得

沒臉見人。為了逃避這種恥辱感，我投向失敗最親密的朋友 ── 酒精的懷抱，用杏桃白蘭地麻痺自己。

父親出乎意料地來學校看望我。他像醫生一樣敏銳地發現了我的困境和我藏起來的酒瓶。我忍不住向他傾訴逃避的原因。

這位親愛的老先生當即為我開出了藥方。他告訴我，酒精和安眠藥無法給我真正的安慰，任何藥物都不行。世界上只有一種後悔藥 ── 工作。它比任何藥物都更可靠。

父親的話是多麼正確啊！投入工作一開始或許困難，但早晚會取得成功。工作具備一切麻醉劑的品質。它能夠讓人養成習慣，一旦行為變成習慣，就很難再改變了。從那天起，我五十年如一日地工作，再也沒有打破這個習慣。

32/ 我焦慮到十八天粒米未進

凱瑟琳・霍爾庫姆・法默
阿拉巴馬州莫比爾市警長辦公室

三個月前，我擔心得四天四夜沒有睡覺，十八天粒米未進，聞到食物的味道都讓我想吐。我當時痛苦得就像是在地獄走了一遭，找不到任何言語來形容。我覺得自己正在發瘋和死亡的邊緣徘徊，已經快要活不下去。

這本書成為我人生的轉折點。過去三個月，這本書成了我的救命稻草。我研讀每一頁，絕望地在字裡行間尋找全新的生活方式。而這本書對我的精神狀況和心理穩定性的改變幾乎讓人難以置信。如今，我鬥志昂揚地迎接生活的每一個挑戰。我意識到過去把我逼

入絕境的並不是眼前的困難，而是對昨日的懊惱和對明日的恐懼。

現在，每當我發現自己為任何事情憂慮的時候，我總會立即應用書中講述的方法讓自己戰勝憂慮。如果手邊的某件事讓我精神緊張，我會立即着手解決這件事，然後把這件事徹底趕出腦海。

再度面對曾經讓我發狂的問題時，我會冷靜地用本書第二章描述的三個步驟解決。我首先問自己最壞的情況可能是甚麼，其次試着在精神上接受它，最後專注於問題本身，看看能否在接受最壞情況的前提下改善問題。

當我發現自己正在為無法改變的事情憂慮，不願接受事實的時候，我會制止自己，重複這句祈禱詞：

> 願上帝賜予我安寧，接受無法改變之事；
>
> 賜予我勇氣，改變能夠改變之事；
>
> 並賜予我分辨二者的智慧。

這本書讓我看到人生的全新可能，把我的生活變得閃閃發亮。我不再用憂慮自我折磨，毀掉自己的幸福和健康。現在我每天能睡足九個小時，懂得享受食物，生活的陰影就此煙消雲散。我彷彿打開了一扇門，看到了生活之美，學會欣賞周圍的世界。我感謝上帝賜予我如今的生活，讓我能夠生活在如此美好的世界裡。

我建議你認真閱讀這本書。把這本書放在床頭吧，畫出對你的問題有用的部分，研讀它，使用它。這不是一本普通的讀物，而是通向全新生活的指南！

責任編輯	楊克惠	
書籍設計	霍明志	
排　　版	肖　霞	
印　　務	馮政光	

書　　名　人性的優點 —— 如何戰勝憂慮，開創人生

作　　者　〔美〕戴爾‧卡耐基

譯　　者　陶曚

出　　版　山頂文化
　　　　　Hong Kong Open Page Publishing Co., Ltd.
　　　　　香港北角英皇道499號北角工業大廈18樓
　　　　　http://www.hkopenpage.com
　　　　　http://www.facebook.com/hkopenpage
　　　　　http://www.weibo.com/hkopenpage
　　　　　Email: info@hkopenpage.com

香港發行　香港聯合書刊物流有限公司
　　　　　香港新界荃灣德士古道220−248號荃灣工業中心16樓

印　　刷　中華商務彩色印刷有限公司
　　　　　香港新界大埔汀麗路36號中華商務印刷大廈

版　　次　2023年10月香港第1版第1次印刷

規　　格　32開（148mm × 210mm）360面

國際書號　ISBN 978-988-76604-3-9